소쉬르의 『일반언어학 강의』 읽기

**세창명저산책_080**

# 소쉬르의 『일반언어학 강의』 읽기

**초판 1쇄 인쇄**  2021년 2월 25일
**초판 1쇄 발행**  2021년 3월 5일
—

**지은이**  김성도
**펴낸이**  이방원
**기획위원**  원당희
**편 집**  정조연·김명희·안효희·정우경·송원빈·최선희·조상희
**디자인**  손경화·박혜옥·양혜진    **영 업**  최성수
—

**펴낸곳**  세창미디어

신고번호 제312-2013-000002호  주소 03735 서울시 서대문구 경기대로 88 냉천빌딩 4층
전화 723-8660  팩스 720-4579  이메일 edit@sechangpub.co.kr  홈페이지 http://www.sechangpub.co.kr
블로그 blog.naver.com/scpc1992  페이스북 fb.me/Sechangofficial  인스타그램 @sechang_official
—

**ISBN**  978-89-5586-654-4  02700

ⓒ 김성도, 2021

*Ferdinand de*
**SAUSSURE**

세창명저산책_080

김성도 지음

# 소쉬르의 『일반언어학 강의』 읽기

**세창미디어**
MEDIA

모든 고전에는 저마다 다른 사연과 운명이 있습니다. 현대 언어학의 창립자이면서 현대 인문학과 [포스트(또는 탈)]구조주의사상에 큰 영향을 미친 소쉬르의 이름으로 출간된 『일반언어학 강의』역시 독특한 운명을 갖고 있습니다. 무엇보다 이 책의 중요한 성격은 저자가 타계한 후 3년이 지난 시점에, 그의 강의를 수강했던 제자들의 필사 노트에 기초해 편집된 책이라는 점입니다. 특히, 소쉬르가 생존 시, 제자들의 간청에도 불구하고, 일반언어학과 관련된 저서 출간을 집요할 정도로 사양했다는 점에서, 만약 출간 당시 생존해 있었다면 이 책의 출간을 어떻게 수용했을지 자못 궁금합니다.

이 점에서, 소쉬르가 ―소크라테스와 부처처럼― 책을 쓰지는 않았으나, 20세기 초반, 스위스의 제네바 대학에서 ―고작 10여명 내외의 제자들 앞에서 ― 펼친 그의 육성 강연은, 시공의 한계를 넘어, 한국의 독자들과 만나게 되었습니다. 반세기 넘게, 소쉬르의 연구자들은 그의 후배 동료 교수들에 의해 모자이크 형식으로 짜깁기된 『일반언어학 강의』가 소쉬르의 언어학 이론과 사상을 온전하게 반영하지 못하는 것은 물론이요, 심각하게 소쉬르 언어 이론의 본질을 왜곡하고 있어, 이 책의 저자가 과연 소쉬르인가라는 근본적 물음을 던지면서, 텍스트의 문헌학적 진정성을 비판적으로 성찰해 왔습니다.

그렇지만, 인문학의 고전뿐만 아니라, 모든 불후의 명작 텍스트는, 그 작품의 저자들이 해석의 통제권을 갖고 독점할 수 있는 것도 아니고, 그렇다고 특정 전문가들과 일부 독자들이 해석의 특권을 누릴 수 있는 전유물도 아닙니다. 이 점에서, 『일반언어학 강의』도 예외는 아니어서, 이 책의 역사적 효과와 의미의 개방성은 여러 복합적 요인들에 의해서 파악되어야 합니다.

이를테면, 『일반언어학 강의』가 한국의 언어학(또는 국어학)의 발전을 비롯해, 동아시아의 언어학과 인문학 형성에 미친 파급 효과는, 그 같은 담론이 생산된 유럽에서의 수용 맥락과는 판이하게 다를 것입니다. 『일반언어학 강의』의 저자성authorship과 관련해 독자들에게 꼭 알리고 싶은 바는, 소쉬르가 출판이 아닌, 언어와 일반언어학에 대해 스스로 성찰한 흔적을 남긴 육필본에서 표현된 언어는 전혀 다른 차원의 어휘와 톤을 보여 주고 있고, 때로는 언어의 본질에 대한 과학적 인식의 가능성에 대해 거의 불교적 명상에 가까운 회의와 번뇌를 담고 있다는 점입니다.

이 점에서, 소쉬르는 '일반언어학 강의'를 결코 명료하게 완성된 것으로 제시하지 않았고, 미완성의 열린 작품으로 남겨 놓았다는 사실을 환기시키고자 합니다. 아울러, 불과 24세에 파리 최고의 고전어 교육 기관에서 행한 고트어와 고독일어 강의에서 시작해, 자신의 모교인 제네바 대학에서의 50대 중반기까지, 대략 30년 동안의 강의에서 〈일반언어학 강의〉[1]는 그의 말년에 행한 것이며, 인도유럽어의 역사비교언어학, 프랑스 작시법, 방언학, 산스크리트어 강의 등, 언어와 관련된 다양한 분야들을 강의했을 뿐만 아니라, 특히 강의와 출판과 관계없이, 10여 년 넘게, 거의 남몰래, 고대 라틴어 시조의 아나그람 연구와 독일의 게르만 전설과 신화를 연구해 왔다는 점도 기억할 필요가 있습니다.

---

1  이해를 돕기 위해 본문에서 바이와 세슈에의 통속본 일반언어학 강의는 『일강』, 상이한 판본들을 총칭할 때에는 『일반언어학 강의』, 소쉬르가 직접 행한 강의를 일컬을 때는 〈일반언어학 강의〉로 표기한다.

그렇다면 현대 언어학의 시금석을 놓았다는 평가를 받고 있는 『일반언어학 강의』에서 소쉬르가 남기고자 했던 궁극적 사상은 무엇일까요? 이에 대한 답은 독자 스스로가 자신의 관점에서 스스로 찾아가야 할 것입니다. 그 답은 획일적으로 고정될 수 없기 때문입니다. 다만, 저는 이 책이 인간학적 차원에서 언어의 본질에 대한 심오한 사유를 증언하고 있다고 말씀드리고자 합니다. 특히, 『일반언어학 강의』에서 제시된 인간 언어의 메커니즘과 성격들을 파악하기 위해 제시된 새로운 이론들과 개념들은, 자연 언어뿐만 아니라, 인간의 다른 제도들과 문화 현상들에도 적용될 수 있을 정도로 인식론적·방법론적 보편성을 갖고 있다는 점을 강조하고 싶습니다.

이 점을 소쉬르 자신이 얼마만큼 스스로 의식하고 있었는가는 확답할 수 없으나, 최소한 언어의 본질을 파악함에 있어, 생각을 표현하는 기호체계로 언어를 정의함으로써, 문자, 수화, 알파벳, 상징적 의례, 예의범절, 군사 신호체계들을 비롯해 다양한 문화적 현상들과 사회적 제도들의 의미를 자연 언어와의 관계 속에서 파악할 수 있는 보다 광범위한 관점, 즉 기호학의 비전을 제시했다는 점에서, 언어를 순전히 그것의 내적 구조를 통해 파악하려는 배타적인 형식주의의 태도와는 분별되어야 할 것입니다. 만약 독자들이 소쉬르의 기호학적 관점으로부터 영감을 받아 일상의 소소한 사물에 대해 주의를 기울인다면, 무미건조하게 보였던 세상은 여러분들이 해독해야 할 기호들과 상징들의 울창한 숲으로 탈바꿈할 것입니다.

이 점에서 독자들은, 소쉬르 이후 전개된 현대 인문학 분야에서 한 획을 그은 주요 사상가들과 나란히 놓고 비교하면서 읽는다면, 보다 유의미한 독서의 열매를 수확하게 될 것입니다. 아니, 보다 직설적으로 말하면, 소쉬르의 언어 이론의 핵심을 파악하지 못한 상태에서는 현대 기호학은 물론, 인류학, 문학 비평, 문화 연구, 시각 언어 분석 등, 현대 인문사상의 줄기를 이해하는 데 결정적 한계가 있다는 점에서, 『일반언어학 강의』의 독서는 현대 인문학 및 문화 연구의 방법에 입문하려는 분들에게는 필수적인 통과의례라고 말씀드린다고 해도 큰 무리가 없을 듯합니다.

또 하나, 독자들에게 당부드리고 싶은 것은, 『일반언어학 강의』를 통독해야 한다는 점입니다. 대부분의 소쉬르 언어학 해설서들은 물론 (포스트)구조주의 사상가들이 약방의 감초처럼 인용했던 공시언어학 부분에 해당되는 중반부에서 멈추지 말고, 언어와 민족, 언어와 인종, 언어와 지리 등, 이른바 언어의 외재적 조건들과 역사적·문화적 요인들에 대한 주옥같은 내용을 담고 있는 중반부 이후의 독서를 생략하지 말아 달라는 부탁입니다.

오히려, 역발상으로, 앞부분이 아닌, 중반기부터 먼저 독서를 개시한다면, 아쉽게도 현대 언어학의 프로그램에서 실종된, 언어의 역사지리학, 더 나아가 언어의 지정학과 생태학에 대한 소쉬르 언어학의 통찰과 그 방대한 스케일을 직접 깨달을 수 있을 것입니다. 너무나 당연한 이야기이나, 인간과 마찬가지로, 역사와 문화라는 뿌리에서 자양분을 얻는 자연 언어는 허공 속에 존재하는 추상적인 대상도 아니고, 수학적·형식적 계산만으로 그 본질이 파악될 수 없기 때문입니다.

끝으로, 『일반언어학 강의』를 읽는 독법의 묘미 가운데 하나를 알려드리고자 합니다. 그것은 소쉬르가 적재적소에서 구사하는 너무나 심오한 은유들의 인식론적·의미론적 깊이를 새기고, 그것의 시학적 여운과 공명을 체감하면서 읽는 데 있습니다. 제가 과문한 탓이겠으나, 지난 100년 동안 생산된 언어학의 명저들은 물론이요, 기호학과 인문학 분야에서, 소쉬르가 사용한 은유의 다양성과 심오함에 버금가는 책을 떠올릴 수 없습니다.

공시태와 통시태의 구별을 설명하기 위해 설명된 스위스 몽

블랑의 정상, 소리와 생각의 결합을 통한 언어기호의 성립을 설명하기 위해 제시된 공기와 물의 결합과 물결의 파동, 언어 가치의 이원적 성격을 설명하기 위해 사례로 든, 빵과 화폐, 단어들의 연상작용과 연합 관계의 무한성을 일러 주기 위해 제시된 성좌, 즉 우주의 무한한 별들의 형상 등, 아마도, 이 같은 생동하는 은유가 없었다면, 인문학 고전으로서의 『일반언어학 강의』의 역사적 생명력은 훨씬 더 약화되었을 것이라는 생각을 해 봅니다.

여기서, 저는, 소쉬르가 파리에서 강의할 시절, 제자로서 그의 강의를 듣고 감동했던 프랑스 언어학계의 태두인 메이에의 증언을 떠올리게 됩니다. 그에 의하면, 소쉬르는 자신이 강의했던 학문을 사랑하게 만들고, 온몸으로 느끼도록 만들었고, 시인에 버금가는 소쉬르의 사상은 그가 설명하는 내용에 이미지화된 형식을 부여해, 그의 강의를 경청한 사람들에게 평생 잊지 못하게끔, 기억 속에 강력한 각인을 시켜 놓았다는 것입니다. 저는 이 말을 읽을 때마다, 마치 중세의 수도승처럼 자신의 스승을 흠모하며 스승의 숨결 하나도 놓치지 않고 필사하려는 제자들 앞에서 시적 상상력을 화려하게 펼쳤을 소쉬르의 생동감 넘치는 육성 강의를 상상하곤 합니다. 독자들도, 한번 소쉬르의 목소리를 상상하며 이 책을 읽어 본다면 색다른 독서 경험을 하실 것이라고 기대해 봅니다.

2021년 늦겨울,
안암동 연구실 서재에서 씀

# | CONTENTS |

머리말 · 4

**제1장 소쉬르의 삶과 『일반언어학 강의』의 탄생 · 15**

  1. 소쉬르의 삶 · 15

  2. 20세기 현대 인문학에서
    『일반언어학 강의』의 위치와 의의 · 29

  3. 『일반언어학 강의』의 성립 과정 · 38

  4. 『일반언어학 강의』의 최근 판본과 문제점 · 67

  5. 소쉬르의 전체 저술과 연구 성과에 있어서
    『일반언어학 강의』의 자리와 의의 · 95

**제2장 『일반언어학 강의』의 이론적 얼개와 핵심 개념 · 107**

  1. 역사비교언어학과 서양 언어관의 비판
    —언어학자의 문제와 언어학의 대상 · 107

  2. 랑그의 성립 · 146

3. 기호학의 성립과 기호의 구성 원리 · 176

4. 언어학에서 시간성의 문제 ─ 공시태와 통시태 · 224

5. 언어 가치 이론 · 235

6. 그 밖의 문제들 ─ 내재 언어학과 외재 언어학,
   단위와 정체성, 언어 메커니즘 · 257

7. 지리언어학 · 268

8. 문자의 기호학적 위상 · 273


제3장   소쉬르 『일반언어학 강의』의 수용 과정과
        현대 인문학에 미친 영향 · 301

1. 최초의 수용 양상 · 301

2. 소쉬르의 『일반언어학 강의』와 구조주의 · 319

3. 『일반언어학 강의』가 현대 기호학과
   문화 이론에 미친 영향 · 337


참고문헌 · 362

소쉬르의 초상 사진(© Frank Jullien Genève, 1857-1913)

# 제1장
## 소쉬르의 삶과
## 『일반언어학 강의』의 탄생


## 1. 소쉬르의 삶

**문**　　『일반언어학 강의』의 저자 소쉬르라는 인물에 대해 객관적 전기의 사실보다는 30년 넘게 연구하면서 개인적으로 느꼈던 바를 간략히 말씀해 주세요.

**답**　　먼저, 물음에서 『일반언어학 강의』의 저자라고 말씀하셨는데, 이에 대해 아직도 학자들 사이에서는 논란이 계속됩니다. 왜냐하면, 앞으로 상세히 말씀드리겠지만, 소쉬르가 〈일반언어학 강의〉를 그의 말년 5년(1907-1911)[1]에 걸쳐 제네바 대학에서 행한 것은 사실이나, 그것이 한 권의 단행본으로 출판된 것은, 그가 타계한 후, 제자들과 후배 동료 교수들의 결정에 따라, 사후에 출판된 것이기 때문에, 엄밀히 말해, 책의 저자라고 단정하기는 간단치 않습니다.

제 개인적 견해로는 소쉬르는 하늘이 내린 언어학자라고 말씀드릴 수 있을 정도로, 무엇보다 타고난 학자로서의 천재성을 손꼽고 싶습니다. 그 천재성은 라틴어, 그리스어, 프랑스어 등, 5개국의 언어 형태를 비교하여 최초의 인류 언어의 원시적 형태, 즉 기본 어근을 가설적으로 연역해 내는 놀라운 소논문을 쓴 중학교 시절부터 발현되었으며, 고등학교 시절에는 인도유럽어족에서 비음nasal sound의 존재를 밝혀냈는데 이는 당시 19세기 역사언어학의 대가였던 독일의 브루크만Karl Brugmann에 의해서 몇 년 후에 밝혀져 그의 학문적 공적 가운데 하나로 인정받는 해프닝으로 이어진 바 있습니다. 더불어 이미 21세의 나이에 발표한 석사논문의 출판을 통해서는 당시 역사비교언어학계의 헤게모니를 잡고 있던 독일 언어학자들을 전율케 할 정도였습니다.

---

1  유럽 대학의 학사 연도는 매년 9월에 시작해 그다음 해 6월 말-7월 초에 종료된다. 소쉬르가 행한 일반언어학 제1차 강의는 1906-1907년(첫 강의는 1907년 1월에 개시), 제2차 강의는 1908-1909년, 제3차 강의는 1910-1911년에 이루어졌으므로, 실제 소쉬르가 할애한 강의 기간은 채 2년 반 정도라고 말할 수 있을 것이다.

소쉬르라는 인물을 특징짓는 두 번째 성격은 언어를 비롯해 사물과 현상의 숨겨진 궁극적 원리를 파악하기 전까지는 섣부른 단언이나 발표를 지양하고 부단하게 치열한 성찰과 자기부정을 거듭하며 최상의 인식에 도달하려는 완벽주의적 성격의 소유자였다는 것입니다. 소쉬르가 얼마나 완벽함을 추구한 인물이었는가는, 그분의 필사본을 읽어 보면 곧바로 확인됩니다. 수십 번 고쳐 쓰고, 심지어, 어떤 페이지는, 통째로 지운 흔적을 볼 수 있습니다. 소쉬르는, 수차례, 〈일반언어학 강의〉를 출판해 달라는 제자들의 요청에 대해, 시종일관 거부 의사를 표명했는데, 그 이유는 단 하나, 언어에 대한 결정적 사고에 이르지 못했으며, 또한 설사 책을 쓴다고 해도, 어디서 시작해야 할지를 결정할 수 없다는, 마치 선문답 같은 말을 여러 번 했습니다.

제가 생각하는 소쉬르라는 인물의 성격은 그분의 가문 내력과 자신의 인격적 수행을 통해 드러나는 학자로서의 겸손함과 고결성이며, 그것이 다소 지나쳐, 극도의 내밀한 성격으로 인해 한 인간으로서의 개인적 삶에 대해서는 별로 알려진 것이 없는,[2] 신

---

[2] 다행히, 최근 10년 전부터, 치밀한 고증에 기초한 소쉬르의 전기와 평전이 출판되었다. 대표적인 연구자는 에딘버그 대학의 존 요셉 교수와, 콜롬비아 국립대학의 메히아 퀴하노 교수를 손꼽을 수 있다.

29 h ① al ...

~~Dans un état donné, il n'y a~~
~~qu'un seul objet central le linguiste~~
~~ne rencontre ... seul objet central~~ ×

I. Un état de langue ~~~~ n'offre
à l'attention du linguiste qu'un seul
objet central : rapport des formes et
des idées ~~~~ qui s'y incarnent.
(objet nécessai-
rement complexe, en
laissant de côté
ses autres
attributs)
Par exemple, il ~~~~ faux d'admettre
que cet état de langue offre le second
objet central des idées elles-mêmes; ou
bien les formes; ou bien des sons dont se
composent les formes; ~~~~
~~pas~~ qu'on entreprend
II. Une succession d'états ~~n'offre à~~
3 ~~~~ n'off° l'attention du linguiste qu'un seul ob-
jet central également, et qui ~~~~
~~~~ avec le précédent :
le ~~~~ ( objet simple , en laiss[ant]
~~~~ en côté les autres ~~offre~~ et avec l'objet
précédent, non pas ~~~~ être opposition
flagrante et
abrupte
~~~~ mais une absence totale
~~~~ ; mais dans
~~un rapport de~~ radicale totale disparité, abolissant
d'emblée toute espèce de comparaison,
et ouvrant un ordre d'idées qui n'avait
point occasion de naître devant un état donné.

비의 인물이라는 점입니다.

정리해서 말씀드리면, 제가 30년 넘게 연구해 오면서 가슴 속에 그린 소쉬르의 인물은, 타의 추종을 불허하는 천부적 능력, 사물의 궁극적 원리를 완벽하게 포착하려는 완벽주의, 그리고 학자라면 우러러보지 않을 수 없는 학자적 고결성으로 점철되어 있으며, 그 고매함으로 인해 소쉬르라는 인물의 신비적 분위기aura가 탄생한 것이라고 생각합니다.

**문** 소쉬르의 가문 내력과 그의 학문적 경력에 대해 간략하게 말씀해 주실 수 있을까요? 특히, 소쉬르의 삶의 내면세계와 당대의 시대정신을 문헌에만 의존해 파악하는 것이 결코 쉬운 작업은 아닐 것이라 예상되는데요.

**답** 특정 학자, 예술가, 위인들 등, 위대한 인물들의 삶의 궤적을 요약하여 정리한다는 것은 쉽지 않으나, 특히 제가 강조하고 싶은 것은, 자신이 흠모하거나 연구하는 인물의 삶을 단순

---

- Mejía Quijano, Claudia, *Le cours d'une vie*, *Portrait diachronique de Ferdinand de Saussure* Tome 1: *Ton fils affectionné*, Nantes: Cécile Défaut, 2008.
- Mejía Quijano, Claudia, *Le cours d'une vie*, *Portrait diachronique de Ferdinand de Saussure* Tome 2: *Devenir père*, Nantes: Cécile Défaut, 2011.
- Joseph, John E., *Saussure*, Oxford: Oxford University Press, 2012.

히 자료의 객관적 기술로만 이해하기보다는, 그 인물에 대한 정신적 동화와 감정이입을 통해, 그가 살아간 시대와 상황을 내면화시킬 수 있는, 인간학적 차원에서의 진정성 있는 노력이 필요하다는 것입니다. 그렇다면 소쉬르가 삶을 영위했던 서양 근대 인문학의 성립 과정 시기에 해당하는 19세기 중반기부터 20세기 초반기(1857-1913)와는 완전히 다른 문화적 배경과 시대를 살아가는 필자가, 소쉬르의 삶의 심층에 녹아 있는 의미를 관통하는 것이 과연 가능한가 하는, 제 인식의 한계에 관한 자문을 해봅니다.

그래서, 소쉬르의 삶의 궤적에 대한 실감을 얻기 위해, 그분이 살았던 물리적 공간을 현장 답사하는 시도를 수차례 한 바 있습니다. 조금 과장해서 말씀드린다면, 소쉬르의 혼을 불러내어, 초월적인 정신적 만남을 앙망하는 저 나름의 몸짓이었습니다. 그렇지만, 보다 솔직히 고백한다면, 앞서 말한 근대 인문학의 최고 절정기였던 시기에 소쉬르와 더불어 동시대에 근대 인문 지식의 초석을 놓은 설립자들, 프로이트·뒤르켐·후설·퍼스·마르크스 등이 인류 역사상 빛나는 사상의 꽃을 피우던, 서양 인문 지식의 근대성에 대한 제 인식의 한계를 절감합니다.

소쉬르의 삶에서 연구자들이 실증적으로 고증한 것은 거의 대부분 학자로서의 저술과 경력이며, 한 인간으로서의 평범한 생활에 대해서는 의아할 정도로 알려진 바가 적습니다.

**문**　　　그래도 상당 기간 소쉬르를 연구하면서, 학자적 형성 과정에 있어 어떤 특징을 파악할 수 없었나요?

**답**　　　저는 그분의 삶을 이렇게 특징짓고 싶습니다.

첫째, 9남매의 장남으로 태어난 소쉬르의 탄생 연도(1857)부터부터, 심지어 현재에 이르기까지, 그분의 가문, 즉 소쉬르 가문은 스위스 국가 전체를 통틀어, 학문적 연구 대상이라 할 정도로 타의 추종을 불허하는 명가의 계보를 이어 왔다는 사실입니다. 소쉬르 가문은 16세기 프랑스에서 종교 박해를 피해 피신한 칼뱅주의 가문으로서, 6대에 이르러 세계적 과학자들을 배출한 독보적인 명실상부 최고의 가문입니다. 도서관과 구글에서 소쉬르라는 이름을 입력하면, 그의 증조부이자, 세계 최초의 몽블랑 등반 기록을 세운 자연과학자 오라스 베네딕트 드 소쉬르Horace Bénédict de Saussure라는 이름을 발견할 수 있으며, 그 밖에 광물학, 화학, 지질학 등의 분야에서 내로라하는 과학자들을 양성한 가문입니다. 소쉬르의 장남 역시, 프로이트의 제자로서 정신분석학 분야에서 일가를 이루었으며 그의 차남 또한 고대 중국 천문학의 저명한 학자였습니다.

둘째, 제가 보기에 소쉬르 삶의 궤적에서 부각될 수 있는 특징은, 자신의 모국 스위스 한 곳에 머물지 않고, 당시 최고의 언어학 메카였던 독일에서 석사와 박사 학위를 받고, 그곳을 미련 없이 떠나 프랑스에 정착하여 일찌감치 그 실력을 인정받아 교육과 연구에 헌신했으며, 그 이후 자신의 모교인 스위스의 제네바 대학으로 귀향했다는 점에서, 저는 그것을 일러, 학자 소쉬르의 학문적 국제성이라고 부르고자 합니다. 더구나, 소쉬르가 파리에서 부교수로 강의를 시작했을 때, 그의 명강의에는 프랑스 학생들보다, 이탈리아, 스웨덴, 러시아 등의 외국인 학생들이 더 많이 운집했다는 점에서도, 소쉬르 삶의 국제성이라는 단어가 과장은 아닐 듯합니다.

이 같은 맥락에서, 앞서 언급한 것처럼, 탁월한 자연과학자들을 배출한 가풍에서 소쉬르 역시, 자연과학자들을 배출한 가문의 전통과 부친의 강력한 권고로 19세가 되는 1876년 제네바 대학에서 화학과 물리학을 공부했으나 채 1년이 지나기 전에 자신의 학문적 적성과 맞지 않는다는 점을 깨닫고, 독일 라이프치히 대학의 언어학과로 유학을 떠납니다. 당시 그 대학은, 역사비교언어학 분야에서 최고의 학문적 권위를 자랑하던 곳이었습니다. 이곳에서 소쉬르가 1878년 21세 때 발표한 석사 논문, 「인도유럽어족 제 언어에 있어 모음들의 원시 시스템에 대한 논고」는 140여 년이 지난 2021년 현재에도, 역사비교언어학 분야에서 생산된 가장 독창적인 저술이자 19세기 역사언어학의 기념비적 저술로 남게 됩니다.

소쉬르는 약관의 나이에 제출한 석사 논문의 출판을 통해 당시 언어학계에 혜성처럼 나타나 상상을 초월하는 명성을 일찌감치 쌓았으나, 이와 동시에 일부 독일 언어학자들로부터 질투와 냉대를 받아 정신적 고립감에 휩싸이기도 했습니다. 인도유럽어 공통의 모음체계를 추출하기 위해 청년 소쉬르는 역사에서 사라진 '유음 계수coefficient consonantique'를 상정함으로써 그의 사후에 후두음 이론으로 발전하는 이론적 발판을 마련했습니다. 언어학사에서 최초로, 실제로 존재하는 물리적 음성에 기초해 작업하지 않고, 순전히 가설과 연역에 근거하여 수립된 언어 요소들의 대립적·관계적 단위들을 통해 논증하면서 이루어진 언어적 재구성(언어학 용어로는 재구)은 일종의 대수학적 방법으로 이루어졌습니다. 이어서, 청년 소쉬르는 베를린 대학으로 학적을 옮겨 단 2년 만에 1881년 『산스크리트어의 절대 속격』이라는 제목으로 박사 학위를 받습니다.

하지만, 소쉬르는 자신의 천부적 재능과 학문적 독창성을 시샘하고 깎아내리려 하는 당시 독일 소장 학자들의 태도, 실증주의와 역사주의에 중심을 둔 독일 역사언어학계의 학풍에 환멸을 느껴, 파리의 고등실천연구원École Pratique des Hautes Études에서 보금자리를 마련하고 고트어 강의로 교편을 잡습니다. 파리 초창기 시절 생겨난 유명한 일화가 있습니다. 요즘으로 치면, 포스트박사연구생으로, 공부를 더 하려고 도착한 파리에서 그의 천재성은 당시 프랑스 언어학계의 수장이었던 미셸 브레알Michel Bréal에 의해 곧바로 간파되어, 자신의 고독일어 강의를 청강하던 청년박사 소쉬르를 불러, 자신보다 더 탁월한 학자로 치켜세우며, 그를 단 한 학기 만에, 부교수로 임명합니다.

프랑스 언어학의 본산지였던 '고등실천연구원'에서 10년 동안 고트어, 고독일어, 산스크리트어를 비롯해 비교문법을 강의하면서, 소쉬르는 메이에, 폴 파시Paul Passy, 모리스 그라몽Maurice Grammont 등의 프랑스 소장 언어학자들을 포함해, 그의 명강의를 듣고자 유럽 전역 및 미국에서 모인 197명의 수재들을 교육시켜, 최고의 언어학자들을 배출했습니다.[3] 교육자로서 소쉬르가

---

**3**  Decimo, Marc, *Sciences et Pataphysique* Tome 2: *Comment la linguistique vint à Paris.*

지닌 천부적 능력은 그의 수제자 메이에가 남긴 다음과 같은 회고에서 어느 정도 짐작이 됩니다.

> "소쉬르 선생은 자신이 강의했던 학문을 제자들로 하여금 진정으로 사랑하고 또 몸으로 느끼도록 만들었다. 마치 시인의 영감을 주는 그의 사상은 그가 강의하는 내용에 생생한 이미지의 형태를 마련하면서 그의 강의를 한번이라도 경청한 사람이라면 그것을 결코 잊어버릴 수 없었다."

파리 체류 기간 동안 소쉬르는 세계 최초의 언어학회인 파리 언어학회의 총무를 맡아 논문 발표를 비롯해 학술지 편집에 이르기까지 다양한 활동을 했습니다.

소쉬르는 파리에서 10년 동안 줄곧 부교수 신분으로 교편 생활을 계속했으며, 프랑스 최고의 학문의 전당인 콜레주 드 프랑스Collège de France의 석좌교수직과 최고 훈장인 레지옹 도뇌르를 제안하며 만류하던 프랑스 학계를 떠나, 1891년 인도유럽어의 언어학 정교수직을 마련해 준 그의 모교 제네바 대학의 문과대

----

*De Michel Bréal à Ferdinand de Saussure*, Dijon: Les Presses du réel, 2014, 188-366쪽.

에서 새로운 삶을 시작합니다. 완벽한 금의환향이었습니다.

**문**　　모교인 제네바 대학에서의 교육과 연구 활동에 대해
서는 알려진 바가 있나요?

**답**　　1913년 타계하기 전까지 모교인 제네바 대학의 언어
학과에서 인도유럽어의 비교언어학을 비롯해 산스크리트어, 프
랑스어 작시법을 비롯해 다양한 영역의 강의를 했습니다. 하
지만 점차적으로 거의 칩거 상태로 들어가 엄청난 시간을 공들
여 니벨룽겐 전설과 고대 라틴어 시조에서 나타나는 작시법 법
칙 등 다양한 분야를 연구해 왔으나 출판은 전혀 하지 않았습니
다. 참고로, 고대 그리스·로마의 시 작품에서 나타나는 일종의
언어 수수께끼 같은 아나그람les anagrammes에 대해 소쉬르는 거의
15년 넘게 매달려 탐구했고, 그 육필 수고는 수백 권의 노트에
이를 정도로 다른 어떤 언어학 연구 분야에 비해서도 많은 분량
입니다. 문학 비평과 문학사의 태두인 스타로뱅스키Jean Starobinski
(1920-2019)가 1971년에 편집해 출판한 『낱말들 아래 낱말들』을
비롯해, 최근에 출판된 세 권의 단행본을 포함해도, 소쉬르의 필
사본 자료 전체 가운데 5% 정도에 불과합니다.[4] 그 엄청난 분량
보다 더 경이로운 사실은, 산스크리트어로 쓰인 베다 시에서 시

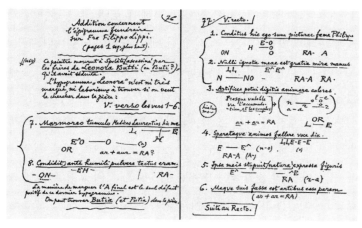

아나그람 연구 필사본 자료

작해, 호메로스의 시들을 비롯하여, 고대 라틴어 시조와 고독일어로 기록된 게르만 시 텍스트들을 주파하면서 광대한 시공을 넘나들며, 이들 시적 현상들의 심층에 숨겨진 언어학적 구조를 해독해 낸 것에서 드러나는 그 사유의 깊이와 넓이입니다.

**4**  Starobinski, Jean, *Les mots sous les mots: Les anagrammes de Ferdinand de Saussure*, Paris: Gallimard, 1971; Bravo, Federico, *Anagrammes: Sur une hypothèse de Ferdinand de Saussure*, Limoges: Lambert Lucas, 2011; Gandon, Francis, *De dangereux édifices: Saussure lecteur de Lucrèce. Les cahiers d'anagrammes consacrés au De Rerum Natura*, Louvain & Paris: Peeters, 2002; Testenoire, Pierre-Yves, *Ferdinand de Saussure à la recherche des anagrammes*, Limoges: Lambert Lucas, 2013.

1913년 타계하기 전까지 그가 모교에서 보낸 21년 동안의 기간에 대해서 알려진 것은 거의 없다 해도 과언이 아닙니다. 뿐만 아니라 그가 생존 시 작성했던 글들에 대해서도 아는 바가 거의 없습니다. 1922년 그의 사후에 출간된 599쪽 분량의 『소쉬르의 연구 출판 모음집』에는 268쪽의 석사 논문과 70쪽 분량의 박사 논문을 포함해 지극히 전문적인 소논문들이 실려 있을 뿐입니다. 더구나 그의 출판물은 1893년 이후로는 거의 소강 상태에 이르고, 1900년과 1912년 사이에는 불과 다섯 편의 전문 소논문을 헤아릴 수 있을 뿐이며, 그것은 어떤 언어 이론과도 관련이 없는 몇몇 지명들의 어원과 유럽의 방언들에 대한 몇 개의 실증적 고증에 불과합니다. 생존 시, 소쉬르 자신은 그의 제자 메이에에 보낸 한 서간에서 스스로 저술 공포증에 걸린 것이 아닌지 묘한 암시를 하기도 한 바 있습니다.

**문** 그렇다면, 『일반언어학 강의』는 그의 모교인 제네바 대학에서 5년 동안 강의한 것을 편집해 출판한 것인데, 소쉬르는 제네바 대학에서 어떤 과목을 강의했나요?

**답** 한 학자가 어떤 과목을 강의했는지는 그 학자의 관심 영역과 폭을 가늠하는 중요한 징표라는 점에서 꼼꼼히 살펴볼 필요가 있습니다. 한 가지 중요한 사실은, 제네바 대학에 부임한 1891년부터 1913년 타계하기까지, 〈일반언어학 강의〉는 후반기 말에 했던 강의입니다.

당시, 일반언어학이라는 명칭 자체를 소쉬르가 최초로 도입했다는 점에서, 당시에는 그 같은 강의 제목과 형식, 내용 면에서 사례가 없었습니다. 당시 소쉬르가 이름을 날린 분야는 인도유럽어족 언어학으로, 특히, 당시 유럽에서 최고의 산스크리트어 전문가로 평판이 높았습니다. 따라서 산스크리트어 강의는 소쉬르 강의에서 제일 중요한 과목 중의 하나였고, 학생들이 풀어야 할 연습 문제를 직접 만들어 시험을 치르기도 했으며, 두 번째 분야는 고독일어인 고트어 강의였습니다. 이 밖에도 근대 프랑스어 음운론(음성학) 등을 강의하기도 했습니다.


## 2. 20세기 현대 인문학에서 『일반언어학 강의』의 위치와 의의

**문**　　왜, 우리는 출간된 지 100년이 넘은 소쉬르의 『일반언어학 강의』를 읽을 필요가 있을까요?

**답**　　물론, 『일반언어학 강의』는 소쉬르의 언어사상을 완결적으로 반영하는 것은 아니며, 다른 여러 비평 판본이 존재합니다. 이 점에 대해서는 다시 상세히 언급하겠으나, 소쉬르의 유고집인 이 책은 21세기 인공지능과 인지과학 혁명의 시대에서도 여전히 읽을 가치가 있다는 것이 제 견해입니다.

21세기 소쉬르의 『일반언어학 강의』를 읽어야 할 필요성과 의의는 다음과 같은 세 가지 차원에서 확보할 수 있다고 생각합니다. 첫째, 책의 내용을 떠나서 소쉬르가 사용하는 언어의 현대성을 지적하고자 합니다. 100년 전의 대학 강의에서 사용된 언어임에도 불구하고, 21세기 초반기에 읽어도 전혀 참신성과 심오함에 부족함이 없다는 점에서, 소쉬르의 어휘와 사유의 현대성을 강조하고자 합니다.

특히 소쉬르의 언어 속에 녹아 있는 풍부한 은유, 그리고 놀라운 솜씨의 다이어그램과 그래픽, 이미지적 사유 등, 그의 언어 자체가 심층적인 연구의 대상입니다. 우리가 무엇보다 유념해야 할 사실은, 소쉬르의 언어 또는 그의 '글쓰기'는 그가 세상에 내놓은 새로운 개념들의 창안을 실현하게 만든 일등 공신이라는 사실입니다. 소쉬르의 언어가 갖는 강력한 힘은 바로 현대 언어학 이론의 토대가 되었으며, 현대 인문학 담론의 중요한 인식론적·방법론적 자양분이 되었습니다. 현대 언어학을 정초했던 소쉬르 담론의 특징을 도출하기 위해서는 소쉬르의 언어 이론이 무엇보다, 언어적 사실들과 현상들을 탐문할 수 있도록 해 준 개념적 틀로서 간주될 수 있는 하나의 과학적 언어(전문적 용어를 사용한다면 메타언어 또는 초언어metalanguage라고 말할 수 있습니다)라는 점을 분명히 기억하고 있어야 합니다. 쉽게 말해, 언어를 대상으로 삼아 그것을 기술하고 분석, 설명하는 언어를 말합니다.

둘째, 소쉬르『일반언어학 강의』읽기의 또 다른 정당성은 그의 사유가 뿜어내는 심오함과 보편성에 의해서 확보될 수 있습니다. 저는 그것을 소쉬르의 사유 스타일이라고 부르고자 합니다. 그 독창적 사유 양식을 자신의 것으로 체화시킬 수 있다면, 그것만으로도『일반언어학 강의』읽기의 의미는 절반 이상 성취되었다고 말할 수 있을 것입니다.

언어의 본질, 구조, 기능, 역사, 지리에 대해서 저는 아직 소쉬르의『일반언어학 강의』가 포괄하는 사유의 폭과 깊이를 능가하는 언어학 저서를 접한 바가 없습니다. 아마도 제가 제일 존경하는 미국의 언어학자 사피어Edward Sapir 또는 프랑스의 또 다른 천부적 언어학자 뱅베니스트Emile Benveniste, 언어학과 문학의 소통을 실현하며 시학을 완성한 러시아 언어학자 야콥슨Roman Jakobson 정도가 그에 버금가는 언어학의 스펙트럼을 제시한 정도입니다. 특히 제3차 강의에서는 언어가 거주하는 역사적 배경과 더불어, 언어의 토양, 즉 지리적 토대에 대해서 심오한 언어철학을 발견할 수 있습니다. 지리언어학은 소쉬르 이후, 현대 언어학의 연구 목록에서 실종되었습니다.

특히, 지금까지 소쉬르 언어학의 지배적인 준거 문헌으로 읽혀 왔던 통속본vulgate은 물론이요, 다른 제3차 강의 문헌들에서 누락되었던, 약 100여 쪽에 걸쳐 소쉬르가 체계적으로 정리한 세계 언어 지도 ―물론 두 학기라는 한정된 강의 시간으로 인해, 소쉬르는 인도유럽어족의 역사적·유형론적 체계의 기술로 국한했지만― 는 인도유럽어족의 세세한 언어들에 대한 거의 무불통지의 경지를 증언하는 소쉬르의 박학을 비롯하여, 그가 언어의 역사와 문화에 대해서 지대한 관심과 더불어 결정적 중요성을 부여했다는 사실을 깨닫게 해 줍니다.

셋째, 소쉬르의 『일반언어학 강의』는 결코 언어학이라는 일개 학술 분야의 틀 안에 머무르지 않고, 현대 인문학의 새로운 패러다임을 형성한 20세기 인문학 담론체계의 한 획을 그은 사건이라는 점에서, 21세기 인문학의 영원한 지적 자양분이며 인문학적 상상력의 수액을 제공할 거라는 점에서, 제대로 읽는 독자에게는 의미 있는 독서 경험이 될 것입니다.

**문**　　　그렇다면 어떤 이유에서 소쉬르의 『일반언어학 강의』는 아직도 계속해서 고전의 반열에서 읽히는 것인가요? 정말, 그만큼 다른 언어학자들을 뛰어넘은 사상적 심오함이 존재하기 때문인가요?

**답**　　　소쉬르가 이처럼 건재한 이유는 그가 언어 일반과 개별 언어들에 대해서 오랫동안 쌓아 올린 공력과 그의 침묵 속에서 무르익은 사색과 성찰이 너무나도 심오하기 때문입니다. 저술 기피증에 이를 정도로 그가 겪었던 번민과 초조 속에서도 무한한 인내심을 발휘하며, 언어의 모든 비밀을 탐지하기 위해서 태어난 천재인 듯, 소쉬르는 그 자신의 표현대로, 언어의 모든 동굴을 탐사하였습니다.

비록 미완성으로 끝났으나 그의 성찰 속에 담긴 씨앗은 현대 언어학과 기호학이 꽃을 피우는 데 결정적이었으며, 언어과학을 넘어서 모든 인간 과학에 지대한 파장을 미쳤습니다. 메를로 퐁티, 레비스트로스, 라캉, 바르트, 데리다, 그레마스, 20세기 인문과학과 기호학이라는 영토의 어느 시골 역에 내리더라도 그의 이름과 사상을 모르고서는 마을 입구조차 갈 수 없을 것입니다.

하지만 한 가지 또렷하게 저의 뇌리와 살 속에 각인된 사실은 그의 언어가 시공을 초월하여 머금고 있는 현대성과 통찰력이었습니다. 과연 그의 언어와 사상을 한국어의 그릇 속에 담아낼 수 있을까 하는 고민을 늘 하게 됩니다.

다시 본론으로 돌아와, 소쉬르를 읽는 이유를 묻는다면, 그의 작품이 인간 과학의 필연적 방향 재설정과 재조직화에 근본적인 준거가 될 수 있기 때문입니다. 필자의 지적 편력을 정리하자면, 지난 25년 동안 구조언어학에서 시작해, 기호학으로, 다시 시각 이론과 미디어 이론을 통합하면서 궁극적으로 문화과학으로 통합하는 연구의 동선을 그리면서 정신없이 뻗어 왔는데, 그 동력은 모두 소쉬르 공부에 쏟았던 시간과 열정, 가치 투자 때문에 가능한 것이었습니다.

**문** 그럼에도 불구하고, 왜 정작 소쉬르 자신은 언어학 저서를 집필하거나 출판할 계획이 없었을까요?

**답** 소쉬르는 언어라는 연구 대상의 근본적인 이중성 —개인성과 사회성, 정신성과 물질성, 통시성과 공시성, 기표와 기의 등— 때문에 그가 봉착한 난점들로 인하여 그의 생존 시 자신의 통찰과 사유의 정수를 담은 결정적인 출판 형식을 유보하게 됩니다. 비록 당신의 독창적 사고가 자신이 살아 있는 동안 공식적 출판으로 세상에서 빛을 보지는 못했지만, 소쉬르는 언어기호의 자의성과 선조성과 같은 기호학의 원리를 그의 강의를 통해서 제시했을 뿐만 아니라, 언어의 연합체 관계와 통합체 관계와 같은 언어 메커니즘의 원리도 발견하였습니다.

그런데, 소쉬르의 혁명은 자연 언어와 그 이외의 다른 기호체계들 ―문자, 상징적 의례, 예의범절, 군사 신호체계 등― 의 숨겨진 친족 관계를 기호학이라는 학문체계 속에서 간파했다는 데 있습니다. 실제로 소쉬르는 낮에는 산스크리트어 문법과 일반 언어학 이론을 강의하면서 밤에는 게르만 신화와 전설, 그리고 고대 라틴어 시조를 연구하면서, 독특한 서사 이론을 만들고, 텍스트 속의 또 다른 텍스트를 찾아낼 수 있는 아나그람이라는 시적 법칙을 발견하였습니다. 물론, 이 같은 엄청난 시간과 공력을 기울인 아나그람 연구에 대해서도 일체 공식적 출판을 한 바 없습니다.

**문** 소쉬르의 『일반언어학 강의』를 읽는 시각 또는 독법에는 다수가 존재할 수 있다고 생각됩니다. 대표적 독법 또는 방법에 관해서 설명해 주세요.

**답** 이미 제가 여러 차례 선행 연구에서 지적한 바 있는데, 소쉬르 연구에서는 크게 다섯 개의 노선이 수립되었으며 이를테면 소쉬르 저술의 입체적 의미를 해독하려는 5가지 독법이라 할 수 있습니다.

첫 번째 독법은 문헌학적 비평과 텍스트 비평을 마련하면서, 소쉬르의 문헌에 대한 발생 배경과 작성 경위에 대한 지식에 바탕을 둡니다. 이 점에 대해서는 다음 장의 『일반언어학 강의』와 관련하여 현재까지 간행된 모든 문헌들에 대한 간략한 소묘에서 다시 다룰 것입니다. 또한 국내에서 현재까지 간행된 소쉬르 일반언어학 관련 번역 문헌의 서지를 정리하겠습니다.

둘째, 이론적 독법으로서, 소쉬르 언어학이 제시하는 모델, 방법, 개념에 대한 인식론적 토대를 읽어 내려는 관점이라 할 수 있습니다. 이것은 언어학의 철학philosophie de la linguistique으로 명명될 수 있으며, 비록 실현되지는 못했으나 소쉬르 자신이 말년에 기획했던 강의명이기도 합니다. 인식론적 독법에서는 소쉬르가 제시한 새로운 개념들의 언어학사적 근원과 형성 과정보다는, 시대를 초월하여 그의 언어 이론 속에 배태된 존재론적·인식론적·방법론적 토대를 연구한다는 점에서, 언어철학 또는 과학철학의 독법을 적용할 수 있을 것입니다.

셋째, 소쉬르의 『일반언어학 강의』는 역사적 독법의 대상을 성립시킵니다. 이 같은 역사적 독법에는 두 개의 하위 부류가 설정될 수 있습니다. 먼저, 소쉬르의 언어 개념에 영향을 미쳤거나, 영감을 준, 서양 언어학사의 선행 언어 이론이나 언어사상가들에 대한 검토를 발판으로 소쉬르 언어사상의 역사적 토대를 이해하려는 시도가 가능합니다. 필자는 이 같은 독법을 회고적 독법으로 부를 것을 제안합니다. 두 번째 하위 부류는 소쉬르의 〈일반언어학 강의〉가 이루어지던 20세기 초, 당대의 언어학과 언어사상을 참작하면서 소쉬르의 언어학 담론을 독해하려는 노력입니다. 우리는 이것을 당대적 독법이라 명명할 수 있을 것입니다. 소쉬르의 언어와 사유의 공간에는 언어학의 전통뿐만 아니라, 당대의 다른 학문, 인류학·경제학·지리학 등의 흔적이 남아 있다는 점에서 그의 이론에 녹아 있는 의미의 복합성과 다중성을 보여 주고 있습니다. 이것은 그의 언어 속에서 자신이 인식하고 있던 지적 전통과 유산에 대한 흡수와 선별을 통한 다차원적인 통합을 말하며, 다양한 개념들의 순환과 이동을 가능케 하는 다차원성이기도 합니다. 그것은 결국 소쉬르의 언어 이론의 잉태를 규정하고 있던 문화적 조건이라 할 수 있습니다.

『일반언어학 강의』읽기의 네 번째 시각은 이 책으로부터 세례를 받은 구조주의, 포스트구조주의를 비롯해 현대 기호학 분야에 미친 영향력과 파급 효과 등을 살펴보는 작업입니다. 이를테면 데리다의 소쉬르 읽기, 라캉의 소쉬르 읽기, 메를로퐁티의 소쉬르 읽기를 원전과 비판적으로 비교해 가며 읽는 방식을 말합니다.

『일반언어학 강의』읽기의 다섯 번째 방식은, 그것의 스펙트럼을 더 확대하여, 언어학의 이론적 정초 차원을 뛰어넘어, 과학사 또는 근대 지성사의 관점에서, 하나의 일반인식론으로 간주하여, 언어의 세계뿐만 아니라, 문화, 사회, 정치, 환경 등의 분야에 응용 가능성을 모색하며 읽는 관점을 말합니다. 아직 이 방식은 본격적으로 시도된 바가 없다는 점에서 흥미로운 독법 방식이라고 생각합니다. 예컨대, 한국의 저출산 문제, 2020년 세계를 강타한 코로나바이러스 위기 등을 소쉬르의 『일반언어학 강의』의 언어 이론을 응용하면 어떻게 그 문제의 핵심을 표상하고 해결책을 모색할 수 있을 것인가 하는 문제를 제기할 수 있을 것입니다.


## 3.『일반언어학 강의』의 성립 과정

**문**　　　그럼 본격적으로 『일반언어학 강의』의 출판 과정에 대해 여쭙겠습니다. 알려진 바와 같이, 이 책은 소쉬르가 제네바 대학에서 행한 강의에 기초하여 편집된 것입니다. 그렇다면 정확히 소쉬르가 언제부터, 어떤 방식으로 강의한 것인가요?

**답**　　　소쉬르는 1906-1907년(보다 정확히 1907년 1월에 첫 강의 시작), 1908-1909년, 1910-1911년, 총 대학 연도 3차례에 걸쳐 〈일반언어학 강의〉를 진행했습니다. 수강생의 숫자는 적게는 4명, 많을 때도 15명 정도에 불과했습니다. 강의는 매주 두 번씩 진행했으며, 매년 약간의 중복은 있었으나, 매번 새로운 강의안에 따라 이루어졌습니다.

앞서 말씀드린 것처럼, 소쉬르는 1891년 자신의 고향인 제네바로 귀국하여 모교 제네바 대학의 문과대에서 산스크리트어와 인도유럽어 담당 정교수직에 임명되어 초창기에는 고대 라틴어, 고트어 등의 고대 언어를 강의했습니다. 그의 말년에 가서야 학교 측의 요청으로, 그의 전임자였던 베르트하이머Joseph Wertheimer 교수가 강의해 왔던 '언어학'이라는 제목의 강의를 '일반언어학'이라는 제목으로 변경하여 1906년부터 강의를 개설하였습니다. 그렇다면 소쉬르가 '일반언어학'이라는 새로운 명칭과 개념을 언제부터 착상했으며 일반언어학 이론을 어떻게 발전시켜 나갔는가 하는 까다로운 문제들이 제기됩니다.

**문** 　소쉬르는 『일반언어학 강의』 출판을 위해 자신의 고유한 강의록을 준비하지 않은 것으로 알려져 있습니다. 강의의 주인공이자 동시에 책의 저자인 당사자가 직접 집필한 글이 없는 그 같은 상황은 우리가 읽는 현재의 판본이 불완전할 수 있다는 결론에 도달하게 됩니다. 이 점에 대해 학자들은 어떻게 설명하고 있나요?

**답** 　먼저, 일반언어학과 관련된 소쉬르의 사유와 담론은 대략 다음과 같이 범주화될 수 있습니다. 소쉬르는 1890년대부터 일반언어학에 대한 자필 노트를 작성한 바 있습니다.[5] 그러던

---

[5] Saussure, Ferdinand de, *Cours de linguistique générale*, publié par Charles Bally et Albert Sechehaye, avec la collaboration d'Albert Riedlinger, édition critique préparée par Tullio De Mauro, postface de Louis-Jean Calvet, Lausanne & Paris: Payot, 1972. (1922년 제2판의 페이지 표시 사용), 353–366쪽. 1995년 판형을 달리하여 파요출판사의 그랑드 컬렉션(coll. "Grande bibliothèque Payot")으로 재출판되었다. 초판은 1916년 같은 파리와 로잔에서 동일 출판사인 파요에서 출간되었다. 쪽수 순서(pagination)는 초판과 제2판(1922)이 다소 상이하며 그 이후 모든 판본에서 제2판의 쪽수가 변화 없이 고정되었다. 1972년에 출판된 마우로 교수의 비평본 역시 제2판과 동일한 페이지 순서를 간직하고 있다. 분량은 서론, XVIII을 포함 520쪽이다. 1916년에 출간된 통속본을 마우로 교수가 이탈리아어로 번역하면서, 서론, 전기 노트와 비평과 각주를 달았다. 그리고, 프랑스 언어학자 칼베 교수가 이 책을 프랑스어로 번역하여 1972년 출판하였으며, 그 이후, 판형을 바꾸어 재인쇄되었다. 프랑스어권에서 가장 많이 읽히는 『일반언어학 강의』 판본이라 말할 수 있다. 마우로 교수의 판본은 CLG로 표기되나, 다른 편집자들의 판본과 구별하기 위해 CLG/D, CLG/De Mauro 등의 약어를 사용하기도 한다. 이하 본서에서는 CLG/D로 약칭한다.

중, 그의 모교로 자리를 옮겨, 1906년부터 〈일반언어학 강의〉를 맡아 구술 방식으로 자신의 야심 찬 일반언어 이론을 피력하기 시작했습니다. 그의 제자들은 스승의 말을 기록했는데, 〈일반언어학 강의〉를 수강한 학생들의 필사 수준, 즉 판독 가능성과 강의 내용에 대한 충실도는 학생들에 따라서 들쑥날쑥이었습니다.

바로 이 학생들의 노트로부터 탄생한 것이 소쉬르 사후 3년이 지나 출간된 『일반언어학 강의』(일명 통속본, 이하 『일강』)로서, 학생들 노트들에 기초하여 일종의 모자이크식 짜깁기 방식으로 3차례의 대학 연도에 걸쳐 계속된 〈일반언어학 강의〉를 한 권의 책으로 편집하여 간행한 것입니다.[6] 그 책은 소쉬르의 제자 연배에 해당되는 동료 교수들이었던 바이와 세슈에의 합작품으로서, 그들의 표현을 빌리자면, "하나의 재구성, 하나의 종합을 시도하는 작업"[7]이었습니다. 실제로 이들이 편집한 통속본은 소쉬르가 실

---

[6] Saussure, Ferdinand de, *Cours de linguistique générale*, Charles Bally & Albert Sechehaye, eds., avec la collaboration de Albert Riedlinger, Lausanne & Paris: Payot, 1916, 337쪽. 판본 및 인쇄 내역은 다음과 같다. 제2판 1922년, 제3판 1931년, 제4판 1949년, 제5판 1955년, 1955년부터 1985년까지, 총 28쇄. 이하 CLG로 표기한다.

[7] CLG/D, 9쪽; 소쉬르, 페르디낭 드, 『일반언어학 강의』, 샤를 바이·알베르 세슈에 편, 최승언 역, 민음사, 1990, viii쪽. 이하 주석의 『일강』은 이 『일반언어학 강의』를 말한다. 이 번역본은 마우로 교수의 1972년 판본을 번역한 것이며, 필자가 인용한 판본은 1984년 판본이다. 본서에서 인용문은 최승언 번역본을 참조하였으며 일부

제 사용한 단어들을 포함하고 있는 것이 아니라, 대략 5년에 걸쳐 세 차례로 나누어 진행한 강의를 일부 학생들의 노트를 참조하여 하나로 요약한 결과물입니다.

**문**　　총 3차례의 〈일반언어학 강의〉는 어떤 방식으로 분절되고 차별화되었나요?

**답**　　소쉬르는 1906년 대학 당국으로부터 주당 2시간의 언어학 강의를 제안받고, 1907년부터 1911년까지 자신이 30년 동안 구상해 온 지적 여정의 정수라 할 수 있는 일반언어학 이론의 설계도를 언어학의 초심자들인 학부 제자들에게 공개했습니다. 이 세 번의 강의 목차와 내용을 검토해 보면, 일체의 반복 없이, 불교식으로 말하면 점증적 돈호법으로 강의의 수준이 높아지고 이론적 심화와 더불어 연구의 외연이 확대되고 있음을 간파할 수 있습니다.

　제1차 강의에서는 독일의 역사비교언어학을 중심으로 당대 언어 이론의 오류를 지적하면서 철저한 비판을 개진하고, 제2차 강의에서는 언어학 대상의 본질에 대한 '한담causerie'식의 강의를

---

제시함과 동시에 그 같은 대상의 과학적 연구가 제기하는 인식론적 문제점들을 검토하였습니다. 끝으로 제3차 강의에서는 언어 이론의 배치가 치밀한 일관성 속에서 완성됩니다. 강의가 진행된 약 5년 동안 강의를 추동시킨 동력은 여전히 단정적 사유가 아닌, 미완성의 스타일이었으며, 이것은 연속성 속에서도 절묘한 변화를 가져다주었습니다.

**문**　　궁금한 것은 〈일반언어학 강의〉 과목을 수강했던 학생들의 이해력 또는 태도입니다. 아울러 교수로서의 소쉬르가 학생들에게 일반언어학의 이론적 체계를 전달한 방식도 궁금합니다.

**답**　　제자들에게 엄격했지만, 그들을 진심으로 사랑했던, 참된 스승의 전범이었던 소쉬르였습니다. 강의를 수강한 학생들 역시 언어학에 흥미를 갖고 있었으며, 구술시험 준비를 위해서 스승의 강의 노트를 서로 대조해 가며 공동 학습을 통해서 스승의 가르침을 이해하려고 노력을 경주했습니다. 소쉬르는 단지 제자들 앞에서 그의 지적 박식함을 진열하는 데 멈추지 않았으며 그의 방대한 지식 스펙트럼은 서구 언어학사상 최초로 그가 발명한 일반언어학의 주요 원칙들을 이해시키기 위해서 효과적으로 사용되었습니다. 바로 이런 이유에서, 다양한 언어들에서 나타나는 역사적·정치적·문화적 사실들은 '랑그langue'라는 일반적이며 추상적인 모델만큼이나 비중 있게 다루어졌습니다.

소쉬르는 제2차 강의를 1909년 6월 24일 종료하였습니다. 1909년 1월 19일 나눈 제자 알베르 리들링거와의 대담에서 소쉬르는 향후 2년 안에, '언어학의 철학' 강의를 개설할 용의가 있다고 천명합니다. 이 강의와 관련하여 리들링거가 전해 주는 증언은 다음과 같습니다.

"소쉬르 선생님이 자신의 제2차 일반언어학 강의(1908-1909)에서 진행한 서론은 한낱 한담에 불과하다. 만약 강의가 계속되었다면, 일반언어학은 전혀 다른 것이 되었을 것이다. 소쉬르 선생님은 금년에 인도유럽어족의 언어들과, 그것들이 제기하는 문제들을 다룰 것이다. 그것은 언어학의 철학 강의를 위한 준비가 될 것이다"[8]

---

8  제3차 강의의 문헌에 대한 소개 및 당시의 정확한 상황에 대한 정보와 논의는 다음 두 편의 문헌에 기초한다.
   1. Gambarara, Daniele, "Un texte original, présentation des textes de F. de Saussure", *CFS* 58, 2005, 29-42쪽.
   2. Mejía Quijano, Claudia, "Sous le signe du doute: présentation des textes de E. Constantin", *CFS* 58, 2005, 43-67쪽.

실제로 소쉬르는 이 대담 이후 1-2년 안에 '언어학의 철학'이라는 과목을 진행할 준비가 되어 있었으며 그 주제는 기존의 어떤 언어학 저서에서도 다루어진 적이 없다는 점을 강조하면서 다음과 같은 증언을 남기고 있습니다.

"… 그 같은 책은 그 저자의 결정적 사유를 제시해야 할 것입니다."[9]

1909-1910년 소쉬르는 제네바 대학 문과대에서 늘 해 오던 고대 언어 강의 ―산스크리트어, 그리스어와 라틴어 비교문법, 고트어와 고독일어― 를 진행했으며 이 강의를 수강한 학생들은 선생의 말을 토씨 하나 놓치지 않고 필기를 남겼습니다.[10] 소쉬

---

9 1909년 3월 19일, 알베르 리들링거가 기록한 필기, Bibliothèque de Genève, Département des manuscrits: *Papiers Ferdinand de Saussure* Ms.fr.3951-3974a.(Ms.fr.3973c), 36-38쪽 이하; Godel, Robert, "Introduction au deuxième Cours de linguistique générale de Ferdinand de Saussure", *Cahiers Ferdinand de Saussure* 15, 1957, 3-103쪽, 29-30쪽. 참고로, 소쉬르의 필사본 원고는 제네바 대학 도서관의 필사본 소장실을 비롯해, 제네바주의 문서보관소, 프랑스 국립도서관, 파리 소르본 대학 도서관, 하버드 대학 부속 도서관인 휴턴 라이브러리를 비롯해 유럽에 소재하는 수십여 곳에 보관되어 있다.

10 수강생은 콩스탕탱(Emile Constantin), 고티에(Léopold Gautier), 파투와(Charles Patois), 리들링거(Albert Riedlinger) 등이다.

르는 마치 자신의 운명을 예감이라도 하듯, 1910-1911년에 진행될 '일반언어학' 강의를 다시 설강했으며, 그것은 그의 세 번째 〈일반언어학 강의〉이자 마지막 강의가 됩니다. 당시 제네바 대학의 학사 일정에는 소쉬르라는 교수 명의로 1912-1913년에도 계속해서 강의 설강이 명시되어 있었으나, 소쉬르는 1912년 9월 9일, 대학 행정 본부에 건강상의 이유로 휴직을 신청하고 병마와 외롭게 싸우다 1913년 2월 22일 타계하였습니다.

**문**　　　제3차 강의가 최종 강의라는 점에서, 가장 중요한 백미라고 생각합니다. 제3차 강의에 대해서 상세히 설명해 주세요.
**답**　　　제3차 〈일반언어학 강의〉에 대해서는 2017년 출판한 저의 번역본 해설에 상세히 기술한 바 있어, 여기서는 간략하게 그 핵심을 말씀드리겠습니다.[11]

제3차 〈일반언어학 강의〉를 위해서 소쉬르가 준비한 필기록은 분량이 많지 않을 뿐만 아니라 정확한 연대가 기록되어 있지 않습니다. 단지 소쉬르가 매주 2차례씩 진행되었던 강의 개시

---

11　소쉬르, 페르디낭 드, 『소쉬르의 마지막 강의(제3차 일반언어학강의 1910-1911, 에밀 콩스탕탱의 노트)』, 김성도 편역, 민음사, 2017, 10-69쪽.

직전에 주요 내용을 필기했던 것으로 추정됩니다.

제3차 〈일반언어학 강의〉를 수강한 학생들의 수는 대략 12명 남짓으로 그 가운데 규칙적으로 강의 필기 기록을 남긴 학생들은 모두 4명 정도를 헤아리며, 5년 동안의 강의를 수강해서 노트 기록을 남긴 학생들은 총 8명으로, 그 명단은 다음과 같습니다.

알베르 리들링거Albert Riedlinger, 루이 카이Louis Caille, 레오폴드 고티에Léopold Gautier, 프랑수아 부샤르디François Bouchardy, 에밀 콩스탕탱Émile Constantin, 조지 데갈리에Georges Dégalllier, 마그리트 뷔르데Marguerite Burder(또는 세슈에 부인Madame Sechehaye으로 명명되기도 한다), 프랑시스 조셉Francis Joseph.

이 가운데 가장 성실하고 치밀한 필기, 스승에 대한 거의 중세 수도승의 종교적 흠모와 더불어 스승의 숨결마저 느껴질 정도의 기록을 남긴 제자로 에밀 콩스탕탱(11권 분량의 총 478쪽)을 손꼽을 수 있습니다. 제3차 〈일반언어학 강의〉는 모두 겨울 학기와 여름 학기에 걸쳐 계속되었으며. 겨울 학기는 1910년 10월 15일부터 1911년 3월 22일까지 진행되었고, 학기 초 10일 동안 시험을 본 기간을 포함하여 10월 25일 개강하였습니다. 여름 학기는 1911년 5월 8일부터 7월 15일까지 진행되었으며, 시험 기간은 약 12일 동안 진행되었고, 부활절 방학은 4월 14일부터 16일까지로 기록되어 있습니다.

10월 28일과 11월 4일 두 차례에 걸쳐 서론의 성격을 띠고 있는 강의에서 소쉬르는 제3차 〈일반언어학 강의〉의 목적과 대상, 그리고 강의 구성과 분절에 대해서 전체적 윤곽을 제자들에게 알려 주었습니다. 소쉬르는 먼저 엄밀한 의미에서의 언어학을 다루고, 이어서 그다음 행로에 따라서 세 부분으로 나누어 강의를 계속할 것임을 예고합니다. 그 세 부분은 크게 다음과 같습니다.

I. 여러 언어들les langues

II. 언어(랑그)

III. 언어활동 능력faculté du langage과 개인들에게서 발현되는 언어활동 능력의 행사

소쉬르는 11월 8일 화요일 드디어 제3차 〈일반언어학 강의〉

의 제1부를 개시합니다. 그는 먼저 한 달 가량 진행된 모두 8번의 강의(12월 초까지 진행)를 통해서 세계의 언어들이 제각기 상이하게 변화되어 온 양상을 공간과 시간의 축에서 검토할 것을 제안하면서, 다양한 언어들의 진화의 결과이며 증언이라 할 수 있는 언어들의 지리적 다양성에 초반부 강의 시간을 할애하였습니다.[12]

또 다른 흥미로운 사실은 소쉬르가 강의 전반부인 제1부 4장에서, 표음 문자를 포함하여 문자 일반에 대해서 다루고 있다는 사실로서, 여기서 문자는 구술 언어의 필수 불가결한 증언으로 간주되지만, 다양한 언어들의 지나간 상태들에 대한 정확한 정보를 알려 줄 수 없는, 따라서 크게 신뢰할 수 없는 자료로 간주하고 있다는 사실입니다.

겨울 방학 이후 속개된 1월 9일 자 강의부터, 소쉬르는 문자에 대한 강의를 매듭짓고, 세계 주요 언어들의 전반적 구도라는 방대한 영역에 대한 강의를 시작합니다. 이 강의 내용은 1월부터

---

12 소쉬르 언어 이론에서 지리언어학이 차지하는 의미에 대해서는 다음 논문 참조. Harris, Roy, "Saussure and linguistic geography", *Languages Sciences* 15-1, 1993, 1-14쪽. 이미 1975년 룰레 교수는 소책자 형식의 주석서에서 지리언어학이 소쉬르의 이론체계에서 갖는 이론적 함의를 지적한 바 있다. Roulet, Eddy, *Cours de linguistique générale*, Paris: Hatier, 1975.

3월까지 겨울 학기 전체에 걸쳐 다루어졌으며, 타의 추종을 불허하는 소쉬르의 독창적 통찰력과 전체를 아우르는 비전을 기반으로 삼아, 세계 주요 문명의 언어 계보도, 특히 인도유럽어족의 세밀한 언어사를 다루면서, 19세기 고고학의 비약적 발전으로 인해서 발견된 이미 사라진 인도유럽어족 언어들의 문헌들과 그것을 기록한 고대의 비문들에 대해서 미세한 부분까지 검토하고 있습니다.

이 부의 초반부에서 아주 간략하게 소쉬르는 자신이 최초로 제안한 이분법의 개념인 랑그와 파롤 등에 대해서 제자들의 이해를 도울 요량으로 효과적인 도표와 그림을 제공하고 있는데 이 부분은 제2부에서 본격적으로 다루어질 이론언어학의 기초를 제공하면서, 일종의 예고편의 형식을 띠고 있습니다.

1911년 4월 25일 화요일 소쉬르는 〈일반언어학 강의〉의 제2부를 시작합니다. 그 제목은 언어(랑그)이며 이때부터 강의는 속도가 붙어 신속하게 진행됩니다. 채 한 달이 안 되는 기간 동안 소쉬르는 언어(랑그)와 언어기호들이 정신적 실재이며 동시에 사회적 실재라는 점을 보여 주고, 언어기호들은 자의적이며, 시각 언어와 달리 일차원에서 진행되는 선조성을 소유한다는 점을 강조하였습니다. 이어서 랑그 속에서는 완전히 동기부여가 없는 무근거적 기호들signes immotivés과 더불어 상대적으로 동기부여가 이루어진, 즉 근거가 있는 기호들signes motivés이 존재한다는 점을 설명하였습니다.

5월 15일부터 7월 중순까지 계속된 두 달 동안의 강의에서 소쉬르는 순조롭게 제2부를 종결하고, 제3부에 진입했습니다. 하지만 소쉬르는 시종일관 언어와 관련된 사실들을 어떤 순서와 체계 속에 담아낼 것인지에 대해서 내심 많은 고민을 하고 있었습니다. '일반언어학'이라는 전혀 새로운 영역을 강의해야 하는 교수라는 공식적 직분을 갖고 있었던 소쉬르는 그가 지금까지 제시했던 단순화된 강의 제시 방식에 대해서 만족하지 못한 상태였습니다.

5월 19일 소쉬르는 두 명의 학생들에게 제2부의 도입부로 다시 돌아갈 것을 주문하고, 자신이 이미 말한 내용을 재론하고, 교정하고, 추가적인 주석을 달고, 여러 문제를 다양한 시각에서 심화시킵니다. 소쉬르는 여기서 언어(랑그)의 언어학과 발화(파롤)의 언어학 사이에 설정되어야 할 이론적 분화를 다시 강조하고 있습니다. 소쉬르는 먼저 언어(랑그)의 언어학이라는 영역을 일차적 노선으로 삼았으며, 바로 그 같은 영역에서 그는 기표와 기의라는 신조어들을 도입합니다. 이어서 소쉬르는 기호의 불가변성과 가변성이 결합시키는 언어 변화의 역설을 보여 줍니다. 이 대목에서 중요한 것은 소쉬르가 이론적 원칙들의 차원에서 시간이라는 요인에 부여되는 근본적 위치와 자리를 지적하며, 시간에 대한 고려로부터 정태언어학과 역사언어학의 구별이라는 두 번째 분화를 설명하고 있다는 점입니다.

여기서 소쉬르는 먼저 정태언어학의 노선을 일차적 연구 대상으로 삼습니다. 이때는 이미 1911년 6월 말로서, 소쉬르는 아직도 강의해야 할 내용이 그의 머릿속에 가득했으며, 특히 언어의 복잡한 체계성에 대해서 논의할 것이 많았으나, 종강이 곧바로 당도했습니다. 앞서 제2차 강의에 이어서 다시 언어체계의 시차적 성격을 다시 도입하지만, 기존의 강의와는 차별화되었습니다. 제3차 강의가 종결되는 부분은 비유하자면 소쉬르가 연출한 〈일반언어학 강의〉의 불꽃놀이가 피날레를 장식하는 부분으로서, 이 부분에서, 소쉬르가 더 많은 삶을 살았다면 반드시 계속해서 다루었을 것임이 틀림없는 중요한 문제들이 다른 모습으로 변형되면서 심화되었습니다.

마지막 강의 날인 2011년 7월 4일, 소쉬르는 강의를 마감하면서, 다른 교수들에게도 빈번하게 생겨나는 일처럼, 학사 일정상 본래 기획했던 내용 가운데 일부분만을 다루었을 뿐이라는 점을 학생들에게 환기시키고 있습니다. 즉, 시간 관계상 공시언어학의 일반적 원리들을 다루었을 뿐이라는 점을 강조하고 있는데, 이것은 돌려 말하면 소쉬르가 계속해서 〈일반언어학 강의〉를 진행했다면, 통시언어학을 다루었을 것이라는 점을 암시하는 것입니다.

소쉬르가 시간의 제약으로 인해서 상세한 세부 내용에 대해서 다룰 수 없었다는 점을 토로한 바와 같이, 제3차 강의에서는 여전히 세부 사항들의 적용이 결여되어 있으며, 발화(파롤)의 언어학과 진화언어학 등에 대한 자세한 내용은 전개되지 않았고, 언어활동 능력은 예고된 제3부에서 아예 다루어지지 않았습니다.

약 1년 동안 진행된 제3차 강의의 연대기는 비교적 명료하나 정확한 강의 날짜는 알 수 없는 상황입니다. 이를테면 강의의 날짜가 때로는 불확실한 경우들도 있으며, 학생들이 규칙적으로 강의 날짜를 기록한 것은 아니었습니다.[13] 특히 소쉬르는 그의 강의에서 물이 흐르는 것 같은 연속적 효과를 추구했으며, 매번 새로운 강의의 초입부에서 선행했던 강의의 말미 부분을 상기시

---

13 필자가 열람한 영어 번역본과 일본어 번역본에는 매 강의의 날짜가 기록되어 있으나, 이것은 당시 강의 일정표를 유추하여 계산한 것으로, 학생들의 필사본 자체에는 날짜가 매번 기록되어 있지는 않다.

키거나, 매 강의의 끝부분에서 다음에 올 강의의 논증이나 시작을 예고하였습니다. 즉, 같은 날, 한 장을 완료하고 이어서 다른 장을 시작하는 강의 방식이 야기시킬 수 있는 주제 발전의 단절감을 막았습니다.

그런데 본래 그가 기획했던 강의 계획안을 보면 전혀 다릅니다. 재론Reprise에 이르기까지, 소쉬르는 하나의 선명한 조직을 예고하고 그것을 따랐습니다. 모두 3부로 이루어졌으며, 각각은 장들로 분할되며, 장들은 각 부의 구성 항들이라는 점에서 부와 장, 그리고 장들 사이의 유기적 관계를 설정하려는 고민을 엿볼 수 있습니다.

**문**　　소쉬르는 강의를 준비하기 위한 강의록을 직접 작성했나요? 그리고 그 기록이 남아 있나요? 스승과 제자의 소통 방식, 그리고 소쉬르의 목소리, 그의 자필 강의 노트, 학생들의 필사 노트, 그리고 편집자의 작업 등, 복잡한 문제들인 것 같습니다.

**답**　　여기서 자연스럽게 독자들이 제기할 것은 소쉬르가 직접 제3차 강의를 위해 작성한 자필 노트가 남아 있냐는 물음이 될 것입니다. 당대의 다른 많은 교수와 마찬가지로, 소쉬르는 자신의 강의 대부분에 대해서 문자로 기록된 강의록을 준비했던 것이 분명합니다. 실제로 그가 직접 쓴 자필 노트 가운데 일부분은 이미 『일강』의 편집 때 세슈에에 의해서 부분적으로 사용된 바 있습니다. 하지만 아쉽게도 강의 준비를 위해서 기록한 소쉬르의 자필 노트의 분량은 남겨진 것이 소량입니다. 소쉬르가 강의가 끝난 후 상당 부분의 강의 기록 노트를 파기했다는 일화가 있으나 확인할 길은 없습니다. 하지만 20세기 최고의 창조적 강의를 매시간 즉흥으로 진행했다는 것은 상상하기 어렵다는 점에서, 강의 기록물이 유실된 것이라고 봐야 할 것입니다.[14]

고델은 제네바 대학 공공도서관BPU에 기증된 소쉬르 필사본의 원자료 필사본 속에서 다른 필사 노트를 식별했으며, 엥글러는 그의 1967년 간행된 결정판에서 통속본의 편집과 대응하는 방식으로 단락별로 세분화된 알려진 모든 노트들을 출판한 바 있습니다.

1996년 발견된 새로운 필사본 수고에서 엥글러는 기존의 소쉬

---

**14** 참고로 제네바 대학 도서관의 필사본 부서에 소장된, 〈일반언어학 강의〉 및 다른 강의록과 관련된 소쉬르의 자필 원고의 목록 번호를 제시하면 다음과 같다. Bibilothèque de Genève, Département des manuscrits: *Papiers Ferdinand de Saussure* Ms.fr.3951-3974a; *Archives de Saussure* 262, 265bis, 270, 272bis, 361, 366-388, 391-398, 408-409, 415, 419; *Cours universitaires* 761-762.

르 자필 노트와는 다른 노트들을 다시 발견했으며, 이것을 다소 조급하게 프랑스의 부케 교수가 2002년, 이미 1967년 판본에서 엥글러 교수가 출간한 옛날 노트들과 더불어서 새롭게 편집하여 출판하였습니다. ―여기서 조급하게라는 표현은 소쉬르 문헌학에 정통한 연구자들의 표현으로서, 참고로 부케 교수는 정통 문헌학 전공자는 아닙니다. 이 판본은 사실 적지 않은 오류가 있는 것으로 알려져 있습니다― 하지만, 다른 수고 필사본들도 존재하며, 감바라 교수는 2005년 4월 소쉬르의 필사본에 대한 재검토 속에서 이 점을 파악하였습니다.

예컨대, 1996년 필사본 원자료 속에는 일반언어학의 제1차 강의와 제2차 강의와 관련된 노트들이 존재하나, 부분적으로는 여전히 미간행된 상태입니다. 다시 본론으로 돌아와서, 소쉬르는 제1부의 초반부와 관련된 강의 내용을 사전에 기록했으며, 이 점은 학생들의 필사 노트의 판별을 도와줍니다. 반면, 제2부에 사용된 소쉬르의 자필 노트들은, 두 개의 예외를 제외하면, 매우 짧고 파편적이며, 엥글러가 1967년과 1974년 출판한 내용들입니다.

소쉬르가 서거한 후, 『일강』의 편집을 맡은 바이와 세슈에는 소쉬르의 자필 기록을 볼 수 없었으며, 제3차 강의에 참석한 학생들 노트를 참조했으나, 가장 우수한 노트였던 콩스탕탱의 노트를 참조할 수 없었을 뿐만 아니라, 본래의 강의 순서도 반영하지 않았습니다. 대부분의 한국 독자들은 소쉬르가 마치 『일강』의 저자인 것처럼 여전히 믿고 있을 것입니다. 하지만 소쉬르는 결코 그의 사후 3년만인 1916년 출판된 『일강』의 저자가 아닙니다. 단지, 그는 1910~1911년 동안 진행된 제3차 강의를 하면서 마치 한 권의 책의 저자인 것처럼 강의의 구성과 내용에 세심한 주의를 기울였으며, 심지어 그 변화들은 여느 저자가 자신의 저서를 수정해 나가는 모습을 보여 줍니다.

여기서 우리는 강의라는 지식 전달 방식, 그리고 자신의 생각을 글로 정리하는 방식을 구별해서 생각할 필요가 있습니다. 소쉬르는 생존 시, 언어학에 관한 저술을 해 달라는 제자들의 요청에 대해서, 언어에 대한 결정적 사유를 고정된 결과물로 옮길 수 없다는 불가능성을 토로하면서 체념에 가까운 증언을 남기곤 했습니다. 더구나 소쉬르와 같이 절대적인 체계적 사유의 소유자였던 학자에게 설익은 상태의 논지를 책으로 낸다는 것은 도저히 허용할 수 없는 일이었을 것입니다. 반면, 강의라는 형태는 비교적 이 같은 체계적이며 완성된 이론의 제약에서 벗어나 개념적으로 복잡하거나 형성 과정에 있는 사유를 신축적으로 반영할 수 있습니다.

즉, 평범한 강의와 달리, 이 같은 창조적 강의는 강의를 수강하는 학생들 앞에서 재창조되며, 일체의 세부 사항에 대해서 다시 사유할 필요성을 제기합니다. 즉 일반언어학이라는 전체 집합을 염두에 두면서, 각각의 세부 사항을 변화시켜야 할 필요성을 말합니다.

독자들은 제3차 강의의 한국어 번역본에서, 스스로에게 자문하고 최초의 이론을 교정하는 교육자 소쉬르의 자기 실험적이며 자기비판적인 양상을 발견할 수 있을 것입니다. 특히 자신의 언어 이론을 설명하기 위해서 적재적소에 그림과 도표를 제시하고, 다음에 다룰 내용을 예고하거나, 앞에서 다룬 내용으로 다시 돌아가면서, 제자들의 사유를 자신의 사유의 리듬에 따라 춤을 추게 만드는 명강연자의 모습을 엿볼 수 있습니다.

학생들은 소쉬르의 강의를 필기했으며 동시에 소쉬르는 필기하는 제자들과 더불어 그만이 갖고 있던 창조적 놀이를 하고 있었습니다. 일찍이 파리 시절부터 명강의로 이름을 날린 소쉬르는 생동감 넘치는 이미지들을 활용하여 수강생들의 혼을 사로잡는 강의의 연금술 비법을 터득하고 있었으며, 치밀한 논증과 더불어 화려한 수사를 겸비하고, 서구 언어학사에서 최초로 다양한 도식과 다이어그램을 사용하면서 강의를 진행했다는 점에서 그것은 분명 창조적 작업이었습니다.

또 하나 지적할 것은, 그는 자신의 육성 강의를 기록한 학생들의 노트가 그의 사후에 언젠가는 자신의 모교 도서관에 보관될 것이라는 점을 너무나 잘 알고 있었습니다. 소쉬르는 당시 제네바 대학 도서관의 책임자로서 대학 측이 수강생들의 강의 노트들을 전통적으로 보존해 왔다는 사실을 모를 리 없었던 것입니다. 하지만 감바라 교수가 암시한 바 있듯이, 소쉬르는 1911년 당시, 20세기 분석철학의 태두인 카르나프Rudolf Carnap가 자신의 청년 시절 예나 대학에서 1910년부터 1914년까지 그의 스승 프레게Gottlbo Frege의 『개념표기법Begriffsschrift』(또는 영어로는 Concept-Script)을 비롯한 논리학 강의 노트를 필기했다는 사실을 몰랐거니와, 무려 90년이 경과되어 2000년대 초반에 한 권의 저서로 출간될 것이라는 사실은 생각조차 할 수 없었을 것입니다.[15]

이 일화를 소개하는 것은 프레게, 소쉬르, 비트겐슈타인 등, 20세기 언어사상의 최고수들의 창조적 사유가 모두 그들의 강

---

**15** Reck, Erich H. & Awodey Steve, *Frege's Lectures on Logic: Carnap's Student Notes 1910-14*, Chicago: Open Court, 2004.

의를 필기한 제자들의 노트로부터 탄생했다는 우연치고는 너무나 절묘한 공통적 사실을 시사하고자 함입니다.

플라톤에서 소쉬르에 이르기까지, 구술과 문자의 이 미묘한 조합과 궁합은 흥미로운 연구 주제입니다. 즉, 말과 글은 서로 뫼비우스의 띠처럼 얽히고설켜 있습니다. 앞서 지적한 것처럼, 소쉬르는 몇몇 핵심 단락들의 강의록을 작성했으며, 특히 개념들 사이의 복잡한 관계를 다루는 부분들이 이에 해당합니다. 따라서 그의 〈일반언어학 강의〉는 두 개의 글쓰기 사이에서 진행되는 살아 있는 매개체였습니다.

교수 소쉬르가 강의를 준비하기 위해서 작성한 자필의 글쓰기와 학생들이 필기한 글쓰기, 이 두 개의 글쓰기는 고유한 장르 속에서 강의라는 구술 텍스트를 사이에 두고 성립합니다. 소쉬르의 자필 노트들은 소쉬르가 어떻게 자신의 강의를 준비했는가를 보게 해 주며, ―어떤 단락에서는 매우 세밀하게 노트를 한 반면, 어떤 경우에는 지우기를 반복하면서 여러 버전으로 쓰면서, 스케치와 같은 매우 대략적인 노트의 모습을 보여 줍니다― 특히 그 노트들은 강의가 표상하는 구체적 사건, 즉 상황과 시간성을 복원하는 것을 도와줄 것입니다.

**문**     그의 자필 수고에서 나타나는 독특한 사유 스타일을 설명하는 것이 가능할까요? 소쉬르의 자필 수고본은 매우 파편적인 상태의 글쓰기가 나타나고 있는 것으로 알고 있습니다.

**답**     소쉬르 사유의 인식론적 스타일이라는 문제를 생각해 볼 수 있을 것입니다. 2002년에 출판된 『일반언어학 글모음ELG』[16] 및 이에 대한 소쉬르 연구자들의 관점을 종합하면 대체로 다음과 같은 특징들로 수렴됨을 알 수 있습니다. 파편성과 아포리즘, 탈존재론과 부정성, 회의주의가 그것입니다.[17]

먼저, 소쉬르 사유의 파편성은 두 개의 이질적 요소들이 하나의 문제의 종합 속에서 혼용된다는 점에서 그의 사상의 난해성을 심화시킵니다. 이 같은 파편성은 닫힌 문장들의 시스템을 엄밀하게 배치하기 위하여, 글쓰기의 제약적이며 선조적인 논리에 종속되어야 한다는 소쉬르의 두려움의 발로이며, 다른 하나는

---

16 Saussure, Ferdinand de, *Écrits de linguistique générale*, Édition de Simon Bouquet et Rudolf Engler avec la collaboration d'Antoinette Weil, Paris: Gallimard, 2002. 앞으로, ELG로 약어 표시함. 참고로 필자는 ELG를 『일반언어학 글모음』으로 옮긴 반면, 현재 한국어 번역본은 『일반언어학 노트』라는 제목으로 출판되었다. 한국어 번역본은 다음과 같다. 소쉬르, 페르디낭 드, 『일반언어학 노트』, 김현권·최용호 역, 인간사랑, 2007. 앞으로 한국어 번역본은 『노트』로 약어 표시함.

17 Rastier, Francois, "Le silence de Saussure ou l'ontologie refusée", *L'Herne* N.76, 2003, 23–29쪽.

원 텍스트들의 파편적 전달로서, 소쉬르 글쓰기와 성찰의 아포리즘적 양상과 중첩됩니다.[18]

그렇다고 소쉬르 텍스트의 파편적 성격이 전적으로 집필의 미완성의 표현이거나, 심지어 저자의 결정적 의도의 결핍이라고 생각하는 것은 잘못입니다. 그것은 차라리 소쉬르의 사상과 글쓰기의 특이한 스타일의 표현이라고 봐야 할 것입니다. 독일 소쉬르 해석학자인 예거는 이미 자신의 박사 학위 논문에서 그것을 일러 소쉬르의 아포리즘적 사상으로 명명한 바 있습니다.[19]

그것은 언어학의 철저한 개혁이 표상하는 방대한 과제를 완수할 수 없다는 불가능성의 의식이며, 언어 일반이라는 연구 대상의 종을 규정하는 문제를 둘러싸고 제기되는 근본적 성찰의 필요성에 대한 의식입니다. 그 같은 지적 번뇌는 학제적 연구에 토대를 두어야 할 성찰로서, 매사에 심사숙고하며 극도로 신중했던 소쉬르로 하여금 그가 분명 집필할 의도를 갖고 있었던 일반언어학에 관한 한 권의 결정적 책을 집필하는 것을 어렵게 만들

---

**18** 이 점에 대해서는 다음 논문 참조. Jäger, Ludwig, "La pensée épistémologique", *L'Herne* N.76, 2003, 202-219쪽.

**19** Jäger, Ludwig, *Zu einer historischen Rekonstruktion der authentischen Sprache-Idee F. de Saussure*, Dissertation Universität Düsseldorf, 1975, 285쪽.

었습니다.

그리고 다른 한편으로는 그가 소묘했던 언어 이론의 아포리즘적 특징을 설명하는 단초입니다. 심지어 일반언어학에 대한 완성된 저서를 그가 집필했다 하더라도 엄밀한 질서를 추구하는 것이 불가능했을 것입니다. 소쉬르는 그 같은 저서의 성격을 기술하는 자신의 노트에서 매우 인상적으로 이 점을 피력하고 있습니다.

"우리가 하나의 진리로서 간주했던 것들 각각에 대해서 우리는 그처럼 많은 상이한 노선들을 통하여 도달하였다. 고백하건대 이 가운데 어느 것을 선호해야 할지 나는 알지 못한다. 내가 제시한 제안들 전체를 적절하게 제시하기 위해서는 하나의 고정되고 정의된 하나의 관점을 채택해야 할 것이다. 하지만, 우리가 설정하려고 하는 모든 것은 언어학에서는 그 자체로 정의된 단 하나의 사실을 수용하는 것이 그릇된 것이라는 점이다. 따라서 진정한 의미에서 필연적인 출발점의 부재가 존재한다. 아울러, 어떤 독자가 주의 깊게 우리의 사고를 이 책의 한쪽 끝에서 다른 쪽 끝까지 추적하기를 원한다면, 그는 확신컨대, 매우 엄밀한 순서를 추적하는 것이 불가능하였다는 점을 인지하게 될 것이다."[20]

동일한 생각을 4개 또는 5개의 상이한 형식 아래서 발전시켜야 한다는 것, 여러 개의 대립되는 노선을 통하여 언어 이론의 핵심적 진리에 도달해야 한다는 것, 소쉬르에 따르면 이것은 언어의 철학적 문제들에 스며 있는 복잡성에 고유한 아포리즘적 사유를 특징짓습니다.

한 가지 첨언할 사실은 소쉬르는 아포리즘적 사유를 여러 경계를 표시하는 사유로서, 풀어 말해 경계의 현상들과 관련된 사유를 표시하는 인식론적 수단으로서 파악하고 있다는 점입니다.

"언어학은 이 같은 경계들의 현상들을 그 영역으로 삼는다."[21]

제 경계에 대한 소쉬르의 인식론적 성찰은 실제로 19세기 말에 나타난 다양한 학문들의 새로운 풍경 속에서 전통적인 경계들이 무너지는 순간에 시작합니다. 자연과 정신의 경계, 식자성과 구술성 사이의 경계, 역사와 현재 사이의 경계, 담론과 질서

---

**20** Saussure, Ferdinand de, *Cours de linguistique générale*, édition critique par Rudolf Engler, Vol. 2, Wiesbaden: Harrassowitz, 1968-1974(réimpr. 1989-1990). 소쉬르 연구자들은 이 판본을 통상 CLG/E라는 약어로 표기하므로, 이에 따라 표기한다.

**21** CLG/E.

사이의 경계 등등. 언어 자체는 소쉬르에게 있어서 새로운 언어 이론의 '에피스테메epistémè'를 실현함에 따라서 새롭게 지도를 그려야 할 미지의 땅이 되었습니다.

언어과학의 이 같은 상황 속에서 천재적 이론가였던 소쉬르는 그 어떤 경우에서도 고정된 방법론적 순서를 도입할 수 없었으며, 반대로 그는 자신이 설정한 연구 대상의 정체성을 성립하는 것이 무엇인가라는 근원적 물음을 던져야 할 근본적 필연성을 절감했습니다. 소쉬르의 일차적 물음은 따라서 언어를 방법론적으로 연구하는 것이 아니라, 어떤 종류의 연구 대상이 관건인가를 알아보는 작업이었습니다.

이 점에서 그의 사고는 단순히 방법론적인 것이 아니라 철저하게 인식론적인 것이었습니다. 그는 경계의 현상들을 새로운 지도술에 종속된 미묘한 점들로서 간주합니다. 이론적 경계 설정의 합법성, 그것들의 지적 위상학은 소쉬르 사고의 진정한 대상입니다. 따라서 일차적으로 핵심적 문제는 방법적 도구들의 장소가 아니라, 언어 이론의 토대 자체로서, 바로 이 같은 토대에 근거하여 방법론적 물음들은 적절한 방식으로 제기될 수 있을 것입니다.

우리는 관례상, 한 명의 저자는 자신의 출간된 글들을 책임지며, 모순을 피해야 한다고 요구합니다. 하지만 미출간된 파편들의 가정 체제는 이 같은 책임 소재를 원천적으로 어렵게 만듭니다. 그의 자필 노트를 읽고 있으면 치열한 고민과 문제에 대한 집요한 끈기, 그리고 창조적 심오함의 빛으로 번뜩이는 천재의 자화상을 목격하게 됩니다. 그것은 물론 단정적이며 논증적인 상아탑의 글쓰기와는 거리가 멉니다.

소쉬르는 특정 장르를 의식하고 글을 쓴 것 같지는 않으며, 따라서 장르를 의도적으로 선택한 것 같지 않습니다. 굳이 말하자면, 다분히 명상의 장르 속에 머무르는 것 같습니다.[22] 그가 다루는 대상들은 개념들이며, 마치 추상적 드라마의 인물들처럼 연출됩니다. 근엄한 대학 교수의 건조한 글쓰기 양식에 고대 그리스 철학의 전통적인 장르인 명상과 파편의 장르가 결합합니다. 주지하다시피, 파편과 명상의 장르는 갈등과 모순의 존재론을 반영하며 완결성의 미메시스를 해체한다는 점에서 반도그마적 장르입니다.

끝으로 파편의 해석학은 침묵의 해석학 또는 비출판의 해석

---

**22** Rastier, François, "Le silence de Saussure ou l'ontologie refusée", *L'Herne*, N.76, 2003, 24-25쪽.

학으로 완결되어야 할 것입니다. 소쉬르의 침묵은 실제로 심리적 가설들과는 별개로 해석되어야 할 것입니다. 즉, 의기소침과 일종의 무기력과 완벽지향성에 짓눌린 '어린 신jeune dieu'(뱅베니스트의 표현)이 감수해야 했던 심리적 이유로 환원될 수 없을 것입니다.

자필본에서 전개되는 그의 사상은 전혀 공리적인 것을 갖고 있지 않으며 공식과 공준postulat을 발설하지 않습니다. 그것은 아무것도 연역하지 않으며 원칙들과 예들을 대질시킬 뿐입니다. "이런 주제에 대한 책에 관한 한, 생각조차 못 한다. 그 저자의 결정적 사고를 제시해야 하기 때문이다"라고 소쉬르는 일반언어학 저서 출판을 주문하는 자신의 제자들에게 말한 바 있습니다.


## 4. 『일반언어학 강의』의 최근 판본과 문제점

**문**　　　그런데 소쉬르의 자필 수고는 매우 파편적이며, 불완전한 것들이 상당수라는 점에서, 언어 이론에 대한 소쉬르 자신의 생각은 미완성된 성격을 갖고 있다고 봐야 할 것 같다는 생각이 듭니다.

**답**　엥글러 교수와 부케 교수의 판단에 의하면, 소쉬르의 생각은 미완성된 것으로 이해하는 것이 중요합니다. 물론 소쉬르는 그의 생존 시, 일반언어학에 대한 한 권의 책을 쓰려 마음먹고, 초안을 집필하기 시작했습니다. 하지만, 그는 곧 그 계획을 포기했습니다. 그러나, 그의 시도로부터 작성된 자필 노트는 소쉬르 사후에 꾸준하게 발견되고 출판되었습니다. 『일강』은 소쉬르의 가장 유명하고 가장 폭넓게 인용되는 텍스트로 남아 있습니다.

이제 소쉬르는 역사언어학에 대한 그의 기여보다는 일반언어 이론의 창시자로 더 잘 알려져 있습니다. 소쉬르가 생존 시 발표한 논문 대부분은 어원과 음성 변화에 초점을 두고 있었습니다. 언어학에 대한 역사적 접근법으로부터 탈피하여, 일반언어학은 언어 연구에 대한 보다 치밀하고 포괄적인 언어 연구 스타일을 창조했습니다.

그는 일반언어 이론은 상이한 나라들과 문화들을 가로질러 적용될 수 있다는 점을 시사했습니다.

**문**　2000년대 초반에 출판된 『일반언어학 글모음』은 기존의 통속본 문헌과 크게 다른가요?

**답** 　　우리가 읽고 있는 『일강』(『일반언어학 강의』 통속본)은 소쉬르의 작품으로 인식되고 있으나, 사실은 수년에 걸쳐 그의 강의를 수강한 학생들의 노트로부터 편집된 것입니다. 그 결과, 그 책이 소쉬르 언어사상의 전체를 정확하게 반영하고 있는가에 대한 격론을 불러일으켜 왔습니다. 1996년, 그의 저택에서 소쉬르의 미간행 수고가 발견되었고, 프랑스어본과 영어본 『일반언어학 글모음』이 출판되었습니다. 특히, 이 책의 장점은, 소쉬르 자신의 〈일반언어학 강의〉 자필 노트를 포함하고 있다는 점입니다. 이들 소쉬르의 자필 노트는 〈일반언어학 강의〉로부터 도출된 주제들을 더 심화시키고 팽창시키고 있습니다.

그것들은 소쉬르가 늘 이원적 개념들을 논함에 있어 매우 심사숙고하고 조심스러워했다는 점을 깨닫게 해 줍니다. 예컨대, '빛'과 '어둠'과 같은 대립적인 축들과 더불어 제시되는 이원적 개념들을 말합니다.

이원적 쌍들이 구조주의에서 주요 조직 원리로 자리 잡음에 따라, 우리는 소쉬르가 그 같은 이원적 개념들이 노출하는, 사물을 기술할 힘과 그것들의 개념적 단점들, 둘 모두를 의식하고 있었음을 볼 수 있습니다.[23]

예컨대, 소쉬르는 랑그와 파롤의 구별은 필요하나, 문제가 될 수 있다는 점을 인정했습니다. 그리고 이 점을 제기하기 위해, 다양한 은유들의 사례들을 제공하고, 랑그와 파롤의 관계를 정확히 파악하기 위한 다양한 설명을 제공했습니다.

소쉬르의 핵심적 통찰은, 언어가 수많은 기호의 시스템들 가운데 하나라는 점을 꿰뚫어 본 것입니다. 관념들을 표현할 수 있게 해 주는 보다 광범위한 기호들을 다룬 새로운 학문의 관점에서 이 같은 기호 시스템들을 파악할 것을 주문한 것입니다. 기호 체계는 의미가 특정 사회 전반에 걸쳐 공유되는 메커니즘들이라고 말할 수 있습니다. 소쉬르는 그 같은 기호 시스템의 예들로서, 상징적 의례, 예의범절, 군사 신호체계 등을 제시하고 있습니다.

이들 기호 시스템에 관한 연구 학문을 일러, 소쉬르는 Sémiologie (기호학 또는 기호론)라고 명명했는데, 요즘에는 Semiotics라는 명칭이 더 많이 사용되고 있습니다. 소쉬르 작업의 미간행된 성격은, 그가 정확히 의미하려고 했던 것에 대한 다양한 해석을 촉발시켰으며, 이 같은 상이한 생각들에 대한 논쟁은 계속되고 있습

---

**23** Saussure, Ferdinand de, *Writings in General Linguistics*, Simon Bouquet & Rudolf Engler, eds., Carol Sanders & Matthew Pires, trans., Oxford: Oxford University Press, 2006, xxi쪽.

니다.[24]

예컨대, 바이, 세슈에, 리들링거가 편집하고 출판한 통속본 텍스트는 소쉬르의 강의를 수강한 다른 학생들의 노트와 상이합니다. 특히, 이들은 언어 시스템의 분석을 중심부에 갖다 놓기 위해, 소쉬르가 랑그라고 부른 공시태의 표상을 강조했습니다. 그런데 소쉬르가 〈일반언어학 강의〉를 할 때 소쉬르가 학생들에게 강조한 것은 사뭇 다릅니다. 소쉬르는 무엇보다 지구상에 존재하는 언어들의 다양성을 강조하고, 특히 언어의 역사적 발달에 관한 연구, 즉 통시태로부터 시작할 필요성을 역설하기도 했습니다.[25]

『일강』의 문헌학적 정확성에 대한 학자들의 논쟁에도 불구하고, 소쉬르 사후에 출판된 그 문헌이 20세기 언어학은 물론, 현대 인문학을 비롯한 현대 사상에 가져다준 중추적 기여라는 점은 토를 달 수 없는 사실입니다. 19세기에서 20세기 초반의 전

---

**24** Bouissac, Paul, *Saussure: A Guide for the Perplexed*, London & New York: Continuum, 2010; Harris, Roy, *Saussure and His Interpreters*, Edinburgh: Edinburgh University Press, 2003.

**25** Meisel, Perry & Haun Saussy, "Saussure and His Contexts", introduction to Ferdinand de Saussure, *Course in General Linguistics*, Wade Baskin, trans., New York: Columbia University Press, 2011, xxv쪽.

환기에서, 소쉬르는, 언어가 어떻게 작동되고, 그리고 살아 있는 언어의 현 상태를 기술하기 위한 최고의 방법이 무엇인가에 대한 비판적 검토를 수행할 수 있는 학술 분야로서 일반언어학을 주창했던 것입니다. 그리고 소쉬르는 우리가 현재 알고 있는 언어학의 기본 원리를 수립하며 기본 주춧돌을 놓은 주요 언어사상가들 가운데 한 명이며, 『일반언어학 강의』는 그것을 선언한 현대 언어학의 매니페스토이며 언어학의 영원한 고전입니다.[26]

**문**　　　그렇다면, 편집을 맡은 바이와 세슈에가 편집한 과정에 대해서 보다 소상히 설명해 주세요.

**답**　　　"『일강』의 저자는 누구인가?"라는 물음은, 그 질문을 촉발시킨 최초의 텍스트와 더불어 개시되었다고 말할 수 있습니다. 이 문제에 대해 성찰한 최초의 사람들은 아이러니하게도 바이와 세슈에였습니다. 그 두 명의 편집자들은 서문에서, 독자들에게 스승과 그의 해석자들을 구별하는 법을 묻고 있으며, 그 책의 저자는 분명히 페르디낭 드 소쉬르라고 말합니다. 하지만, 그

---

**26** Sanders, Carol, "Introduction: Saussure today", *The Cambridge Companion to Saussure*, Carol Sanders, ed., Cambridge: Cambridge University Press, 2004.

들의 이 같은 천명에도 불구하고, 그 이후, 과연 이 책이 소쉬르의 언어사상을 얼마나 충실하게 반영하고 있는가에 대한 수많은 논쟁을 불러일으켰습니다.

이미 소쉬르의 수제자이며 당대 프랑스 언어학계를 대표했던 메이예Antoine Meillet는, 『일강』에 대한 최초의 서평들 가운데 하나인, 그가 발표한 명문의 서평에서, 스승의 말씀, 즉 소쉬르의 사상과 편집자의 해석 사이에서 정밀한 판단을 발화하는 것이 불가능하다는 점을 천명합니다. 즉, 사소한 세부 사항들이 저자의 것인지, 아니면 편집자들의 것인지 분별할 수 없다는 것입니다. 그 문제는 20세기 동안 소쉬르 문헌학에서 줄곧 제기되어 왔습니다.

그리고 오늘날 소쉬르 문헌 연구의 주류 학자들은, 통속본 『일강』의 가치를 최소화시키는 부케Simon Bouquet, 메히아 퀴하노Mejía Quijano, 라스티에François Rastier와 같은 저자들의 주장에 따라 진정한 소쉬르 사상의 복원을 위해서는, 『일강』은 텍스트의 진정성이라는 차원에서 그 진위를 판단하기 어려운 판본이라고 간주하는 경향을 보여 줍니다. 우리는 1916년 출간되어 현대 언어학의 정초를 다진 텍스트로 간주되는 이 책과 관련된 오래된 논쟁을 간략하게나마 살펴볼 필요가 있습니다.

바이와 세슈에는 1915년부터 그들로 하여금 『일강』(Payot, 1916)을 출판하도록 장려했던 이유들에 대해 의견을 피력했습니다. 압축적인 언어로 작성한 서문에서, 그들은 출판 경위에 대한 상황적 설명을 제공할 뿐, 다른 어떤 이론적 논거도 다루지 않았습니다. 그들은 특히 자신들이 소쉬르의 서거 이후에 처했던 상황들을 기술했습니다. 그리고 그 책을 출간하기로 결정했던 맥락과 사유들을 해명하고 출판을 정당화하는 데 논의의 초점을 모으고 있습니다.

몇 가지 대안들을 고려한 후에, 그 두 명의 편집자들은 하나의 해결책에 멈추었고, 다른 대안들에 비해 보다 과감한 대안을 취했습니다. 즉, 소쉬르가 6년에 걸쳐 행했던 세 차례의 〈일반언어학 강의〉 가운데 제3차 강의에 기초하여 소쉬르 언어사상에 대한 하나의 재구성, 하나의 종합을 시도하는 기획이었습니다. 소쉬르의 개인 필사 노트들을 포함하여 사용할 수 있는 강의를 직접 수강했던 제자들의 모든 필사본과 문헌 재료를 고려하는 노력을 경주했습니다. 그것은 따라서 하나의 재창조였습니다.

하지만 그것은 불편한 재창조였는데, 왜냐하면 편집자들이 그들 스스로 문제의 소지가 있다는 것을 감지한 '객관성'을 확보하려는 목적을 설정하고, 진행되었기 때문입니다. 무엇보다 책의 저자인 소쉬르 자신이 생존 시 설명할 기회가 없었던 일반언어학이라는 이론체계의 완결성의 시초로 거슬러 올라가 그 같은 객관성이 작동되어야 했기 때문입니다. 또한, 소쉬르 언어사상의 재구성이라는 그 같은 담대한 시도는 소쉬르 언어 이론의 전체 윤곽을 가늠하는 문제와도 직결되었기 때문이었습니다.

저자 당사자인 소쉬르는 빈번하게 어떤 테제를 발화하기 전에 망설이고, 불확실성과 회의를 피력하는데, 그 같은 비결정성의 사상에 대해 하나의 결정적 형식과 사상체계를 재구성하려는 시도는 여러모로 무리가 따르고 어려운 과제였습니다. 바이와 세슈에의 프로젝트에 배태된 고유한 특이성을 보건대, 자신들의 선배 동료 교수이자 스승이었던 소쉬르의 언어사상이 갖고 있는 이 같은 미완성과 비완결성의 성질은 사후의 유고집을 편집하는 데 있어 불편한 요소로 보일 수밖에 없었습니다.

그럼에도 불구하고, 편집자들은 빈번하게 파편적인 노트들로부터, 심지어 모순적인 노트들로부터 하나의 유기체적 전체를 수립하려는 난해한 과제를 떠맡았습니다. 그들은 각각의 파편적 문헌들의 의미를 맥락화시키면서 해석하고, 재구성하고, 소쉬르 이론의 전체 틀 속에서 동화시키려는 시간을 가졌습니다. 그 같은 편집 작업의 최종 산출물은 『일강』이라는 하나의 텍스트 속에서 설명되었으며, 더 정확히 말해, 바이와 세슈에의 작업 이전에는 존재하지 않았던 한 권의 책에서 전시되었습니다. 바로 그 점에서 과연 누가 이 책의 진정한 저자로 간주되어야 하는가 하는 물음을 던질 필요가 있습니다.

방금 전 우리는 편집자들이 천명한 입장에서, 자신들이 출판한 텍스트의 저자는 어쨌건 소쉬르였다는 점을 보았습니다. 결국 소쉬르라는 저자의 이름 아래 그 책은 출판되었습니다. 서문의 기저에 있는 생각은 서문 말미 부분에서 명료하게 발현됩니다.

"우리는 비판에 대한 책임과 이 책의 출간을 어쩌면 허락하지 않았을 저자 본인에 대해 모든 책임을 느끼고 있다. 이러한 책임감을 우리는 전적으로 수용하며 우리들만이 그 책임을 지고자 한다. 선생과 그 해석자들을 구별하여 비판이 이루어질 수 있을지 모르겠으나, 우리에게 귀중한 한 명성이 짓밟히지 않도록 그 공격들이 우리에게만 향한다면 더할 나위가 없겠다."[27]

---

[27] CLG/D, 11쪽; 『일강』, x쪽.

다시 강조하거니와 통속본의 문제는 다름 아니라 저자 자신, 즉 소쉬르가 이 책의 세부 내용과 표현을 직접 쓰지 않았다는 데 있습니다. 바로 그 점으로부터 끊임없이 다음과 같은 물음이 제기됩니다. 그렇다면 누가 통속본의 페이지들의 저자로 간주될 수 있을까요?

『일강』의 출간 초반기에는 사실상 이 책의 진정한 저자의 진정성에 관해 근본적 물음을 제기하지는 않았습니다. 그러다 1970년대 들어와, 일부 소쉬르 연구자들은 이 책을 착상하고 편집한 편집자들이 이미 그들 텍스트의 저자이며, 『일강』은 소쉬르의 텍스트가 아니라는 다소 급진적인 단언을 하는 데 이릅니다. 기획으로서의 텍스트라는 관념에 초점을 둘 경우, 저자가 갖고 있던 의도의 개념, 또는 독자들을 염두에 둔 의사소통의 의지, 그리고 의사소통의 상황 개념이라는 두 개의 핵심 요소를 간주할 필요가 있습니다. 이 같은 두 개의 요소들을 고려하면서, 철저하게 상이한 두 개의 기획, 두 명의 저자, 두 개의 상이한 유형들을 추출해야 할 필요성을 지적할 필요가 있습니다.

바이와 세슈에가 작업했던 원자료인 소쉬르의 학생들 노트들은 이미, 스승 소쉬르가 제시한 본래의 원본과 상이한데, 이 원본은 유실된 상태입니다. 소쉬르가 직접 문자로 표현한 그의 강의 준비 노트 또는 그가 기록해 놓았던 자필 노트, 즉 소쉬르 자신이 수립한 언어사상의 궁극적 생산물은, 사라진 대상, 사라진 담론, 부재하는 모델입니다. 즉, 1907년부터 1911년 사이에 소쉬르가 행한 일련의 대학 강의는, 세 번의 〈일반언어학 강의〉 시 소쉬르가 실제로 발화한 담론들은 사라진 상태입니다.

바로 이런 맥락에서 적지 않은 소쉬르 연구자들은 그 같은 편집자들의 작업을 비판하고 있습니다. 예컨대 2000년대 초반에 발견된 소쉬르의 자필 문헌을 참조하면서, 영국 학자 해리스Roy Harris와 프랑스 학자 부케는 편집을 맡은 바이와 세슈에가 소쉬르의 생각들을 그릇된 방식으로 표상했으며, 자신들의 해석을 소쉬르의 생각에 작위적으로 부과시켰다는 점에서, 소쉬르 언어사상의 진정성 차원에서 비판을 가했습니다.[28]

실제로, 이들 편집자는 학생들의 필기 노트들과 소쉬르의 육필 노트 사이에 존재하는 불일치를 과감하게 무시하고, 그들의 판단에서 볼 때 소쉬르가 대표하는 제네바 언어학파의 가장 결정적인 이론적 특질이라고 확신한 내용에 초점을 두고 편집하였

---

28 Harris, Roy, "Ferdinand de Saussure, 'Écrits de linguistique générale'", *Times Literary Supplement* 5182, 2002, 30쪽; Bouquet, Simon, *Introduction à la lecture de Saussure*, Paris: Payot & Rivages, 1997.

습니다.[29] 그런데 문제는 바로 이 같은 편집자들의 판단은 소쉬르가 언어 이론에 대해서 갖고 있던 생각과 정면으로 배치된다는 사실입니다. 소쉬르는 언어에 대한 자신의 사유가 결정적 형식에 도달하기 전에는 그 어떤 논문이나 학술적 공간도 고집스럽게 거부했습니다.[30] 실제로 소쉬르 자신은 늘 자신의 사고와 더불어 실험을 했으며 그 같은 회의와 자기비판의 흔적이 그의 육필 원고에 녹아 있습니다.

어쨌거나 바이와 세슈에의 과감한 결단이 없었다면 소쉬르의 강의는 세상에서 빛을 영원히 보지 못했을 것이라는 점에서 통속본은 그 자체가 역사적 의의와 텍스트적 효과를 갖는 하나의 사실로 수용해야 한다는 입장도 만만치 않습니다. 예컨대 이 통속본은 20세기 언어학사 전체를 통괄해서 가장 많이 인용되고 있는 저서 가운데 하나로서, 야콥슨은 이 책의 진가를 다음과 같이 서술하고 있습니다.

---

[29] Amsterdamska, Olga, *Schools of thought: The development of linguistics from Bopp to Saussure*, Dordrecht: D. Reidel, 1987.

[30] 『일반언어학 강의』 통속본의 편집 과정에 대한 상세한 분석은 다음 논문 참조. Engler, Rudolf, "The making of the Cours de linguistique générale", *The Cambridge Companion to Saussure*, Carol Sanders, ed., Cambridge: Cambridge University Press, 2004, 47-58쪽.

"소쉬르의 『일강』은 한 편의 절묘한 작품으로서 심지어 그것의 오류와 모순들마저 많은 것들을 상기시켜 준다. 금세기의 다른 어떤 책도 언어학의 세계적 차원에서 이처럼 넓고 깊은 영향을 행사한 적이 없다, 그가 제시한 개념, 정의, 용어들은 직접적으로 또는 간접적으로 다양한 작업들을 관류하였다. 그가 제시한 학술적 프로그램의 테제들은 수많은 원칙의 논의들을 위한 도약판으로 사용되었다."[31]

**문**　　특히, 소쉬르의 직계 제자였던 메이예는, 이 같은 편집자들의 담대함 또는 과단성에 대해 비판적 견해를 피력하고, 『일강』의 진정성에 대해 회의적 시각을 개진한 것으로 알려져 있습니다. 왜, 그는 우리가 가장 많이 읽고 있는 『일강』에 대해 그 같은 태도를 피력한 것인가요?

**답**　　소쉬르가 서거한 이후에 그의 이름으로 출판된 논문과 단행본들은 여러 편이 있습니다.[32] 하지만 소쉬르 제자들의 제

---

**31** Jakobson, Roman, "La théorie saussurienne en rétrospection", *Linguistics* 22, 1984, 165쪽.

**32** 1. 1915년. Martin, Paul-Edmond, *La destruction d'Avenches dans les Sagas scandinaves*, d'après des traductions et des notes de Ferdinand de Saussure, Bern: K.-J. Wyss, 1915. 소쉬르의 제자 마르탱의 박사 논문에서 소쉬르의 번역과 주석을 명시함.

1세대에 속하는 바이와 세슈에가 편집한 『일강』은 다른 사후 출판물들과는 전혀 다른 운명을 겪게 되었습니다. 그리고 발표 당시부터 이 책의 혼합적인 짜깁기의 성격을 여러 학자가 지적한 바 있습니다. 이 가운데, 소쉬르가 파리에서 10년 동안 강의를 했을 때, 그의 강의를 경청한 프랑스의 언어학자 메이예는 1916년 다음과 같이 예리하게 이 책의 문제점을 지적하였습니다.

"소쉬르 선생의 〈일반언어학 강의〉는 결코 활자화될 목적이 없었거니와, 소쉬르 선생은 살아 계실 때, 그의 수강생 가운데 특정인이 기록하고 편집한 것을 이런 식으로 출판하는 것을 허락하지 않았을 것이 분명하다. 소쉬르 선생의 제자이자, 제네바 대학에서 소쉬르 선생의 계승자였던 바이와 역시 그의 제자 세슈에는 세 개의 강의 노트 편집을 하나로 녹여 놓고, 아울러 소쉬르 선생이 사용한 표현들과 사례들을 갖고 스승이 만들지도 않았던, 그

---

2. 1920년. Saussure, Ferdinand de, *Le nom de la ville d'Oron à l'époque romaine*, Louis Gauchat, ed., Bern: K.-J. Wyss, 1920. 소쉬르의 제자 루이 고쉐가 주석을 첨가하여 출판한 것으로서, 소쉬르가 생존 시 출판을 목적으로 작성한 논문임.

3. 1922년. Saussure, Ferdinand de, *Recueil des publications scientifiques*, Charles Bally & Léopold Gautier eds., Un vol. in-8, Genève: éditions Sonor, 1922, 641쪽. 소쉬르의 제자들인 레오폴드 고티에와 샤를 바이가 소쉬르가 생존 시 발표한 저작 전체를 편집하여 출판한 것임.

리고 결코 영원히 쓰지 않았을 책을 구성하는 과감한 결단을 취했던 것이다."[33]

**문**　소쉬르의 『일반언어학 강의』 텍스트는 대부분의 일반 독자들이 가장 많이 읽고 있는 1916년 최초 간행된 텍스트뿐만 아니라, 다양한 판본들이 존재하고, 아울러 계속해서 새로운 문헌들이 발굴되는 것으로 알고 있습니다. 가장 대표적인 텍스트 판본은 무엇인가요?

**답**　소쉬르의 일반언어학과 관련된 프랑스어 원본의 판본은 8종의 텍스트를 언급할 수 있습니다.

첫 번째 텍스트는 이른바 '통속본'으로 알려진, 1916년 출판된 최초의 문헌으로서 표준 텍스트의 위상을 갖고 있다고 말할 수 있습니다. 그가 제네바 대학에서 세 차례에 걸쳐 강의했던 〈일반언어학 강의〉를 그의 사후 3년 후에, 동료 교수들이 강의 수강생들의 필기를 참고하여 한 권의 책으로 편집해서 세상에 모습을 드러낸 텍스트입니다.

---

**33** Meillet, Antoine, "Compte rendu du CLG", *Bulletin de la société de Linguistique de Paris* Tome XX, 1916, 32-33쪽.

소쉬르라는 이름 아래 출간되었건만, 정작 그가 직접 기획하거나 서명한 책이 아닌 유고 저서입니다. 이 모자이크식 편집 기법과 진정성에 대한 논란은 앞에서 자세히 기술한 바와 같이 가히 지난 반세기 동안 소쉬르 문헌학에서 계속해서 있어 왔습니다. 어쨌거나 이 문제적 편집 작품과 관련하여 20세기 인문학의 위대한 성취이자 하나의 기적 같은 사건이라는 옹호론을 비롯하여, 철저한 왜곡과 임의적 선별로 점철된 '허구'라는 비난에 이르기까지, 일부 소쉬르 문헌학 전문가들은 진정한 저자는 과연 누구인가 하는 근본적 물음을 제기하고 있습니다.

소쉬르 문헌학의 두 번째 텍스트는 고델의 박사 학위 논문을 출판한 『일반언어학 필사본 자료』입니다.[34] 이 책에서 고델은 치밀한 문헌학적 고증을 통해, 통속본의 편집자들이 누락한 학생들의 필사본들과 소쉬르의 자필 수고를 분석하여, 소쉬르 〈일반언어학 강의〉의 핵심 개념들의 발생과 소쉬르 사유의 동선을 재구성하는 데 성공했습니다.

세 번째 판본은, 소쉬르 문헌학의 또 다른 대가였던 엥글러 교

---

[34] Godel, Robert, *Les sources manuscrites du Cours de linguistique générale de F. de Saussure*, Genève: Droz, 1957. 이하 SM으로 표기한다.

수가 남긴 『일반언어학 강의 비평본』입니다. 통속본과 수강 학생들의 노트, 그리고 소쉬르의 자필 노트를 병치시키는 기묘한 편집 공간 구성 방식을 보여 주고 있습니다. 구체적으로 왼쪽 난에는 1916년 간행된 통속본 또는 표준본을 싣고, 나머지 네 칸에는 1906년부터 1911년까지 강의를 수강한 학생들의 필기 노트, 그리고 여섯 번째 칸에는 해당되는 내용과 관련된 소쉬르의 자필 노트를 싣고 있습니다.[35] 아쉽게도 소쉬르의 자필 노트 부분은 거의 대부분 공란으로 남겨져 있습니다. 엥글러의 비평본은 소쉬르 『일반언어학 강의』에 대한 종합적 이해에 접근하기 위한 최상의 수단으로 평가받습니다.[36]

그의 비평본은 소쉬르 문헌학에서 불후의 명작이자 전범으로 인정받고 있습니다. 『일반언어학 강의』의 네 번째 판본은 이탈리아 인문학계의 대표적 지성이며 근현대 언어사상사를 개척한, 몇 해 전 타계한 이탈리아 언어학계의 거장이며 로마 대학 총장과 이탈리아 교육부 장관을 역임한 바 있는 마우로 교수가, 그의 나이 불과 35세 때 남긴 작품으로서, 특히 다양한 서지 정보와

---

**35** CLG/E.

**36** 엥글러 교수의 전기 및 저술에 대한 다음 논문을 참조. Arrivé, Michel & Izabel Viela, "Rudolf Engler, le grand maître du saussurism", *Semiotica* 160-1/4(2005), 173-183쪽.

풍부한 역주(305개)를 담고 있습니다. 1967년 이탈리아어로 출간
되었으며, 동일한 내용을 담고 있는 프랑스어 번역본은 1972년
출간되었고, 프랑스어권 독자들을 포함해, 소쉬르 연구자는 물
론 언어학 전공자들이 가장 많이 참고하는 텍스트라고 말할 수
있습니다.[37]

　다섯 번째 판본은, 소쉬르 문헌학을 지난 30여년 동안 연구해
온 일본의 고마쓰 교수가 내놓은 『일반언어학 강의』 판본으로
서, 세 차례의 강의를 모두 전사했습니다.[38] 소쉬르가 실행한 세

---

[37] Saussure, Ferdinand de, *Corso di linguistica generale*, introduzione, traduzione e com-
mento di Tulio De Mauro, Bari: Laterza, 1967. 프랑스어 판본은 Saussure, Ferdinand
de, *Cours de linguistique générale*, édition critique préparée par Tullio De Mauro, Lau-
sanne & Paris: Payot, 1972이다.

[38] Saussure, Ferdinand de, *Cours de linguistique générale*, Premier et troisième cours,
d'après les notes de Riedlinger et Constantin, texte établi par Eisuke Komatsu, Tokyo:
coll. "Recherches Université Gakushuin", N.24. 1993; Saussure, Ferdinand de, *Troi-
sième cours de linguistique générale (1910-1911) d'après les cahiers d'Émile Constantin/
Saussure's Third Course of Lectures on General Linguistics (1910-1911) from the Note-
books of Emile Constantin*, édité par Eisuke Komatsu et traduit par Roy Harris, Oxford:
Pergamon Press, 1993(이하 이 판본을 CLG III이라 표기한다); Saussure, Ferdinand de,
*Premier cours de linguistique générale (1907) d'après les cahiers d'Albert Riedlinger/
Saussure's First Course of Lectures on General Linguistics (1907) from the Notebooks of
Albert Riedlinger*, édité par Eisuke Komatsu et traduit par George Wolf, Oxford: Perga-
mon Press, 1996(이하 이 판본을 CLG I라 표기한다); Saussure, Ferdinand de, *Deuxième
cours de linguistique générale (1908-1909) d'après les cahiers d'Albert Riedlinger et
Charles Patois/Saussure's Second Course of Lectures on General Linguistics (1908-1909)*

차례의 강의를 필사한 수강생들의 노트를 전사한 작업으로, 지난 30여 년 동안 오로지 소쉬르 문헌 필사에 평생을 바친 한 일본인 전공자의 치열한 노력 덕분에, 세 차례의 〈일반언어학 강의〉가 순서에 입각해 그 상세한 강의 내용이 세상에 빛을 볼 수 있었습니다.

여섯 번째 판본은 프랑스의 중진 부케 교수가 엥글러 교수와 공동으로 내놓은 책으로서 1990년대 초에 발견된 소쉬르의 자필 노트와 이미 엥글러 교수가 내놓은 결정 판본에 실린 자필 노트를 첨가해서 이루어진 판본입니다. 아쉽게도 이 책은 소쉬르 문헌학 전공자들로부터 문헌상의 적지 않은 오류와 편집 원칙의 일관성 부족으로 적지 않은 비판을 받고 있습니다.[39]

이 텍스트는 소쉬르가 언어와 관련하여 직접 쓴 노트들을 발굴하여 출간한 저서입니다. 사실 이미 이 같은 자필 노트들은 1960년대부터 엥글러 교수의 비평본에서 부분적으로 선을 보였으나, 1996년 소쉬르 가문의 저택의 정원에 있는 정자pavillon 의 작업실에서 발견된 이른바 '오랑주리' 필사 원고les manuscrits de

---

*from the Notebooks of Albert Riedlinger and Charles Patois*, édité par Eisuke Komatsu et traduit par George Wolf, Oxford: Pergamon Press, 1997.

**39** ELG.

l'Orangerie는 소쉬르 언어 이론의 새로운 전기를 마련한 것으로 평가받습니다. 하지만 이 판본에는 적지 않은 판본 오류가 있고, 더구나 원본 자체에 소쉬르가 문장을 끝맺지 않고 중단시킨 단락들이 무려 400여 차례가 넘어, 전문 소쉬르 연구자들조차도 온전한 이해가 쉽지 않다는 점에서 이 문헌의 가치에 대해서는 신중함이 필요합니다.

일곱 번째 판본은, 소쉬르의 제자 콩스탕탱이 작성한 제3차 강의의 필기 노트를, 전사하여 콜롬비아의 메히아 퀴하노 교수가 2005년에 출판한 텍스트입니다. 일본 학자 고마쓰 판본에서 누락된 약 100여 쪽의 지리언어학과 인도유럽어족의 총체적 지도는 소쉬르가 결코 추상적 언어 이론가가 아닌 언어의 환경과 맥락, 즉 한 언어의 지리, 역사, 문화, 사회, 정치를 총괄적으로 인식하려는 진정한 의미에서의 최초의 언어생태학자라는 점을 인식시켜 줍니다.

여덟 번째 판본은, 2011년 새롭게 발굴된 제1차 강의의 루이 카이와 알베르 리들링거의 필기 노트를 프랑스어 원본과 나란히 스페인어로 옮겨 2019년 메히아 퀴하노 교수가 출판한 텍스트입니다. 그런데 우연히도, 작년인 2020년, 프랑스의 소장 소쉬르 전공자인 뱅상 박사가 상세한 주석과 함께, 제1차 강의 전체를 필사하여 출판하는 성과를 거두었습니다.[40] 앞서 언급한 고마쓰 교수의 문헌학 작업에 크고 작은 누락과 문제점들이 드러났고, 제네바 대학의 소쉬르 문헌 전문 팀에 의해서 제3차 강의의 필사본부터 총체적 재작업에 들어가 이미 간행되었으며, 제2차 강의록이 출간될 예정입니다.

이 밖에도 소쉬르의 〈일반언어학 강의〉와 관련된 부분적 판본들이 다수 존재하며, 일반언어학 이외에도 인도유럽어 연구, 아나그람 연구 필사 원고 서간문, 등 다양한 문헌들이 매년 새롭게 발굴되어 출판되고 있습니다.

소쉬르의 필사 수고본은 현재까지 계속해서 발견되고 있어 그 정확한 분량은 아직도 정확한 계산이 이루어진 바 없으나, 대략 3만 장 정도가 될 것이라는 소쉬르 학계의 최근 보고가 있었습니다. 이 필사 수고 가운데는 열네 살 때 작성한 시론을 비롯하여, 인도학과 불교에 대한 글을 포함하여 다양한 주제들이 포함되어 있습니다. 독일의 소장 연구자들에 의해서 소쉬르의 육필 원고 전량을 디지털화함과 동시에 하이퍼미디어 방식으로 다양

---

**40** Vincent, François, *Ferdinand de Saussure: Le Premier Cours de Linguistique Générale la trilogie achevée*, Deauville: Ed. Champs-Élysées, 2020.

한 장치를 동원하여 독자들에게 텍스트의 다차원성을 제공하려는 프로젝트가 진행 중입니다.

**문**      현재 한국어로 나와 있는 소쉬르의 일반언어학 관련 문헌은 몇 종인가요?

**답**      현재 소쉬르의 『일반언어학 강의』와 관련된 문헌들을 한국어로 번역한 판본은 모두 8종이 있으며, 그 가운데 2종은, 하나는 제2차 강의의 서론 부분을 번역한 것이고, 다른 하나는 통시언어학 부분을 제외한 부분적 번역입니다. 한국어 번역본들을 출판된 연대순으로 정리하면 다음과 같습니다.

1. 페르디낭 드 소쉬르, 『일반언어학 강의』, 오원교 역, 형설출판사, 1973, 총 344쪽.
2. 페르디낭 드 소쉬르, 『일반언어학 강의』, 샤를 바이·알베르 세슈에 편, 최승언 역, 민음사, 1990, 총 363쪽.
3. 페르디낭 드 소쉬르, 「제2차 일반언어학 강의록」, 김방한 역. 다음 저서의 부록으로 수록되어 있음. 김방한, 『소쉬르(현대 언어학의 원류)』, 민음사, 1998, 199-285쪽.[41]

4. 페르디낭 드 소쉬르, 『일반언어학 노트(쥬네브의 소쉬르 저택창고에서 발견된 일반언어학)』, 김현권·최용호 역, 인간사랑, 2007, 총 458쪽.

5. 페르디낭 드 소쉬르, 『일반 언어학 강의』. 김현권 역, 지만지고전천줄, 2008, 총 180쪽.

6. 페르디낭 드 소쉬르, 『일반언어학 강의』, 김현권 역, 지식을만드는지식, 2014, 총 547쪽.

7. 페르디낭 드 소쉬르, 『소쉬르의 마지막 강의(제3차 일반언어학 강의 1910~1911, 에밀 콩스탕탱의 노트)』, 김성도 편역, 민음사, 2017, 총 540쪽.

8. 에이스케 고마츠, 『페르디낭 드 소쉬르 제3차 일반언어학 강의(에밀 콩스탕탱의 강의노트 편집판)』, 로이 해리스 영역, 김현권 국역, 한국방송통신대학교 출판문화원, 2018, 총 338쪽.

---

**41** 아쉽게도 작고한 역자 김방한 교수가 원본으로 삼은 문헌의 출처를 한국어 번역본에서는 찾아볼 수 없다. 제2차 강의의 서론 부분을 필사하여 정본으로 인정받고 있는 다음 문헌에 기초하여 번역했을 것으로 추정된다. Godel, Robert, "Saussure, Ferdinand de, Cours de linguistique générale (1908-1909), Introduction, d'après des notes d'étudiants, texte établi et présenté par R. Godel", *CFS* 15, 1957.

**문** 왜, 소쉬르는 일반언어학 저술을 비롯해 언어학과 관련된 저술 활동을 멈춘 것인가요?

**답** 소쉬르가 그의 생존 시 시종일관 저술 출판을 일체 거부하였다는 사실은 완벽성을 추구했던 그의 연구자로서의 성향과 더불어 그의 개인적 성격에도 기인했다고 봐야 할 것입니다. 영국 에딘버그 대학 언어학과 교수인 요셉 교수John Joseph와 콜롬비아의 소쉬르 전문가인 메히아 퀴하노 교수가 최근에 출간한 2종의 소쉬르 전기들을 종합해 보면, 소쉬르는 지극히 섬세하고 예민했을 뿐만 아니라, 진리 추구에 대한 거의 강박적이라 할 정도의 자기비판적 성찰을 계속했던 것으로 판단됩니다.

특정 언어 현상, 시적 현상, 전설 현상에 관해서 설명 가설을 세우고는 곧바로 자신이 제시한 가설을 면밀한 자기 점검을 통하여 그 한계를 파악하는 다분히 자기 해체적 사유 양식을 지녔던 것으로 생각합니다. 언어의 문제에 있어서, 소쉬르는 그가 소년기에 쓴 최초의 논문을 시작으로 약 40여 년 동안 새로운 학문의 뿌리를 형성하는, 인간 언어를 지배하는 진정한 원칙을 파악하려는 치열한 고민을 계속해 왔다고 평가할 수 있을 것입니다. 그런데 문제는, 그의 지적 통찰이 깊어질수록 이미 그의 청년기부터 자신이 발견했다고 굳게 믿었던 언어 원리의 과학적 타당

성을 무결점 상태로 증명하기 전에는 어떤 결정적 형식의 출판
도 유보했다는 점입니다.

이 점은 『일반언어학 강의』의 비평본, 특히 최근에 발견된 제3차
강의의 필사 노트를 읽어 보면 선명하게 나타납니다. 언어 이론
가이기 전에, 소쉬르는 철저한 비판적 정신, 데카르트적 회의,
그리고 미완성으로 점철되는 진리의 모색자chercheur로서의 면모
를 보여 주고 있습니다. 실제로 소쉬르의 비관적 회의는 결코 그
로 하여금 연구를 접게 만든 것이 아니며, 그의 지적 호기심을
더욱더 풍요롭게 만들면서, 자연 언어와는 거리가 먼, 인도유럽
어로 쓰인 고대 시조들의 아나그람 연구나 독일 게르만 전설 연
구와 같은 동떨어진 영역으로까지 그의 혜안을 통해서, 시 텍스
트의 심층 구성 원리와 상호 텍스트성과 신화적 서사성의 새로
운 기호학의 원리를 발견하도록 추동했습니다.[42]

하지만 문제는 그의 사상의 미완성성과 비판적 정신은 곧바로
그의 지적 행동을 마비시키고 말았다는 사실입니다.[43] 이에 대해

---

**42** 이 점에 대해서는 이미 여러 소쉬르 전문가들이 지적한 바 있다. Fehr, Johannes, *Entre sémiologie et linguistique*, Paris: PUF, 2002 참조.

**43** Mejía Quijano, Claudia, "Sous le signe du doute: présentation des textes de E. Constantin", 43-67쪽.

저술 공포증이나 기타 질병적 요인으로 설명하려는 사람들도 있었습니다. 어쨌거나 50대에 접어들면서 소쉬르는 자신이 갖고 있던 지식의 미완결성과 절대적 부족함을 확신하면서, 전형적인 천재의 비극을 표출합니다. 수년 전에 발굴된 그가 말년에 자신의 동료 친구인 다비드Jean-Elie David와 나눈 대화 한 토막에서 잘 나타납니다.

소쉬르는 깊은 밤, 자신의 서재 유리창의 서랍을 보여 주면서 친구에게 이렇게 고백합니다.

소쉬르  많은 주제에 대해서 새롭게 시작한 연구들이 저 서재 안에 있어.
　　　　어떤 주제에 대해서는 수백 쪽 분량 집필해 놓은 것도 있지. 그리고 곧 포기해….

다비드  왜, 완성시키지 않는 건가?

소쉬르  파고들면 파고들수록, 내가 마주하는 것이라곤 더욱더 애매모호함과 불확실성일 뿐일세. 이 모든 연구에서 나는 단지 추측conjecture에 이르게 되고, 곧 그것은 불확실한 것으로 치닫고 말지.

다비드  그렇지만, 최소한의 정리 작업déblayage은 되지 않겠나.

자네는 그 작업을 다른 사람들에게 알려 주어야 하는 것 아닌가. 자네의 기초 작업이 새로운 연구들을 촉발시킬 수 있을 것이야. 어떤 것을 암시만 하는 것도 이미 엄청 난 성취가 아닌가!

소쉬르  사람들은 그저 자신들의 경박한 정신만을 암시할 뿐, 그 것이 다일세. 언어의 궁극적 신비를 결코 꿰뚫어 볼 수는 없을 것이야. 이 모든 작업이 공허한 짓이야….[44]

소쉬르는 언어의 궁극적 신비를 꿰뚫어 보기를 원했습니다. 이를테면, 언어에 대한 총체성의 인식이라 할 수 있을 것입니다. 그래서 소쉬르학의 금자탑을 세운 이탈리아의 마우로 교수는, 소쉬르가 실천했던 사물의 총체성에 대한 인식 태도가 헤겔의 영향을 받았을 것이라는 주장을 하기도 했습니다. 하지만, 언어 라는 신비를 언어의 모든 측면에서 접근하면서 그가 도달한 것 은 추정과 추측뿐이었습니다. 즉 언어의 세계 속에 감추어진 심 층의 현실을 파악하기 위해서 자신이 사용한 가설과 계산만을 발견하였다는 것을 토로하고 있는 것입니다. 이 점은 소쉬르를

---

44  Bibliothèque de Genève, *Archives de Saussure* 394, fs. 15-16.

크게 실망시켰으며, 자신의 발견에 대해서 궁극적 진리를 단언하는 데 이를 수 없게 만들었습니다.

한편, 소쉬르는 자필 노트에서, 언어라는 대상을 연구하는 학자는 숙명적으로 언어의 여러 측면 가운데 하나의 측면으로부터 접근할 수밖에 없으며, 그 같은 선별된 측면이 제대로 선택되었다고 해도, 결코 언어의 전체가 될 수 없을 것이라고 토로한 바 있습니다. 쉽게 말해, 언어학자는, 장님이 코끼리의 일부를 만져 판단하는 형국처럼, 결코 언어의 총체성을 인식할 수 없다는 인식의 한계를 고백하고 있는데, 아마도 이 같은 절망도 소쉬르로 하여금, 일반언어학 관련 논문이나 저서를 출판하게 하지 못한 정신적 상황이었을 것으로 추측됩니다.


## 5. 소쉬르의 전체 저술과 연구 성과에 있어서 『일반언어학 강의』의 자리와 의의

**문**　　소쉬르는 역사비교언어학 또는 당시의 언어학을 주도했던 소장 문법학파의 접근법을 훌쩍 뛰어넘는 언어학의 새로운 비전을 창조했습니다. 그렇다면, 『일반언어학 강의』가 그의 저술에서 차지하는 자리는 무엇인가요?

**답** 『일반언어학 강의』는 비록 그의 학생들이 편집하여 소쉬르 사후에 출판했음에도 불구하고, 소쉬르의 학문적 경력에서 결정적인 작품입니다. 소쉬르의 『일반언어학 강의』가 그의 저술 전체에서 점유하는 위치를 파악하는 작업은 그가 타계하기 이전의 시대에서 잉태되고 발전된 그의 언어사상에 대한 설명을 제공할 수 있을 것입니다. 앞서 살펴본 바와 같이 그는 이미 중학생 시절부터, 그리스어, 라틴어, 게르만어 등과 같은 개별 언어들과 산스크리트어 등 이미 사어가 된 고대 인도 언어 등의 언어 시스템에 대한 분석에 관심을 갖고 있었고, 15세 때, 이에 대한 소논문을 작성하며 천재성을 드러냈습니다. 소쉬르가 파리의 상아탑에서 행했던 초기 강의는 고트어, 고독일어, 리투아니아어, 역사비교문법에 집중되었습니다.

소쉬르가 생존 시, 발표한 공식적 논문의 수는 매우 적습니다.[45] 공식적으로 출판된 그의 단행본은 21세에 출판한 인도유럽어에서의 모음체계 연구서입니다.[46] 그 책은 소쉬르를 당시 최고의 역사비교언어학자이자 독창적인 사상가의 반열에 올려놓

---

**45** Meisel, Perry & Haun Saussy, "Saussure and His Contexts", xx쪽.

**46** Saussure, Ferdinand de, *Mémoire Sur Le Système Primitif des Voyelles dans les Langues Indo-Européennes*, Leipzig: B.G. Teubner, 1879.

으며, 일약 최고의 명성을 누리게 한 역사비교언어학의 명저입니다.

실제로, 프랑스 언어학계의 태두인 메이예Antoine Meillet는, "당시까지 비교문법 분야에서 쓰인 가장 아름다운 책"이라고 불렀으며 그 같은 판단은 여전히 유효하다고 첨언했습니다.[47]

파리에서 10년 간 당시 프랑스의 문헌학, 언어학, 역사비교언어학의 산실이었던 고등실천연구원에서 강의하는 동안, 소쉬르는 학문과 예술 분야에서 탁월한 공적을 남긴 인물에게 수여하는 프랑스 명예 훈장인 레지옹 도뇌르Legion of Honor 작위 기사가 되었습니다.[48]

파리를 떠나 그의 고향 제네바로 자리를 옮긴 후에 그는 당시 최초의 세계 언어학회였던 파리 언어학회로부터 인도유럽어의 모음들에 대한 그의 중요한 연구 업적을 인정받았습니다.

요컨대, 비록 소쉬르는 생존 시에는 거의 출판을 하지 않았으나, 프랑스·스위스·독일 언어학자들의 공동체에서는 위대한

---

47 Davies, Anna Morpurgo, "Saussure and Indo-European linguistics", *The Cambridge Companion to Saussure*, Carol Sanders, ed., Cambridge: Cambridge University Press, 2004, 15쪽.

48 Joseph, John E., *Saussure*, 373쪽.

언어학자로 알려져 있었습니다.

그의 사후에 출판된 『일반언어학 강의』는 그의 말년에 구축했던 언어 이론들을 요약하고 있습니다. 소쉬르는, 인도유럽어족의 개별 언어들에 대한 해박한 지식과 이들 언어가 어떻게 진화해 왔는가에 대한 치밀한 분석에 기초해, 인도유럽어의 음운론의 부분들을 재구성하는 데 성공한 기념비적 업적을 남긴 인물로 현재까지도 추앙받고 있습니다.

그의 이론은 근대의 인도유럽어족의 언어들이 기원한 태곳적 조상어들의 모음들을, 모음들에 있어서의 음성 변화의 한 형식인 아플라우트ablaut와 흡사한 시스템을 통해, 재구성했습니다. 그는 이 같은 변화된 모음 음성들을 기술하기 위해 후두음laryngeals이라는 용어를 사용한 바 있습니다. 그의 이론은 1879년 최초로 제안되었는데, 1930년대, 인도유럽어족의 초기 상태를 가장 잘 보존하고 있는 언어인 히타이트어 문헌들의 발견 이후에 입증되었습니다. 오직, 한정된 데이터들, 가설과 연역적 추론에 입각한 사라진 인도유럽어의 모음체계에 관한 이론이 사후에 문헌 자료를 통해 과학적 사실로 입증된, 언어학의 역사에서 전무후무한 사건이었습니다. 참고로, 히타이트 언어는 현재의 시리아와 터키 남부 지방에서 기원전 16세기에서 13세기경에 사용된 언어입니다. 그렇지만, 1935년 폴란드의 언어학자 쿠리우오비치Jerzy Kuryłowicz가 소쉬르의 후두음 이론에 대한 논문을 출판하기 이전까지는 학계에서 그의 가설은 신뢰받지 못하고 있던 실정이었습니다.[49]

인도유럽어족의 모음 음성체계를 연구하려 했을 때, 소쉬르의 재구성 기획은 19세기의 언어학에서 설정된 이론적 틀과 장과, 상실된 역사적 언어 형태들에 관한 관심 영역에 속했습니다. 하지만, 부재하는 정보에 관한 예측을 하기 위해 언어를 분석하기 위한 구조들을 개발할 수 있는 그의 능력은 천재적인 능력의 징표라고 말할 수 있습니다.

**문** 그런데 이 같은 고차원적인 추상화 능력과 과학적 엄밀성은 『일반언어학 강의』에서도 찾아볼 수 있다는 점에서, 연속성을 발견할 수 있다는 생각이 듭니다.

**답** 그렇습니다. 언어를 가치 시스템과 상호 밀접한 관계를 맺고 있는 일련의 기호들로 파악한 소쉬르의 후기 언어 이론

---

**49** Kuryłowicz, Jerzy, *Études indo-européennes I (Indo-European Studies I)*, Kraków: Skład Główny w Ksiegarni Gebethnera i Wolffa, 1935.

에서 이 같은 천부적 능력은 유감없이 발휘되고 있습니다.

이는 언어 시스템은 그 내부에 존재하는 요소들 사이의 관계를 통해서만 비로소 파악될 수 있다는 생각을 말합니다.

소쉬르 문헌학의 기념비적 업적을 남긴 엥글러Rudolf Engler 교수는 프랑스의 소쉬르 연구자인 부케Simon Bouquet 교수와 함께 편집한 『일반언어학 글모음』에서 일반언어학에 한정하지 않고, 그의 작업 전체를 분석할 필요성을 강조한 바 있습니다. 그들에 의하면, 소쉬르의 이론은 '세 개의 문헌들의 무리'에서 찾아볼 수 있습니다. 소쉬르 자신의 자필 노트, 그의 강의를 수강한 학생들의 필사 노트, 그리고 소쉬르 사후에 바이와 세슈에가 편집한 『일강』이 그것입니다.[50]

**문**　　　소쉬르의 일반언어학은 갑자기 제네바 대학에서 이루어졌다기보다는 이미 독일 유학 시절부터 서서히 잉태되었다고 보는 것이 더 합리적 가설인 것 같습니다.

**답**　　　그 물음에 답하기 위해서는 소쉬르 언어 이론의 역사와 지리라는 문제 설정을 제시할 필요가 있습니다.

---

**50** Saussure, Ferdinand de, *Writings in General Linguistics*, xi쪽.

소쉬르 언어사상의 형성 과정과 관련된 역사적 서지와 지리를 연구하는 것은 중요한 작업입니다. 소쉬르는 청년기에는 독일에서 유학하고, 파리에서 10년 동안 강의했으며, 다시 스위스의 모교인 제네바 대학에서 21년 동안 강의했습니다. "그렇다면 『일반언어학 강의』에서 피력된 언어와 관련된 사상들이 언제 그리고 어디서부터 형성되었는가"라는 물음을 던지는 것이 가능할 것입니다.

이 같은 소쉬르의 학문 활동의 공간 연구에서는 감추어진 장소들도 있을 것입니다. 파리가 확실히 소쉬르 언어사상의 중력의 중심부라는 점을 보여 주기 위해서는 그가 청년기를 보낸 라이프치히와 베를린은 학자들의 주장과는 달리, 소쉬르의 언어 이론 형성에 있어 결정적 중요성을 갖는 것은 아니라는 점을 보여 주어야 할 것입니다. 예컨대, 『일반언어학 강의』 속에서, 언어학의 근대성의 문턱 가운데 하나이며, 그가 넘어서려고 했던 주요 문턱 가운데 하나는 소장 문법학파에 의해 극복되었다는 점을 소쉬르가 단언할 때, 소쉬르의 말을 너무 액면 그대로 받아들여서는 안 될 것입니다.

그는 『일반언어학 강의』에서 소장 문법학파의 의의에 대해 다음과 같이 말하고 있습니다.

"그들의 공적은 모든 비교의 결과를 역사적 관점에 위치시킴으로써, 여러 사실을 그 본연의 질서 속에 연결시킨 데 있다. 그들 덕분에 언어는 더 이상 독자적으로 발달하는 하나의 유기체로 생각되지 않고, 언어 단체의 집단적 정신의 산물로 여겨지게 되었다."[51]

아슬레프 교수[52]는 이미 오래전에 소쉬르 언어 이론의 기원과 발생을 서구 근대 언어사상사라는 거시적 맥락에서 재구성하려는 시도를 한 바 있습니다. 아울러 소쉬르가 새로운 철학과 더불어 접촉했을 당시 파리의 언어학계와 인문학 사조가 그의 언어 이론 형성에 미쳤을 영향력의 중요성을 꿰뚫어 본 연구자입니다. 그것의 경험주의적이면서 동시에 합리주의적인 반정신주의, 즉, 사실들을 중시하고, 인간 의지의 조직화적 잠재력을 강조하는 것을 말합니다. 역사학과 철학에서는 텐Hippolyte Taine (1829-1893)의 영향, 사회학에서는 뒤르켐Émile Durkheim(1858-1917)의 영향, 언어학에서는 브레알의 영향을 손꼽을 수 있습니다. 이

---

51 CLG/D, 18-19쪽; 『일강』, 9쪽.

52 Aarsleff, Hans, *From Locke to Saussure: Essays on the Study of Language and Intellectual History*, University of Minnesota Press, 1982, 115-133쪽.

같은 조건에서만 우리는 아슬레프와 더불어 다음과 같이 결론 내릴 수 있을 것입니다.

"소쉬르는 『일반언어학 강의』를 생성하게 될 생각들을 가득 갖고 라이프치히에서 베를린에 도착한 것은 아니다. 반면, 소쉬르가 파리를 떠날 때는 많은 관념들을 갖고 떠났다."

반면, 제네바의 중요성은 반대로 상대화됩니다. 요컨대 파리는, 스위스의 수도가 됩니다.[53]

하지만 이 같은 소쉬르 언어학의 형성과 관련된 위상학은 단지 그것의 불확실한 지리만을 갖는 것은 아닙니다. 즉, 그 같은 지도는 소쉬르 언어학 이론의 형성을 가능케 한 다양한 기여들을 규정하고, 명명하고, 평가합니다.

소쉬르의 정신은 근대성의 몇몇 양상들을 주파하는 스펙트럼의 양극단에서 차용된 두 개의 예들을 제시합니다. 데리다는

---

[53] 소쉬르가 활동했던 파리의 상아탑과 제네바 대학의 학문적 경향과 관계에 대해서는 다음 두 편의 논문 참조. Testenoire, Pierre-Yves, "L'école de Genève vue de la Société de Linguistique de Paris", *Histoire Epistémologie Langage*, Vol.37, N.2, 2015; Sanders, carol, "Paris et Genève, vu de Londres", in *Modèles linguistiques* 41, 2000, 94-107쪽.

1968년, 언어학의 외부적 관점에서, 즉, 서양 언어학사의 외부로부터 취한 관점으로부터 그의 제목, '제네바의 언어학파'라는 제목 아래, 기호의 형이상학의 지리적 뿌리내리기를 제안했는데, 이 같은 시도는 서구 사상사라는 공간에서 기호사상의 위치를 할당시키는 작업이었습니다. 동시에 그 같은 평행적 독법은 루소와 소쉬르의 사유 스타일과 관심사의 일치에 착안하여 로고스 중심주의와 기호의 형이상학적 전통에서 양자를 서양 언어사상사의 법정에 동시에 출현시키는 생경한 작업이라 할 수 있습니다. 그 결과는 놀라운 것입니다. 루소와 소쉬르를 연결 짓는 역사와 지리는, 서양 언어사상사의 실증적 사실에 입각하지 않았으나, 아이러니하게도 극적으로 결합됩니다. 물론 이때 루소와 소쉬르를 연결시키는 역사는 실제로 발생한 사건이 아니며, 시대를 초월하는 구조로서의 역사라 할 수 있습니다.

그 같은 스펙트럼의 또 다른 극단에서, 머튼Robert King Merton의 지식사회학에서 영향을 받아 암스테르담스카Amsterdamska(1987)는 정반대로, 소쉬르 기억의 자리 배제, 여정, 계보를 개념적·제도적 연속성 차원에서 제기합니다. 그녀에 의하면, 소쉬르학파는 제네바에서 성립되었으며, 소쉬르를 무시한 라이프치히는 소쉬르 언어학파에 속할 수 없습니다. 그의 가치를 인정한 파리도 아닙니다. 오직 당시 스위스의 대학인 제네바 대학만이 그 같은 학파의 형성을 허락했을 것이라는 점입니다. 당시, 독일은 기세등등한 소장 문법학자들에 의해 지배되었고, 파리는 브레알과 메이예와 같은 인물들이 프랑스 대학을 담당하고 있었기 때문에, 소쉬르에게 공시언어학의 우세와 합법성을 주창하기 위해 남은 것은 오직 제네바였습니다.

언어학사의 한 파편의 이야기를 만들면서, 동일한 장소들과 동일한 계기들의 가치 매김에 있어, 강세와 가치 부여의 심오한 차이들과 더불어 이루어지는 수많은 예들을 제시할 수 있습니다. 이는 곧 소쉬르 언어사상의 구축에 참여했던 상이한 장소들과 계기들을 명쾌하게 설명해 줄 수 있는 서사라고 말할 수 있습니다.

# 제2장
## 『일반언어학 강의』의
## 이론적 얼개와 핵심 개념

## 1. 역사비교언어학과 서양 언어관의 비판
### ―언어학자의 문제와 언어학의 대상

**문**　소쉬르는 전통적인 언어 연구 및 당대 언어학 연구의 문제점은 무엇이라고 판단하였으며, 그것을 어떻게 비판했나요?

**답**　소쉬르는 『일반언어학 강의』 제1장을 서양에서의 언어 연구 흐름을 일별하는 데 할애합니다. 고대 그리스와 로마 시대의 문법 연구로부터, 17세기의 보편이성문법, 그리고 19세기의 비교언어학, 역사언어학 등의 전개를 조망하며 간결하고도 압축적으로 그 문제점의 핵심을 짚어 내고 있습니다. 소쉬르의 비판적 시각에 의하면 기존의 전통 문법의 가장 큰 문제점은, 정확한 문법적 표현의 규범성을 강조하는 데 방점을 두어, 정작 언어의 일반적 원리를 설명하는 데는 부족하다는 것입니다. 역사 비교문법의 경우는, 과도한 실증주의로 인해, 아울러, 언어 자체의 개념에 대한 명확한 개념 규정을 마련하지 못한 상태에서, 수많은 사실만을 나열하였다는 점, 특히, 언어의 역사적 흐름만을 연구 대상으로 삼고, 정작 화자들의 의식 속에 자리 잡은 언어의 규칙, 현 상태에서의 연구를 등한시했다는 비판을 했습니다.

**문**　　　소쉬르는 성서의 언어관과 아리스토텔레스의 언어관의 핵심인, 언어를 일종의 명칭 부여 시스템으로 파악하는 사전 목록체nomenclature 관념을 비판했습니다. 이에 관한 설명을 해 주세요.

**답**　　　사전 목록체는 언어에 대한 상식적 개념에 부합하는 간단한 원리입니다. 즉, 먼저, 세상의 사물이 존재하고, 개별 사물에 고유한 이름을 부여하는 언어 명칭 부여 시스템을 말합니다. 더 쉬운 예를 들자면, 도서관에 가서 우리가 찾고자 하는 책에는 고유한 청구 기호가 매겨진 것처럼, 사물과 이름의 일대일 대응 관계를 말합니다. 그런데, 소쉬르는 이 같은 사전 목록체식 언어관은 인간 언어의 원리와는 부합할 수 없다는 점을 강조합니다. 무엇보다, 사물과 단어의 대응 방식은 개별 언어마다 상이하다는 점에서 그 같은 일대일 대응의 사전 목록체가 적용될 수 없습니다. 한국어에서는 쌀과 밥을 구별하나, 영어와 프랑스어에서는 분명히 다른 두 개의 사물, 즉 곡류와 그것을 조리한 주식을 모두 rice, riz라는 단 하나의 단어로 사용하고 있습니다.

즉, 각각의 언어가 세계와 사물을 재단하는 방식은 모두 상이하다는 점을 쉽게 확인할 수 있습니다.


**문**      그 같은 맥락에서, 소쉬르에 의하면 언어가 하나의 이름 짓기 과정naming process, 즉 단어들에 앞서 관념들이 먼저 존재한다는 생각, 이름과 사물 사이의 관계는 일대일 대응 방식이라는 기존의 서양 언어사상사의 지배적인 테제를 비판한 것이군요? 그 점에 대해 간단하게 설명해 주세요.

**답**      우리의 상식적 생각으로는 먼저 생각, 즉 개념들과 감정들이 존재하고, 그것을 적당한 단어들을 선택하여 표현합니다. 그런데, 소쉬르에 의하면, 인간의 생각이나 관념은 언어 이전에는 미리 존재할 수 없습니다. 즉, 언어를 통해서 비로소 생

각을 명료하게 표현할 수 있다는 점에서, 언어체계가 선행되어
야 한다는 것입니다.

**문**　　　소쉬르가 『일반언어학 강의』에서 던진 근본적인 물음
들 가운데 하나는 언어학자의 문제가 무엇인가라는 질문이었습
니다. 이에 관해 설명해 주세요.

**답**　　　소쉬르의 성찰에 의하면 언어학자를 철학자와 구별
시켜 주는 특수한 물음은 무엇보다, "있는 그대로의 자연 언어의
체계를 이해하기 위해 어떻게 언어를 분석할 것인가?"라는 숙제
를 푸는 데 있습니다. 이를테면 "어떻게 자연 언어의 메커니즘을
기술할 것인가?"라는 문제를 말합니다. 언어학자에게 제기된 고
유한 문제는 언어가 존재해야 하는 필연적 또는 모종의 형이상
학적 이유가 아니며, 사변과 상상을 통해 언어의 기원에 대한 답
을 마련하는 일도 아닙니다. 소쉬르가 설정한 언어학자의 연구
의 궁극적 목표는 하나의 일관된 언어 이론과 과학적인 방법에
따라 특정 언어를 구성하는 핵심적 형태 요소들을 분석하고, 그
같은 형태 분석을 의미를 만들어 내는 기능작동의 기술과 조합
하는 데 있습니다.

　언어의 구조를 기술하고 설명하는 것은 무엇보다 의사소통을

가능케 하는 즉각적이며 경험적인 관찰을 넘어, 이 같은 의사소통을 가능케 하는 이면의 현상들과 그것들의 숨겨진 원리를 파악하는 것을 추구합니다. 이는 우리가 듣고 보는 발화된 음성과 형태의 자명성을 넘어, 심층적 구조를 발견하는 작업을 말합니다. 먼저 개별 언어들의 언어 기능작동의 원리를 이해하고, 더 나아가 동일한 언어 유형들의 영역으로 시야를 확대하고, 그렇게 하여 다양한 언어들의 공통적 속성들을 규정하는 작업을 언어학자의 고유한 문제라고 본 것입니다.

이 같은 맥락에서 『일반언어학 강의』는 책의 제일 앞부분에 「언어학사의 일별」이라는 장을 마련하고, 언어학을 일러 "언어의 사실들을 중심으로 성립된 과학"으로 정의하고 있습니다. 언어를 단순히 사고의 표현 매체 또는 의사소통의 도구적·기능적 현상으로 정의하지 않았다는 점은 주목할 만합니다.

소쉬르는 언어는 무엇인가라는 물음을 단도직입적으로 제기합니다. 언어라는 너무나 자명하게 보이는 대상의 본질을 스스로에게 제기하면서, 소쉬르는 일반적으로 당시의 언어학의 장에서 철저한 변화로서 인정받는 인식론적 단절을 착발시켰습니다.

**문**　　　언어를 평생 연구했던 위대한 언어학자가 이렇게 당연한 물음을 던진 이유는 무엇일까요?

**답**　　　먼저 다시 한번 강조할 필요가 있는데, 일부 소쉬르 연구자들의 주장과 달리, 소쉬르는 언어철학자로의 시각에서 이 같은 토대적 문제를 제기한 것이 아닙니다. 그는 『일반언어학 강의』에서 이 같은 근본적 물음을 던지기 전에, 최소 30년 이상 인도유럽어족의 다양한 언어들을 연구하고 강의해 왔으며, 특히 방언 연구를 위해 스위스의 산악 마을은 물론 리투아니아까지 현장 답사를 했던 실천하는 언어학자였습니다. 따라서, 이 같은 물음을 단지 언어철학 또는 이론언어학의 순수한 사변적 이론적 측면에서 파악하는 것은 곤란합니다. 이 같은 이론적 물음은 실천가 언어학자의 관심사에 의해 촉발된 것입니다. 소쉬르처럼 실천하는 언어학자의 관심사는 여러 면에서, 문법학자의 관심사와도 일부 겹치기도 합니다. 하지만 소쉬르가 주창하는 언어학자의 고유한 관심사는 언어들의 비교 분석과 역사적 진화에 관한 연구와 단절되고, 인간의 보편적 이성과 사고의 보편적 원리에 기초한 보편문법과 전통 문법의 연구 대상과도 차별화됩니다.

특히, 19세기 비교역사학의 시대에서 훈련받고 그 영향권에

있었던 소쉬르는 그 같은 역사비교언어학자들의 언어 정의, 그
들의 타성적인 언어 연구 방법들에서 야기되는 여러 문제점에
대해 비판적 시각을 갖게 되었습니다. 한마디로, 소쉬르의 눈에
비친 역사비교언어학에서 다루는 언어는, 사고와 음성의 대응,
체계(시스템)와 역사의 공존, 공통적 사용 관례와 개별적 특이성
의 발현 등등, 온갖 혼합물로 보였습니다. 이 같은 문제의식 속
에서 소쉬르는 『일반언어학 강의』의 서론에서 다음과 같이 철저
한 비판을 제시합니다.

> "따라서 어떤 측면에서 그 문제를 다루든, 어느 곳에서도 언어학
> 의 전적인 대상은 우리에게 나타나지 않으며, 어디에서도 이러한
> 딜레마에 봉착하게 된다. 혹은 각 문제에 대해 하나의 측면에만
> 전념하면, 앞에서 언급한 이중성을 보지 못할 위험이 있다. 혹은
> 만약 언어활동langage을 동시에 여러 면에서 연구한다면, 언어학
> 의 대상은 서로 전혀 연관이 없는 잡다한 사항들의 혼란한 더미
> 로 보이게 된다."[1]

---

1   CLG/D, 24쪽; 『일강』, 14-15쪽.

그 결과, 역사비교언어학의 기존 연구 방법과 거리 두기를 하며 그 한계를 의식하는 비판적 언어학자는 아래의 인용문에서 확인할 수 있듯이, 매 하나의 간단한 단어에서 표현적으로는 자명한 것으로 나타나는 언어 현상을 기술하는 데 있어 어떤 방법을 적용해야 하는가의 문제 앞에서 혼란에 빠집니다.

"누군가 프랑스어 단어 nu를 발음하면, 피상적인 관찰자는 거기서 하나의 구체적인 언어 대상만을 볼 것이다. 그러나 좀 더 주의 깊게 검토하면, 그 단어를 고찰하는 방식에 따라 완전히 다른 서너 개의 현상을 잇달아 발견하게 될 것이다. 즉 음으로서, 특정 관념의 표현으로서, 라틴어 nūdum에 해당되는 프랑스어 단어로서 등등."[2]

**문**　　그 같은 맥락에서 소쉬르의 그 유명한 명제, "관점이 대상을 창조한다"라는 다소 파격적인 선언이 등장하는 것이군요.

**답**　　그렇습니다. 이것은 사실 언어학자의 명제라기보다는 다분히 철학자, 더 정확히 말해 인식론자의 명제와 같은 다소 사

2　CLG/D, 23쪽; 『일강』, 13쪽.

변적이고 추상적인 명제이나, 소쉬르의 『일반언어학 강의』에서 제시된 언어학의 이론적 정초를 수립하는 과정에서 제시된 명제라는 점에서 좀 더 자세히 설명해 보겠습니다.

소쉬르는 두 개의 양상을 살펴봅니다. 먼저, 언어학자가 특정 언어에 관해 기술하고 과학적으로 설명하려는 추론을 통해 그가 수행하는 작업에 대해 탐문하고, 아울러 언어학자가 따라야 할 적합한 절차 방식을 찾고자 애쓰는데, 이것을 일러 우리는 소쉬르가 인식론적 입장을 취한다고 말할 수 있습니다. 즉, 언어학을 하나의 지식체계로 보고, 언어학 지식의 본질과 구성에 관한 물음을 던지는 것을 의미합니다. 언어학자는 언어적 사실들에 의존하나, 분명히 자신의 연구 대상에 특정 관점을 채택해야 합니다.

소쉬르가 일반언어학을 강의한 20세기 초반기에도, 대부분의 당시 언어학자들에게 자명했던 것은, 자신들은 총체적 언어, 즉 언어활동langage을 비롯해 다양한 언어들langues을 다루면 족하다는 생각이었습니다. 그런데 소쉬르의 판단으로는, 그들 언어학자는 언어활동과 언어(랑그langue)라는 두 용어의 명료한 관계를 수립하는 데 이르지 못했습니다.

다시 말해, 당시의 언어학자들은 언어와 관련된 총체적 사실들, 즉 언어활동이 여러 언어의 총합을 표상하는 것인지를 결코 알려고 하지 않았으며, 그것이 인간의 모든 언어에 대해 가치를 갖는 것인지, 또는 인간의 보편적인 생물학적인 언어 능력인지, 즉 모든 인간에게 공통적인 능력인지를 묻지 않았던 것입니다. 또한 그들은 이 같은 일반성에 견주어, 구체적인 언어의 위상은 무엇인가라는 물음도 던지지 않았습니다. 그들이 말하는 것은, 거의 1세기 동안 수행한 언어들의 역사적 연구 성과를 통해 언어활동 속에 존재하는 모든 것은 역사라는 주장뿐이었습니다.

**문**　　그렇다면 소쉬르가 〈일반언어학 강의〉를 할 때, 가장 영향력이 컸던 언어에 대한 관점은 무엇이었나요?

**답**　　소쉬르가 인용한 당시 독일 역사비교언어학의 태두였던 헤르만 파울Herman Paul은 언어의 유일한 과학적 연구는 역사적 방법이며, 그 목적에 있어 역사적이지 않은 일체의 과학적인 언어 연구라는 것은 성립될 수 없다고 단정했습니다. 그런데 독일 언어학계의 이 같은 실증적 역사주의와는 달리 언어에서 모든 것은 사회적인 것이며 동시에 하나의 시스템이 존재한다고 보는 시각도 있었습니다. 그것은 소쉬르의 제자인 프랑스의 언어학자 메이예의 입장이었습니다.

언어를 하나의 사회적 사실fait social로 규정한 소쉬르의 입장은 거의 동시대에 창발한 근대 사회학의 창시자인 뒤르켐Emile Durkeim의 사회학주의로부터 영향을 받았다는 점도 언급할 필요가 있습니다. 그리고 뒤르켐의 제자이기도 했던 메이에는 그 같은 사회학적 영감을 소쉬르에게 불러일으킨 중개 역할을 맡았을 것으로 생각해 볼 수 있습니다.[3]

메이에에 의하면 언어의 현실은 언어적인 것과 동시에 사회적인 것입니다. 그는 자신의 저서에서 이렇게 적고 있습니다.

"언어는 표현 수단들의 복잡한 시스템을 성립한다. 그것은 모든 것이 맞물려 있는 시스템을 말한다. 또 다른 시각에서, 언어의 현실은 사회적이다. 그 같은 사실은 하나의 언어는 언어주체들의 정의된 집합에 속한다는 점에서 비롯된 결과이다."[4]

---

3  이 점에 대해서는 다음 두 편의 논문 참조. Puech, Christian & Anne Radzynski, "Fait social et fait linguistique: A. Meillet et F. de Saussure", *Histoire Épistémologie Langage* 10-2, 1988, 75-84쪽; Koerner, Konrad, "Meillet, Saussure et la linguistique générale", *Histoire Épistémologie Langage* 10-2, 1988, 57-73쪽.

4  Meillet, Antoine, "L'état actuel des études de linguistique générale: leçon d'ouverture du cours de grammaire comparée au Collège de France, lue le Mardi, 13 février, 1906", *Revue des* Idées (Paris) 3. 296-308. (Repr. dans A. Meillet 1921.1-18.), 1906; Meillet, Antoine, *Linguistique historique et linguistique générale* Tome I, Paris: E. Champion, 1921.

하지만, 다시 앞서 다룬 소쉬르의 관점 이론과 관련하여, 중요한 것은 소쉬르가 어떤 특정 관점을 채택했다는 점이 아닙니다. 소쉬르는, 언급했던 언어의 본질을 정의하는 두 개의 관점들, 즉 역사주의와 사회학주의 등을 비롯해 그보다 많은 관점, 가능하고도 합법적인 관점들이 존재할 수 있으나, 기존의 언어학 이론에서는 일관적인 기술 속에서 그 같은 다양한 관점들이 공존하게 만드는 것이 어렵다고 보았습니다.

당시의 언어학에서는 ―19세기 다윈의 진화론으로부터 영향을 받은― 언어를 하나의 생명체로 간주하는 유기체주의와 혼합된 사회학적 관점을 아무런 비판 없이 그저 자명한 사실로서 채택하는 데 안주했습니다. 그런데, 소쉬르는 다양한 관점들의 적당한 절충에 만족하지 않고 서로 양립될 수 없는 관점들을 어떻게 화해시킬 수 있을 것인가라는 난점을 정면에서 마주할 것을 주창합니다. 여기서 바로 그의 관점 이론이 탄생합니다. 『일반 언어학 강의』에 나오는 아래의 인용문은 가장 유명한 구절이기도 합니다.

"대상이 관점에 선행하기는커녕, 관점이 대상을 만들어 내는 것 같은 인상이 든다. 더구나 문제의 현상을 고찰하는 이 같은 여러

가지 방식 중, 어느 것이 나머지 다른 것들에 견주어 선행하거나 우월하다고 예견할 수 있는 근거는 전혀 없다."[5]

이 같은 제안을 통해, 소쉬르는 그의 동시대 언어학자들이 정확히 그들이 에둘러 피하려고 했던 물음을 스스로에게 던지기를 원했습니다. 그는 제자 메이에 교수에게 보낸 서간문에서 다음과 같이 말합니다.

"특히 오래전부터 이 같은 사실들의 논리적 분류에 대해, 사실들을 다루게 만들어 준 관점들의 분류에 관심을 둬 왔으며, 나는 갈수록 언어학자에게 그가 모든 작동을 그것의 예측된 범주로 환원시키면서, 무엇을 하고 있는가를 보여 주는 작업의 방대함을 갈수록 보게 됩니다. 동시에, 언어학에서 궁극적으로 할 수 있는 모든 것의 엄청난 공허함vanité을 보게 됩니다."[6]

언어 현상의 기술과 설명에서 관점은 상이합니다. 언어학자는

---

5    CLG/D, 23쪽; 『일강』, 13쪽.
6    SM, 31쪽.

이 같은 관점에 달려 있는 대상을 고립화시키고, 하나의 방법을 선택합니다. "언어학의 대상을 언급한다는 것", 그것을 명료하게 규정해야 한다고 단언하는 것, 이것은 곧 정의에 입각한 이론적 명제들을 선택함과 동시에, 그 같은 명제들로부터 결과되는 방법을 선택해야 한다는 것을 말합니다.

예컨대, 라틴어 단어 nūdum이 nu로 변형되는 것, 프랑스어에서의 형용사의 일치, 그것이 문장에서 차지하는 자리 등을 동일한 방식으로 다룰 수도 없고, 동시에 다룰 수도 없다는 사실을 깨달았던 것입니다. 그 밖에 nu가 사용되는 다양한 프랑스어 관용표현들을 동시에 다룰 수도 없습니다.

특히, 소쉬르는 기존에 학습했던 방법이 언어학자가 되기 위해 반드시 습득해야 할 유일한 것이라고 믿는 것을 멈춰야 한다는 점을 강조합니다. 따라서 핵심은 언어학자들에게 그들이 무엇을 하는가를 보여 주는 일이며, 그들로 하여금 자신들이 다루는 대상들에 대해 성찰하도록 초대하는 것입니다. 쉬운 비유를 들자면, 언어학자에게 자신의 모습을 볼 수 있는 거울을 제시하는 것입니다.

엄밀하게 말해, 소쉬르가 근대 언어학에서 대상의 문제를 발명한 것은 아닙니다. 그 물음은 19세기 당시 과학의 본질에 대한 실증주의적 성찰과 결부되었습니다. 주지하다시피, 그 물음은 근대 과학철학의 실증주의의 태두인 콩트Auguste Comte에 있어, 모든 과학적 성찰에 선결되는 조건을 성립합니다. 예컨대, 그는 사회학에 대해 "사회적 현상들의 연구를 고유한 대상으로 삼는 과학이다"라고 정의했으며 생물학에 대해서도 다음과 같이 설명한 바 있습니다.

> "생물과학에 대해 내가 제안했던 정의는 그 자체로서 정밀하게, 과학의 대상 또는 그것의 연구의 고유한 본질을 특징짓는 데 이를 뿐만 아니라, 그것의 주제, 즉 그 과학이 포용해야 할 장을 특징짓는 데 이른다."[7]

사회학과 생물학의 연구 대상의 차이와 관련하여 뒤르켐에게서 이 점은 명시적으로 언급되었습니다.

> "따라서 이 같은 사실들이 사회적이라면, 생물학은 그것에 고유한 대상을 갖지 못할 것이다."[8]

---

[7] Comte, Auguste, *Cours de Philosophie positive*, Paris: Bachelier, 1830, chap 40.

소쉬르는 이 같은 물음을 언어학에 대해 정식화하는 데 국한하고, 그 파급 결과들을 도출하는 데 자신의 성찰을 한정합니다. 그가 취하는 인식론적 입장은 그가 언어학자로서 요청하는 언어학이라는 학문의 연구 대상에 관한 성찰에 의해 부과된 것입니다. 거의 같은 시기에 프랑스 언어학자 앙리Victor Henry에게서도 동일한 차원의 이론적 성찰을 발견할 수 있으나, 앙리는 소쉬르와 달리 방법론적 파급 결과들을 다루지 않았으며, 언어학자의 실천에 대해서는 아무런 효과도 미칠 수 없었습니다.

소쉬르의 『일반언어학 강의』에서 제일 앞부분에 제시되는 하나의 관점을 채택하는 것은 언어학 이론의 선결 조건이라고 말할 수 있을 것입니다.

따라서, 일체의 언어 기술은 하나의 관점에 따라 이루어진다는 것을 의식해야 합니다. 비록 그 관점이 다른 관점들에 견주어 우월하지 않다고 해도, 하나의 관점을 선택해야 하며, 특히, 그 같은 관점들을 혼합시켜서는 안 된다는 점을 누차 강조하고 있습니다. 소쉬르는 『일반언어학 강의』의 제1장에서 서양에서 축

---

8 Durkheim, Émile, *Les Règles de la méthode sociologique*, Paris: Les Presses universitaires de France, 1895, 3쪽.

적된 언어 연구의 전통이 언어학자에게 제공하는 성과를 언급하고 있으며, 언어학자는 그 본질에 있어, 세 개의 수순, 전제 조건들 속에서, 선택할 수밖에 없었다는 한계를 언급하고 있습니다. 그 세 개의 주요 전통은 문법적 전통, 비교문법, 역사언어학 등입니다.

**문**　　　그렇다면 기존의 언어학 전통에 견주었을 때, 소쉬르가 추구하고자 한 새로운 언어 개념은 무엇인가요?

**답**　　　19세기 역사비교언어학에서 취한 언어 대상에 대한 관점은, 하나의 개별 언어 또는 어족 속에서 발생한 변화의 법칙들의 규칙성을 발견하는 역사주의적 관점이었습니다. 그렇다면, 언어의 역사가 아닌, 바로 언어의 현 상태에서 이루어지는 기능작동의 기저에 존재하는 것은 역사적 대상과는 다르다는 점을 알 수 있습니다. 소쉬르에 의하면 이처럼 관련된 연구 대상이 차이가 나기 때문에 그것을 다루는 방법 역시 상이해야 한다는 것입니다. 왜냐하면 비록 동일한 언어 자료를 사용한다 해도, 그것의 연구를 통해 발견하려고 추구하는 목적이 다르기 때문입니다.

또 다른 층위에서 소쉬르가 제기한 물음은 역사비교언어학자들이 강조한 언어의 역사적 변화에 앞서, 도대체 언어가 무엇인가라는 개념화의 문제였습니다. 무려 100년 넘게 19세기 초부터 20세기 초반기까지 언어학자들은 인도유럽어족의 상이한 어족들과 상이한 시대들 속에서 관찰되는 언어 형태들과 그 변화에 대해 형태 분석, 언어들 사이의 차이의 기술, 계통 분류 등에 몰입한 나머지, 정작 그 같은 언어 형태의 기능작동에 대해서는 백안시했습니다, 특히, 그 같은 언어의 역사적 생성이라는 블랙홀이 언어학자의 공력을 모두 흡수한 결과, 언어학적 사실을 성립하는 너무나 중요한 사실, 즉 언어의 본령이 의미를 생산하고 그것을 소통하는 데 있다는 사실을 망각하게 만들었습니다.

언어에 대한 새로운 관념을 유도한 것은 언어의 본질에 대한 이론적 관점 이외에도 언어를 어떻게 기술할 것인가라는 실천과 직결되어 있습니다.

실증적으로 관찰 가능한 언어적 형태들에 대한 배타적 관심을 기울인 역사비교언어학의 연구 목적과 대상은, 17세기 탄생한 일반문법의 관심 영역과도 동떨어져 있습니다.

여기서 말하는 일반문법은 그리스어와 라틴어 등의 고전어들에 국한된 문법 연구 전통으로서, 일체의 시간적 고려를 벗어나, 보편적인 것으로 전제된 인간의 사고와, 실현된 구체적·언어적 형태들의 논리적 대응 관계를 발견하는 작업을 말합니다. 반면, 19세기 비교언어학자의 활동은 이 같은 관계들의 보편성과 일반성보다는 다양성을 부각시켜 주었으며, 아울러 언어의 역사적 연구는 사고와 언어 형태 사이에 존재하는 관계들의 불안정성을 계시합니다.

역사비교언어학의 주도권 아래서 언어의 본질, 언어학의 대상과 방법 등에 대한 이론적 성찰은 19세기 중반기부터 나타납니다. 물론 19세기 생산된 언어학 연구의 총량 가운데, 언어에 대한 일반론의 분량은 소수입니다. 비교문법의 설립자로 알려진 독일 언어학자 보프Franz Bopp는 심지어 언어에 대한 일반적 견해 개진을 금지시켜 놓기도 했습니다. 그런데, 독일의 슐라이허August Schleicher, 영국의 뮐러Max Müller, 미국의 휘트니William Dwight Whitney 등 소쉬르의 동시대 언어학자들과, 비교문법과 역사언어학의 실천가들은 역사비교연구의 결과들을 언어에 대한 한정된 수의 일반적 원칙들에 결속시키려는 추구를 계속해서 실천했습니다.

더 정확히 말해, 그렇게 정식화된 것은 일반언어학의 관심사이며, 비록 언어학이 무엇이어야 하는지에 대해서는 일치가 되지 않았으나, 그 필요성이 선포되었다는 점에서 의의를 찾을 수 있습니다. 그 같은 일반언어학의 잉태는 비교언어학자들의 작업을 통해 획득된 결과들의 종합을 이루어야 한다는 일반적 원칙을 넘어서는 것이었습니다. 소쉬르에 앞서 활동한 이들 선구적 언어학자들은 일반언어학이 일반문법의 전통에 견주어 완전히 새로운 관점이었다는 점을 인식했습니다.

공간과 시간 속에서 어느 정도 분산된 파편들을 비교하면서, 언어들의 집합 속에서, 친족성을 자명하게 만들거나 확인시켜주는 시도를 하는 것, 어떤 단계를 통해 주어진 한 언어의 형태들이 이동되었는가를 수립하는 것 모두 비교를 통해 진행됩니다. 추구하는 요소들을 비교 관찰 가능한 다양성 아래서, 상실되었으나 가설을 통해 상정된 통일성을 재수립하려고 애쓰는 요소들을 비교에 갖다 놓는 것입니다.

한편, 소쉬르 당대의 역사비교언어학에서 역사주의와 더불어 주도권을 행사한 방법은 비교주의였습니다. 19세기 비교언어학에서는 공간과 시간 속에서 분산된 언어의 파편들을 비교하면서 상이한 언어들 사이의 친족 관계를 증명하거나 확인하는 시도를 했으며, 특정 언어의 형태들이 어떤 단계를 통해 상이한 형태로 변형되고 이동되었는가를 모두 비교 작업을 통해 설명하였습니다. 이는 비교 관찰 가능한 다양성을 통해 역사 속에서 상실된 것으로 가정된 요소들을 비교 대상으로 삼아, 역사적으로 또는 유형론적으로 연관된 언어 형태 요소들의 통일성을 재설정하려는 작업을 말합니다.

**문**　　소쉬르는 언어학의 궁극적 목표를 언어학자의 관점이 아닌 화자의 관점에 두었습니다. 그것이 의미하는 바는 무엇인가요?

**답**　　연구의 장들을 정의하기 위해 다양한 관심사들을 선명하게 구별하는 것이 관건이라면, 동시에 중구난방식으로 대략적으로 언어에 대한 모든 것을 다루는 것을 멈춰야 한다는 것을 의미합니다.

소쉬르가 작동시킨 전복은, 언어학의 장을 단숨에 화자의 언어실천 속에 위치시킴으로써 그 중핵을 정의하는 데 있습니다. 풀어 말해 화자가 언어 사용 속에서 가장 일상적으로 체험하는 것을 말합니다. 화자의 의식과 체험 속에 들어가기 위해서는, 먼저 다분히 인공적인 문법 지식의 덩어리에 의해 성립되는 영사막을 제거하는 것이 필요합니다. 즉, 이때의 문법 지식은 언어에 대한 비교적·역사적 지식을 말합니다.

다시 말해, 기존의 언어 연구 전통에 의해 축적된 주석들의 지식을 제거하는 일을 말합니다. 언어 기술의 자명한 틀로, 언어에 대한 수세기의 성찰 결과를 무비판적으로 답습하는 것을 멈추어야 합니다. 즉, 학자의 관점, 더 정확히 말해 언어학자의 관점을 문제시해야 한다는 것입니다. 평범한 화자는 학자도 언어학자도 아니나, 그는 모국어 화자로서 유창하게 자신의 언어를 구사할 수 있습니다. 소쉬르가 보기에 문제의 핵심은 자신이 사용하는 언어에 대해 언주(언어주체sujet parlant)가 내면화시킨 언어 지식의 특수성을 발견하는 일이며, 언어에 대한 학자들의 지식을 부차적인 것으로 간주하는 역발상이며, 인식의 전환을 함의하는 새로운 패러다임이라고 할 수 있습니다.

이 같은 소쉬르의 혁신적 입장은, 언어에 대한 기존의 모든 지식을 백지상태table rasa로 만들자는 것도 아니며, 무지를 위한 옹호는 더더욱 아닙니다. 보다 더 정확히 말한다면, 소쉬르는 언어학자가 언어들의 규칙성에 대해서 또는 다양성에 대해서 알고 있는 것을, 다른 방법과 수순의 시험대 위에 갖다 놓을 것을 제안하는 것입니다.

즉, 모든 언어주체가 순간 발생적으로 행하는 것, 즉 언어 발화 행위의 원리가 무엇인가를 발견하고 설명할 것을 제안하는 것입니다. 그렇게 하여, 수십 년 동안의 역사적 연구들 이후에,

문법적 전통의 기초에 속하는 것, 철학적 또는 논리적 전통의 기초에 대한 일체의 관심을 제거하는 것입니다. 화자들의 언어 사용과 관례들, 이 같은 사용과 관례들을 지배하는 규칙들에 대한 이 같은 기술은 역사적 연구를 무효화시키지 않습니다. 그것은 단지 철저하게 역사적 연구와 구별되어야 할 뿐이며, 우선순위에 있어 1차적 고려 사항이 되어야 한다는 것을 말합니다.

평범한 화자는 실제로 자신이 사용하는 언어의 과거를 모르며, 다른 언어들과 맺는 친족 관계나 유형론적 관계에 대해서도 아는 바가 없습니다. 화자는 심지어 그가 자신의 모국어에 적용하는 규칙들도 정확히 설명할 줄 모릅니다. 하지만 그는 그 같은 규칙들을 완벽하게 적용하는 능력을 완벽하게 발휘합니다. 소쉬르는 『일반언어학 강의』에서 다음과 같은 사례를 제시합니다.

화자는 "ces gans sont bon marché이 장갑은 값쌉니다"라는 표현에서 bon marché값싼라는 프랑스어 관용표현이 형용사로서 분석되어야 하는가의 여부를 설명할 줄 모릅니다. 하지만 언어주체는 전문가가 제기하는 문법 분석의 난점에 아랑곳하지 않고 언어 구사에 어떤 어려움도 겪지 않습니다. 언어학자는 형용사의 통사적 기능작동(일치 표시가 없는 주어의 속사)과 명사구의 형태론(관사가 없음) 사이의 간극을 관찰하면서 그 같은 난점을 연구하나, 평범한 프랑스어 화자는 이 같은 문법적 분석을 할 수 없습니다.

소쉬르는 품사라는 분류체계의 언어학적 근거에 대해 다음과 같은 회의적 태도로 결론을 맺습니다.

"가령 품사의 구분을 보자. 실사, 형용사 등의 낱말 분류는 어디에 근거하는 것인가? 이 분류의 근거는 순전히 논리적이고 언어 외적인 원칙으로서 외부로부터 문법에 적용되어, 지구에 적용되는 경도, 위도와 같은 것인가? 아니면 이 분류가, 언어체계 내에 존재하고 이에 해당되는 것인가? 한마디로 그것은 하나의 공시적 실재인가? 이 두 번째의 가정은 옳은 듯하다. 그러나 첫 번째의 가정을 밀고 나갈 수도 있을 것이다. … 따라서 이 분류는 결함이 있거나 불완전하다. 실사, 동사, 형용사 등의 낱말 구분은 부인할 수 없는 언어 상태가 아니다."[9]

화자는 형태론적·통사적·어휘적 규칙들을 적용하는 것으로 족하며, 그는 그 같은 언어 규칙들을 의식적으로 인식하지 못한 채, 무의식적으로 완벽하게 구비하고 있습니다. 이 같은 형태들

---

9　CLG/D, 152-153쪽; 『일강』, 152-153쪽.

의 집합은 잠재적으로 실현될 수 있으며, 소쉬르는 이것을 랑그라고 부릅니다. 랑그는 화자의 두뇌 속에 잠재적으로 존재하는 시스템을 말합니다. 언어학자에게 주어진 숙제는 언어 속에 위치하는 것이며, 언어 화자들이 자유자재로 구사하면서도 정작 그것에 대한 명시적 지식을 결여하고 있는 언어의 메커니즘을 발견하는 것입니다.

소쉬르는 언어라는 시스템은 복잡하며, 일상적으로 그것을 사용하는 사람들은 그 메커니즘에 대해 무지하다고 말하고 있습니다.[10]

그럼에도 불구하고 이 같은 무지는 하나의 지식, 더 정확히 말하면 암묵적 지식이라고 말할 수 있습니다. 소쉬르는 언어에 대한 지식에 더 이상 관심을 갖지 않고, 공통 지식, 사람들이 의사소통이라고 부르는 것 속에서 공유되는 지식에 관심을 가진 최초의 언어학자입니다. 화자는 그의 언어가 가진 과거에 무지하며, 그가 그의 공동체의 구성원들과 공유하는 정신에 내장된 스키마에 따라 그 언어의 요소들을 선별하고 조합합니다. 그는 언어학자나 철학자가 설정한 언어에 대한 진리의 명령에 복종하

---

10  CLG/D, 107쪽; 『일강』, 102쪽.

는 것이 아니라, 이 같은 두뇌 속에 저장된 제약을 따르고 있는 것입니다. 화자는 오직 적합한 언어 형태들을 통해서만 그의 사고를 소통시킬 수 있습니다. 언어주체는 이 같은 형태들을 지배하는 규칙들을 설명할 수 없으나, 그의 표현과 그의 사고에 있어 자유롭다고 생각합니다.

**문**　소쉬르의 『일반언어학 강의』에서는 언어학의 방법과 언어의 존재론에 대한 철학적 성찰을 발견할 수 있다는 것인가요? 특히, 촘스키의 입장과 어떻게 다른 것인가요?

**답**　소쉬르의 일반언어학 이론에 대해 완결된 주석을 달 수는 없을 것입니다. 소쉬르의 텍스트를 다시 쓰기 할 수 있을 뿐입니다. 소쉬르의 『일반언어학 강의』를 다시 쓰기 하는 방법은 언어학 방법의 토대 수립 운동을 재구성하는 것일 수도 있으나, 본서에서 강조하고 싶은 것은 소쉬르가 언어학이라는 학문의 실천들 한복판에서 진단한 철학적 문제에 대한 입장의 운동을 재구성하는 일입니다. 소쉬르는 언어가 존재론적 차원의 문제로서 제시된다는 점을 강의가 아닌, 자신의 필사 원고에서 심오하게 성찰하고 있으며, 그 같은 존재론적 성찰의 근거들을 제시하고 있습니다. 예컨대, 기호라는 개념이 언어의 존재론적 문제를 제기하고 동시에 해결하는 근거가 무엇인지를 설명하고 있습니다.

이 문제는 다음과 같습니다. 언어학은 우리에게 다음과 같은 사실을 일러 줍니다. '정신적인', 하지만 실제로 존재하는 실재들이 존재합니다. 비물질적이면서 비신체적인 존재들, 하지만 구체적이면서 감각적인 존재들입니다. 오늘날로 말하면, 멘탈적 실재들이 존재하는 것입니다. 물질적 실재들만큼이나 동일한 방식으로, 감각들에 대해서 영향을 미치는 것으로 간주되는 정신적 실재들을 말합니다.

소쉬르의 수순은 비판적이었습니다. 그는 언어학의 실제적 작동들은, 특히 역사언어학의 작동들은 그의 동시대 학자들이 그들의 연구 대상에 부여한 해석과 양립될 수 없다는 점을 부각시킵니다.

소쉬르는 언어의 비물질성이 제기하는 문제의 모든 척도를 간파한 최초의 언어학자입니다.

19세기의 소장 문법학파는 조음 행위를 구체적 단위들로, 즉 언어학의 관찰 가능한 기초로 삼았습니다. 언어학의 위상을 관찰과학의 전체 속에서 규범화시키기 위해서 말입니다.

그런데, "왜 언어(랑그)는 실제로 존재하는 실재들entités로 성립되어야 하는 것인가?"라고 소쉬르에게 반문할 수 있을 것입니다. 순전히 인식론적 문제만을 보면 안 되는가? 즉 발화체에 대한 반증 가능성의 기준을 제공하는, 촘스키의 문법성 판단과 같은 기준을 말합니다.

소쉬르는 언어를 지식으로 표상하는 촘스키식의 견해에 맞서고 있습니다. 그가 랑그의 가설을 구성하는 과정을 보도록 하겠습니다. 그는 개인들의 특정 언어활동 행위를, 언어주체의 행위로서 분석하는 작업을 일차적 과제로서 수용하지 않습니다. 다시 말해 문법가의 행위와 비교될 만한 언어주체의 행위, 즉 하나의 지식을 말합니다. 소쉬르는 다음과 같은 테제를 옹호합니다. '언어활동은 판단들로 이루어지는 것이 아니라, 감정들로 이루어진다.' 오직 이 같은 테제만이 수많은 언어 현상들을 설명해 줄 수 있습니다. 특히 언어의 내재적 변이성을 말합니다. 랑그의 가설은 이론적 가설입니다. 즉 언어주체의 정신 속에 장치된 정신적 실재들의 가설입니다. 그리고 그에 의해서 분류된 실재들이며, 문법적 기능작동의 정확한 모델에 통합됩니다.

언어의 본질에 대한 이 같은 이론적 구성은 주체가 정신적 실재인 랑그를 구비했을 때 비로소 가능합니다. 언어는 무의식적 사유의 보물입니다. 그때부터, 이 같은 사고들의 발생 문제는 집단적 역사 속에서, 그리고 개인적 학습 속에서, 불가피한 문제가 됩니다. 바로 그 같은 문제에 대해서, 언어의 형식들에 기호들이라는 테제가 대응합니다.

제 언어들이 개인적 의식들의 바탕 속에 장치되기 위해서는 사회적 사실들이어야 합니다. 기호들은 집단성 속에 존재합니다. 촘스키의 주장은 정반대입니다. 그에 따르면 언어 능력은 개인의 두뇌 속에 저장되어 있으며, 언어의 사회성은 과학적 연구 대상이 아닙니다.

반면, 소쉬르는 언어를 뒤르켐의 의미에서 하나의 초정신적 현실로 간주하는 방식을 통하여 뒤르켐의 사회학주의를 채택합니다. 하지만 뒤르켐에게 사회적 사실은 그것이 하나의 공동체를 반영한다는 의미에서 실재적이지만, 소쉬르에게 언어는 본질상 변이하며 하나의 역사를 갖습니다. 언어는 하나의 역사입니다. 언어는 언어주체가 통어할 수 없으며 개인의 범위를 벗어납니다. 여기서 우리는 언어의 문제의 뿌리에 다다릅니다. 소쉬르의 『일반언어학 강의』에서 기호는 정신적이지만 실재적인 것의 개념입니다. 그것이 본질적으로 변이하는 것의 개념이라는 점에서, 역사적으로, 지리적으로 변이합니다.

**문**    소쉬르를 언어학자 이전에 인식론자épistémologue로서 간주할 수 있다고 주장하는 소쉬르 연구자들도 존재합니다. 이에 대해서는 어떻게 생각하나요?

**답**    "소쉬르는 과연 인식론자였는가?"라는 물음에 단번에 답하기는 미묘합니다. 소쉬르는 물론 20세기의 전환기에서, 과학사상의 커다란 운동에 참여했습니다. 그것은 추상abstraction이라는 단어의 재평가를 이끌었고, 관점들, 사실들의 관찰과 차이화의 배열들, 척도 단위들의 구성과 해석적 가설들의 구성 등이 과학적 지식의 구축 속에서 맡는 역할의 재발견을 이끌었습니다. 그렇지만, 소쉬르는 어디까지나 언어학자로서 그 같은 운동에 참여한 것입니다. 그는 언어학의 궁극적 과제로서 세 개의 과제를 설정합니다.

첫째, 언어들의 기술, 그것들의 상태와 그것들의 생성, 둘째, 일반적 법칙들과 보편적 힘들의 개체화,[11] 그리고 세 번째 과제는, 인식론적인 것이라고 간주될 수 있을 것입니다. 즉, "그것의 영역 속에 있는 것을 스스로 정의하고, 인식하는 작업"을 말합니다. 이 모든 것의 목적은 언어학의 영토를 폐쇄시키는 것이 아니

---

11  CLG/E, 107-108쪽 a-e.

라, 다른 과학들과 더불어 통합하는 것입니다. 언어 현상들을 다루는 인류학·철학·심리학·역사학 등을 모두 아우르는 것입니다. 그렇지만 언어의 문제를 나름대로 취급하는 이들 언어학의 인접 학문 분야들은 언어라는 대상의 나침판을 사용하지 않은 채 언어를 다룹니다.

한편으로, 언어활동의 분석에 대한 이론적·인식적 정초들에 대한 그의 고려들이, 역사 속에서 제 언어들의 역할에 대한 고려들이 첨예하다면, 자극적이고, 훤히 밝혀 주는 것이라면, 다른 한편, 언어학의 상이한 과학들에 대한 그의 성찰에 대해서는 똑같은 이야기를 할 수 없습니다. 다른 과학들의 문턱에 대해 인식론적 위상을 관통하는 데는 거의 발전되지 못한 관심과 더불어 머물러 있습니다.

요컨대 소쉬르는 언어학과 교수였다는 직업상의 이유로 인해 철학의 분과인 인식론학자로 보기는 어렵습니다. 그는 언어학자들에게 비판적 정신을 가질 것을 장려하고, 그들 학술 분야들의 윤곽과 외곽의 한계 설정을 할 것을 주문하였습니다. 왜냐하면, 그는 언어적 사실들의 이질성과 복잡성에 맞서기를 바라는 과학의 필요성을 절감했기 때문입니다. 그렇지만, 그를 한 명의 정통 인식론주의자로 삼는 것은, 이론적으로 정당화하기에는 다소 무리가 있습니다. 소쉬르는 언어학자로 태어났고, 늘 그렇게 남아 있을 것입니다.

**문** 소쉬르의 언어 이론은 대부분의 경우에 있어 언어의 이원성을 강조하고 있습니다. 그의 이분법적 방법론에 대해서 설명해 주세요.

**답** 소쉬르 인식론과 방법론에서 이원성 이론은 소쉬르 사상에서 가장 곡해된 것 가운데 하나입니다. 이 문제에 대한 가장 심오한 해석자는 프랑스의 라스티에 교수라고 말할 수 있습니다. 그분의 견해를 참조하여 말씀드리면 다음과 같습니다.

첫째, 소쉬르의 이원성 원칙은 아리스토텔레스 존재론의 정초를 제공하는 동일성의 원칙과 단절합니다. 아울러 거기서 파생되는 필연적인 판단 논리와도 단절합니다.

둘째, 그것은 물질과 정신, 감각적인 것과 지성적인 것, 언어와 사고, 소리와 의미 사이의 전통적 이원주의를 거부합니다.

셋째, 그것은 지식 이론의 한복판에서 관점 개념을 도입합니다. 왜냐하면 이원성의 용어들 각각은 하나의 관점에 상응하기 때문이며, 어떤 대상(오브제)도 최소한 이원성으로 자리매김한 두 개의 상보적 파악을 적용하지 않고서는 파악될 수 없기 때문입니다.

『언어의 이중적 본질』이라는 제목을 달고 있는 소쉬르의 필사본은 이원성들의 집합을 다루고 있습니다. 제2차 〈일반언어학 강의〉를 위해 소쉬르가 준비한 자필 노트는 다음과 같은 사실을 지시하고 있습니다. "언어활동은 다섯 개 또는 여섯 개의 이원성으로 환원된다."[12] 소쉬르는 다음과 같은 이원성들을 열거하고 있습니다.

1. 기표와 기의, 기호의 심리적인 양
2. 개별적인 것과 집단적인 것(개인과 대중)
3. 랑그와 파롤(사물의 세 번째 쌍은 랑그와 파롤에 의해 성립된다[기호는 이중적 취급manutention에 양도된다])
4. 개인적 의지와 사회적 수동성[13]

6개의 이원성에 도달하기 위해서는 공시태와 통시태의 이원

---

[12] ELG, 298쪽; 『노트』, 396쪽.
[13] ELG, 299쪽; 『노트』, 397쪽 참조.

성, 계열체와 통합체의 이원성을 첨가해야 할 것입니다.[14] 이 같은 이원성들은 공리적인 것도 연역적인 것도 갖지 않는 하나의 인식론적 정초를 위한 탁월한 기능을 띠고 있습니다. "원리라는 말도, 공리라는 말도, 테제라는 말도 하지 말자. 이것들은 단지 아포리즘의 어원적 의미에서 한계 설정들이다."[15]

그런데, 서양 전통에서, 두 개의 문제 설정들이 언어사상사를 공유합니다. 그것들은 화해가 될 수 없는 듯해 보입니다. 첫 번째 것은 지배적인 것으로, 논리적·문법적 전통에 속하며, 존재론에 기초하고, 기호에 보증을 의탁합니다. 두 번째 전통은 덜 통일된 전통으로서, 수사학적 또는 해석학의 전통에 속하며, 하나의 실천학praxélogique에 기초하며, 텍스트에 근거합니다. 이 두 개의 문제 설정은 사실상 소쉬르의 이원성들을 공유하고 있습니

---

14 『언어의 이중적 본질』에 대한 보다 상세한 분석은 다음 문헌 참조.

  1. Rastier, François, "De l'essence double du langage, un projet révélateur", *Texto! Textes & Cultures*, Vol.XVIII, N.3, 2013, 1-21쪽.

  2. Rastier, François (sous la direction), "De l'essence double du langage et le nouveau du saussurisme", *Arena Romanistica*, Numéro spécial, N.12, 2013. 앞의 특집호에 실린 라스티에 교수의 서론 논문 참조. Rastier, François, "De l'essence double du langage, un projet révélateur"[introduction à Arena Romanistica], *Arena Romanistica*, Numéro spécial, N.12, 2013, 6-29쪽.

15 ELG, 123쪽; 『노트』, 175쪽.

다. 짧게 말해, 논리적·문법적 전통이 특권시하는 축들은 랑그, 기표, 공시태, 대중, 필연성이며, 그와 달리 수사학과 해석학의 전통은 파롤, 기의, 통시태, 개인, 의지를 특권시합니다.

이원성들의 이론을 통해, 소쉬르는 일차적으로 야콥슨의 이원주의와는 근본적 차이가 있습니다. 이것은 1960년대 구조주의의 원죄들 가운데 하나였습니다. 실제로, 제 이원성은 하나의 구성 항을 다른 하나에 대립시키지 않습니다. 하나의 구성 항을 다른 구성 항과 더불어 형성하는 쌍과 대립시킵니다. 각각의 구성 항은 그것을 포함하는 전체와 더불어 이원성을 형성합니다. 이원성들은 부분과 전체 사이의 참여적participatives 대립들을 규정합니다. 예컨대, 옐름슬레우의 『격 이론』의 집중적 지대와 확산적 지대 사이에서 그것을 볼 수 있습니다.

그 같은 이원성들은 하나의 관점의 다른 관점에 대한 방법론적 지배를 반영합니다. 그것은 세미오시스 안에서, 글로벌한 것 (전체적인 것)이 국부적인 것을 규정한다는 해석학적 원칙의 구체화입니다. 달리 말해, 기호는 그것의 양면들의 각각을 규정한다는 것입니다. 그 결과 구성 항 A는 A/B에 대립하며, 구성 항 B는 A/B에 대립합니다. 이 같은 표기법에서 사선은 하나의 이원성을 지시합니다. 더구나, 이원성 A/B는 오직 인접한 이원성들에 견주어서 시차적으로만 존재합니다. 그 같은 인접한 이원성들은 계열체 또는 통합체로 이루어집니다.

예컨대, [A vs A/B], [C/D], [X/Y] 같은 표기법에서, vs는 참여적 대립을 표시하고, [ ] 부호는 포괄성(전체성globalité)을 한계 설정합니다. 구성 항들은 그것들을 한계 설정하는 차이들과 독립된 고유한 존재를 갖지 못하므로, 그것들은 독자적 요소들이 아니며 분해 가능성의 원칙에도 적용될 수 없습니다. 분해 가능성의 원칙은, 하나의 표현의 의미를, 그것의 하위 표현들의 의미로부터 도출시키는 것을 가능케 합니다. 이것은 문장들이 단어들의 조립과 조합assemblages, 텍스트들이 문장들의 조립과 조합이 되는 것을 배제합니다. 아울러, 랑그와 파롤의 이원성을 다시 검토하도록 만듭니다.

랑그/파롤 이원성에 대해 언급해 보겠습니다. 비록 『일반언어학 강의』가 소쉬르를 랑그의 언어학자로 만들었으나, 소쉬르는 랑그만큼, 아니 그 이상으로 파롤의 이론가라고 말할 수 있습니다. '담화에 대한 노트'가 그것의 명백한 증거입니다.[16] 그렇지만, 사람들은 계속해서 소쉬르를 랑그의 언어학자로 삼았습니

---

**16** ELG, 277쪽; 『노트』, 371쪽 참조.

다. 예컨대, 그레마스는 그에게 파롤이 랑그를 전제로 한다는 테제를 할당시켰습니다. 이것은 옐름슬레우가, 과정(사행, procès)은 체계를 전제로 한다는 단언을 한 것과 같은 맥락에 속합니다. 이 같은 종류의 무시는, 발화 작용의 언어학과 담화 분석 언어학에서 소쉬르를 망각하게 만든 구실을 제공했습니다.

그런데 소쉬르에게 있어, 파롤은 랑그/파롤 이원성에서 결정적인 요소입니다. 이 점을 긍정하면서, 소쉬르는 논리적·문법적 문제 설정에 대해 수사학·해석학적 문제 설정의 규정을 시사했습니다. 소쉬르가 이 같은 상대적 지배가 문제 설정들 사이에서 이율배반성에서 피할 수 있도록 했다는 점을 수립하지 않았다면, 그는 그럼에도 불구하고 기호학의 한복판에서, 언어의 다양한 학술 분야들과 언어학의 부분들의 새로운 구성원 포함을 투사시켰습니다.

"기호학=형태론, 문법, 통사, 동의어 연구, 수사학, 문체론, 어휘론 등등. 이 모든 전체는 분리될 수 없다."[17]

---

17 ELG, 45쪽; 『노트』, 75쪽.

수사학/해석학의 문제 설정은 근간적이라는 점에서, 이 같은 구성원 통합은 언어학을 텍스트 연구들로부터 재개념화한 것을 시사합니다. 라틴어 시조와 게르만 전설에 관한 소쉬르의 연구들은 그의 일반언어학의 구축에 동반되었습니다.

전통적으로, 문법과 그것이 해결하는 문법적 생산들 사이의 관계는 아리스토텔레스 전통에서는 잠재력과 행위 사이의 관계로서 구상되었습니다. 이것은 훔볼트의 언어 이론에서 제시된 에르곤ergon과 에네르게이아energeia라는 이분법과도 일맥상통합니다. 훔볼트에 의하면, 언어는 이미 만들어진 작품ergon이 아니라, 창조, 힘을 함축하는 현재의 역동적 활동energeia로서 파악되어야 합니다.[18]

잠재력이 행위에 선행하여 존재하지 않는다면, 랑그는 파롤에 선행하여 존재하지 않습니다. 그것은 파롤 한복판 안에서 학습됩니다. 그리고 주체들의 능력은 그것들의 실행적 실천 과정에

---

[18] 아리스토텔레스의 사상과 훔볼트가 제시한 언어의 역동적 힘의 이론 사이에 존재하는 인식론적 계보를 치밀하게 다룬 다음 연구 문헌을 참조할 것.

1. Voss, Josef, "Aristote et la théorie énérgétique du langage de Wilhelm von Humboldt", *Revue Philosophique de Louvain*, N.15, 1974, 482-508쪽.

2. Voss, Josef, *Le langage comme force selon Wilhelm von Humboldlt*, Saint-Denis: Connaissances et Savoirs, 2017.

서 진화합니다. 랑그와 파롤 사이의 누락된 고리는 코세리우가 보여 준 것처럼, 규범들의 공간에 의해 구성됩니다. 그렇지만, 소쉬르 전통에서, 두 개의 언어학, 랑그의 언어학과 파롤의 언어학은 분리된 채 남았는데, 그 이유는 규범들의 언어학은 아직 건축되지 않았기 때문입니다.

현재로선, 코퍼스의 언어학은 규범들의 공간을 연구할 이론적·테크닉적 수단들을 제공할 수 있으며, 랑그와 파롤의 잘못된 이율배반을 이원성으로 변형시킬 수 있는 이론적·테크닉적 수단들을 제공할 수 있습니다. 이것을 위해, 비교연구를 수행해야 하는데, 담화 연구, 총칭적인 장들과 장르들, 게다가 문체 연구 등, 비교언어학 문제 설정의 귀결이 바로 그것입니다.

어떤 텍스트도 단지 하나의 랑그 속에 쓰이지 않습니다. 특정 언어의 제약을 참작하면서 특정 장르 속에서 하나의 담화 한복판 안에서 쓰입니다. 규칙들의 규범적 공간과 사용 관례들의 외관적 무질서 사이에서, 랑그의 보편적인 것과, 사용법들의 특이성 사이에서, 규범들의 공간은 독사의 일반성으로부터, 패러독스의 특이성으로 확장됩니다. 랑그/파롤의 이원성은 물론 하나의 모순이 아닙니다. 랑그의 규칙들은 아마도 상습화되고 만성화된 규범들이며, 파롤의 수행성들은 물론 규범성에서 면제되지 않습니다. 왜냐하면, 그것들은 랑그의 규칙들과 다양한 사회 방언적 규범들을 수립하고 발현하기 때문입니다.

요컨대, 언어학은 권리상 기술의 대상으로서, 규범들의 공간을 취합니다. 그 같은 규범들을 제정하는 대신, 과거에 발화체들의 수용 불가능성에 기초하여 그렇게 한 것처럼, 심지어 그 같은 발화체들이 목격되었는데도, 언어학은 그 같은 발화체를 기술해야 하며, 코퍼스를 발굴해야 합니다. 코퍼스 언어학의 방법들과 함께, 규범들과 규칙들 사이의 관계에 대한 가설들을 테스트할 수 있는 새로운 수단들을 구비하고 있습니다.


## 2. 랑그의 성립

**문**　　　소쉬르는 『일반언어학 강의』에서 언어학의 대상을 랑그(언어체계)라고 설정했습니다. 특히 소쉬르는 랑그를 하나의 시스템이라고 반복해서 강조했습니다. 소쉬르가 『일반언어학 강의』에서 무려 수백 번에 걸쳐 시스템이란 용어를 사용한 이유는 무엇인가요?

**답**　　　앞서 언급한 것처럼 소쉬르는 랑그가 시스템이라는 점을 누차 강조합니다.

『일반언어학 강의』의 초입부에서 소쉬르는 언어학의 대상을 모색하면서 다음과 같이 말하고 있습니다.

"언어학의 통합적이면서 동시에 구체적인 대상은 무엇인가? 그 물음은 특히 어렵다. 그 이유는 후에 알게 될 것이다. 여기서는 이 어려움을 파악하는 것에 그치기로 하자."[19]

실제로 소쉬르가 100년 전에 제네바의 한 대학 강의실에서 던진 이 물음에 대해 답하는 것은 당시뿐만 아니라 현재에도 여전히 어렵습니다. 소쉬르 당대의 누구도 그런 질문을 던지지 않았기 때문입니다. 그 같은 근본적 물음은 당시 언어학의 학술용어 사용체계에 대한 필연적인 수정에 앞서, 또한 소쉬르 자신이 구상했던 일반언어학 이론의 기초로 사용될 개념들을 정의하기에 앞서 선결되어야 할 문제이기도 합니다.

『일반언어학 강의』에서 소쉬르가 새롭게 제시한 핵심 개념들은 언어학을 정초하는 주춧돌이며, 그가 기획하는 언어학의 새로운 공간의 다양한 분할을 작동시키려는 배려 속에서 구축되었

---

19 CLG/D, 23쪽; 『일강』, 13쪽.

습니다. 앞으로 상세히 언급할 그 같은 핵심 개념들은 이를테면 고딕 대성당에 비유하면, 성당 입구의 대형 문, 건물의 파사드, 궁륭, 재단부 등에 비유될 수 있습니다. 그 같은 언어학이라는 공간의 분할선은 언어학자가 채택해야 할 관점을 정의하게 됩니다. 언어학자는 화자의 관점을 시뮬레이션하면서 역사학·사회학·심리학 등의 인접 학문과는 다른 상황을 만들어 냅니다.

소쉬르에 의하면, 언어학이 일반적 성격을 갖기 위해서는, 늘 개념적 이원성을 포괄하고 관점들의 다중성(심리적, 인류학적, 생물학적 등의 다양한 관점들)에 노출되는 언어활동langage이라는 용어를 제거해야 합니다.

소쉬르는 『일반언어학 강의』의 초반부에서 이렇게 다소 과할 정도로 힘주어 말합니다.

"무엇보다 언어학의 영토에 자리를 잡아야 할 필요성을 확인하며, 랑그를 언어활동의 모든 발현들의 규범으로서 삼아야 할 필요성을 확인한다."[20]

---

**20** CLG/D, 25쪽; 『일강』, 15쪽.

그렇다면 『일반언어학 강의』에서 가장 중요한 용어들 가운데 하나인 랑그(언어체계)는 무엇일까요? 그것은 하나의 시스템(체계)입니다. 언어가 하나의 체계라는 정의는 소쉬르 이전과 이후에도 수없이 반복된 정의이며, 일견 보면 그렇게 대단한 참신성을 지니는 것은 아닌 것으로 보입니다. 언어의 모든 요소가 서로 맞물려 있고, 상호 규정된다는 것은, 특정 언어를 특징짓는 관계들을 기술해 온 문법학자들에게서는 이미 오래전에 알려진 사실입니다. 이 같은 공통적 용어는 그렇지만 소쉬르에 의해, 보다 엄밀하게, 즉 보다 전문적인 어의 속에서 새롭게 구축됩니다.

시스템이라는 용어는 기능작동 또는 메커니즘(기제)이라는 용어에 의해 명시화되어, 언어 단위들의 근본적인 특징을 지시합니다. 그 같은 단위들이 취해지는 특수한 시스템을 벗어나 그 단위들을 포착하는 것은 불가능하다는 것입니다. 그 같은 언어 단위들은 오직 그것들이 맺고 있는 상호 관계들, 그 단위들에 의미를 부여하는 상호 관계들 속에서만 화자에게 존재를 갖습니다. 이 같은 관계들을 벗어나서 그 실체를 파악할 경우, 언어 단위들은 의미를 결여한 물질적 요소들에 불과합니다. 달리 말해, 그것들은 더 이상 언어학적인 대상이 아닙니다.

소쉬르가 일반언어학의 이론체계를 수립하는 데 있어 시스템으로부터 시작한다는 것은 이미 다른 수순을 배제함으로써 언어학 방법의 일종의 절대적 필요성을 요청하는 것으로 볼 수 있습니다. 이를테면 소리의 물질성을 연구하는 생리학자의 수순, 언어와 사고의 관계를 탐구하는 심리학자의 수순, 또는 언어와 사회의 관계를 연구하는 사회학자의 수순을 배제시키는 것을 말합니다. 이들은 모두 언어 시스템을 규정하는 데 기여할 수 있는 다양한 현실들과 더불어 언어를 연구하나, 언어의 내부가 아닌 외부로부터 시스템을 규정한다는 공통점을 갖고 있습니다. 반면, 소쉬르가 시스템을 말할 때 그것은 어떤 내부, 즉 언어(랑그)의 고유한 질서를 정의하는 작업입니다.

일반적으로 대부분의 사람들에 의해 지각되지 않는 중요한 파급 결과는 언어학자의 이 같은 방법론적 절차에 대해서 나타납니다. 언어의 시스템에 초점을 맞추는 것은 커뮤니케이션(의사소통) 차원으로부터 출발하는 상식적 관점과 단절하는 것, 어쨌건 그 같은 출발 선택을 회피하는 것을 시사합니다. 시스템은 단지 커뮤니케이션 도식의 요소들 가운데 하나에 불과하기 때문입니다. 커뮤니케이션 도식에는 다른 많은 매개 요인들이 개입합니다. 자신의 의도들과 행위들을 갖는 화자, 화자와 그의 메시지에 반응하는 대화 상대자, 물리적 특성을 지닌 채널(구술, 문자, 직접

소통 또는 도구를 통한 간접 소통) 등, 언어학적 맥락과 언어 외적인 맥락 등이 모두 관련되어 있습니다.

일부 비판가들은 소쉬르의 언어 이론에 기초하여 수립된 형식 언어학이 의사소통이라는 구체적 언어 현실을 경시한 채, 이상적인 또는 관념적이고 추상적인 언어(랑그)라는 대상으로 환원했다고 비난하기도 합니다. 언어(랑그)가 하나의 시스템이라는 것은, 언어가 의사소통의 도구라는 진부한 정의에 비해 매우 참신한 아이디어입니다. 그렇다고 해도 소쉬르가 커뮤니케이션 도식의 간단한 형식에 대해 세 쪽을 할애하고 있다는 사실은 시스템으로서의 언어 개념과 상반되지 않습니다. 소쉬르의 발화 회로 모델은 야콥슨의 커뮤니케이션 모델과 달리 도식성과 공식성을 제시하지는 않았으나, 매우 독창적인 인간 커뮤니케이션의 대화 모델이라고 생각합니다.

**문**　　소쉬르가 "랑그(언어)는 한 공동체의 구성원들이 서명한 일종의 계약에 힘입어서만 비로소 존재한다"라고 말할 때, 그 의미는 무엇인가요?

**답**　　랑그의 사회성, 즉 사회적 제도로서의 성격을 설명하기 위해 소쉬르가 사용한 유명한 은유 가운데 하나입니다. 소쉬르는 이 같은 명제를 통해, 랑그는 오직 사회적 공간, 즉 동일한 언어적 규범을 공유하는 공동체들이 서로 동의한 규약에 기초해 존재한다는 것을 말하려고 합니다. 이 같은 언어계약설은 루소의 사회계약설 이론과 비교해 보면 흥미로울 것 같습니다.[21]

**문**    그런데 소쉬르는 랑그는 사회적 사실 또는 독특한 사회적 제도라고 말한 바 있습니다. 랑그의 사회성에 대해 풀어 설명해 주십시오.

**답**    그렇습니다. 소쉬르는 언어(랑그)는 사회적 산물임을 천명합니다. 그런데 언어의 사회성과 역사성의 관계는 보다 세심한 논의가 필요합니다.

소쉬르가 언어의 본질적 속성에 접근하는 시각은 의사소통에 기초하지 않을 뿐만 아니라, 지나치게 다양한 관점들을 개입시키게 만드는 일체의 주변적인 사항들을 부차적인 것으로 간주합니다. 그렇다고 언어의 역사성만을 강조하는 것도 아니며, 보다 포괄적으로는 언어의 사회적 차원에 한정되는 것도 아닙니다.

---

21 Weisser, Marc, "Langage et apprentissages dans l'*Émile* de Jean-Jacques Rousseau", Penser l'éducation, *Laboratoire CIVIIC*, N.15, 2004, 103-121쪽.

이 같은 단언은 『일반언어학 강의』에서 고전적으로 강조된 단언들과 배치되는 것으로 보입니다.

"주어진 언어의 상태는 역사적 요인들의 산물이다."[22]

"한 개인이, 설령 원한다 할지라도, 이미 행해진 선택을 변경할 수는 도저히 없을뿐더러, 심지어는 대중도 한 단어에 대해서조차도 주권(지배력)을 행사할 수 없다. 대중은 있는 그대로의 언어에 매여 있다. 따라서 언어는 단순한 계약과 동일시될 수 없으며, 언어기호를 연구하는 것이 특별히 흥미로운 것은 바로 이 측면에서이다. 그 이유인즉, 한 집단 내에서 인정된 법칙은 자유로이 받아들인 규칙이 아니라 어쩔 수 없이 받아들인 것이라는 점을 입증하고자 할 때, 언어야말로 가장 명백한 증거를 제공해 주기 때문이다."[23]

"어떠한 순간에도, 그리고 보기와는 달리, 언어는 사회 현상의

---

22  CLG/D, 105쪽; 『일강』, 100쪽.
23  CLG/D, 104쪽; 『일강』, 99-100쪽.

밖에 있을 수는 없는바, 이는 언어가 기호학적 현상이기 때문이다. 언어의 사회적 성격은 언어가 지니는 내적 특성 중의 하나이다."[24]

"언어는 사회적 제도이다."[25]

사회적 특질이 실제로 근본적이라는 점은, 그렇지만 시스템의 중요성을 간파했을 때와는 달리, 소쉬르 언어 이론에서 하나의 고유한 관점과 방법을 구축하는 방향으로 나가지는 않았습니다. 그는 동시대 언어학자들과 마찬가지로, 언어는 사회적 사실 fait social이라는 점을 단언합니다.

더 정확히 말해, 언어(랑그)는 언어활동langage의 사회적 산물입니다. 그렇지만 그 같은 성격은 대부분의 언어 연구자들에게 언어의 특수한 본질을 정의하기 위해 가장 명료한 것으로 부각되지는 못했습니다. 왜냐하면 언어(랑그)는 다른 모든 사회적 제도들과 더불어 이 같은 속성을 공유하기 때문입니다. 이런 맥락에

---

24  CLG/D, 112쪽; 『일강』, 108쪽.
25  CLG/D, 33쪽; 『일강』, 23쪽.

서 언어학자의 관심을 끄는 것은 언어(랑그)가 기호들의 시스템이라는 점입니다. 즉, 소쉬르가 기호학적 제도institution sémiologique라고 불렀던 것과 맥을 같이합니다.

오직 이 같은 특질만이 언어학의 고유한 대상을 정의하는 것을 가능케 합니다. 즉, 하나의 내재적 질서를 정의하는 것을 가능케 합니다. 다시 말해, 역사와 사회는 언어의 외부, 즉 외재적인 것으로 귀결됩니다. 언어의 외재적 차원이 언어에 효과를 미친다는 것은 부정할 수 없는 사실이나, 그 같은 언어의 외재적 연구는 다른 학술 분야와, 언어학의 또 다른 부문, 즉 외재 언어학에 맡겨 두어야 한다는 것이 소쉬르의 의도입니다. 이 점에 대해, 소쉬르는 구체적 사례를 들어 다음과 같이 설명하고 있습니다.

"일반적으로 말해서 언어가 발전하게 된 환경을 안다는 것이 절대적으로 필요 불가결한 것은 아니다. 젠드어와 고대 슬라브어 같은 몇몇 고유 언어에서는 어느 민족이 그러한 언어를 사용했는지조차도 정확히 알지 못하고 있다. 그러나 그것을 모른다는 것이, 그 언어를 내적으로 연구하고 그 언어가 겪어 온 변형을 아는 데 장애가 되지는 않는다. 여하간 두 관점의 분리는 필수적이어서, 이 분리를 엄격히 지키면 지킬수록 더욱더 좋을 것이다."[26]

**문**　　　소쉬르가, "랑그는 파롤과 달리 우리가 분리하여 연구할 수 있는 그 무엇이다"라고 말했을 때, 그렇다면 왜 소쉬르의 견해로는 파롤을 분리하여 연구할 수밖에 없다는 것인가요?

**답**　　　소쉬르가 보기에, 파롤parole(개인 발화)은 무엇보다 이질적인 성격을 갖고 있고, 또한 개인들의 행위이기 때문에, 개별적 차이를 비롯해, 변화무쌍하여 개인적 차원에 머무르기 때문입니다. 소쉬르의 생각으로는 모든 언어 공동체 구성원들이 공유하는 공통분모, 하나의 수정체와 같은 정수essence를 연구하는 것이 언어학의 본령이라고 생각했습니다.


**문**　　　랑그와 파롤의 구별은 흔히 언어의 사회적 차원과 개인적 차원, 언어의 잠재성과 발현성, 수동성과 능동성 등, 소쉬르 언어 이론의 핵심 가운데 하나입니다. 그런데 그 같은 이분법에 대해서는 비판적 견해가 늘 있어 왔지 않나요?

**답**　　　랑그와 파롤의 구별은 소쉬르 언어 이론에서 가장 많은 논쟁과 비판을 불러왔던 구별 가운데 하나입니다. 한마디로 문제적 구별이라 할 수 있습니다.

---

**26**　CLG/D, 42쪽; 『일강』, 31쪽.

소쉬르 문헌학 분야에서 일가를 이룬 고델은 그의 소쉬르 문헌학의 기념비적 연구 성과인 『일반언어학 강의 원자료』에서 일찌감치 랑그와 파롤은 문제가 될 수 있는 구별이라는 결론을 내린 바 있습니다. 그의 결론은 『일반언어학 강의』에서 개진된 이 랑그와 파롤의 이분법이라는 '분할'이 언어학자들 사이에서 끊임없이 촉발시킨 당혹들을 잘 요약해 주고 있습니다. 어쨌거나 소쉬르는 다시 한번 그 철저한 구별의 필요성을 강조합니다.

"이 모든 이유로 해서, 랑그와 파롤을 동일한 관점 아래 갖다 놓는다는 것은 망상에 불과하다. 언어활동 전체란 균일한 것이 아니기 때문에 우리가 알 수 없는 것인 반면, 이미 제안한 바 있는 구별과 종속은 모든 것을 밝혀 준다. 이것이 언어활동 이론을 만들고자 하는 사람들이 만나게 되는 첫 분기점이다. 두 길을 동시에 취한다는 것은 불가능하므로 어느 하나를 선택해야만 한다. 이 두 길을 따로따로 걸어야 한다."[27]

소쉬르의 수많은 동시대 언어학자들이 이 같은 대립을 거부하

---

[27]  CLG/D, 38쪽; 『일강』, 28쪽.

거나, 그 같은 대립이 추상적이며 현실의 관찰과 양립할 수 없다고 판단하면서, 선명하게 분리시키는 것을 완화해야 할 필요성을 언급했습니다. 실제로 그 같은 대립을 이론적 정초로 사용했던 구조주의 언어학자들의 작업 이후에, 대부분의 언어학자는 그 같은 대립을 거부하고 있으며, 일부 연구자들은 소쉬르에게 있어 그 같은 이분법의 중요성을 최소화시키려고 애를 쓰고 있습니다.

**문**　　　랑그와 파롤의 이분법에 대한 언어학자들의 초기 반응과 비판의 핵심적 근거는 무엇이었나요?

**답**　　　최초에는 경험주의적 반응이 다수였습니다. 파롤과 분리된 랑그는 현실을 갖지 못한다는 것이 지배적인 비판이었습니다. 현재의 비판들은 랑그를 이상적인 공통적 언어의 개념화로 간주하고, 이에 맞서 발화 행위 실현의 다양성과 역동성을 대립시킵니다.

랑그와 파롤의 이분법에 대한 비판들은 학파와 상관없이 그 개념의 일반성을 거부하는 데 있어 일치합니다. "왜, 그리고 어떻게 오직 서로가 서로에 대해서 존재할 수밖에 없는 두 개의 현실들을 분리해야 한단 말인가?"라고 묻습니다. 그들 비판가들은 파롤과 고립된 랑그는 하나의 허구에 불과하다고 보았습니다. 소쉬르 일반언어학의 태동 시기와 동시대에 사회학 창시자였던 뒤르켐은 사회적 사실의 일반성을 강조하며, 소쉬르와 동일한 방식으로, 자신의 학문적 정적이며 경쟁자였던 가브리엘 타르드 Gabriel de Tarde처럼, 사회 현상들의 다양성, 이질성, 개별적 특이성을 부각시키려는 비판들을 반박했습니다.

소쉬르의 랑그와 파롤의 이분법과 그 개념화에 대한 비판의 목록은 다수입니다. 이 같은 비판적 반응의 대부분은, 초기에는 소쉬르의 의도를 파악하지 못한 근시안적 실증주의의 흐름 속에서 제기되거나, 베르그송의 언어관에서도 비판받는가 하면, 사회적 상호작용들 속에서 중시 여겨야 할 파롤의 놀이에 우선권을 부여하려는 학자들로부터도 분출되었습니다. 마르크스 언어학의 창시자인 볼로시노프는 소쉬르 방법론의 관념주의를 비판하면서, 소쉬르의 언어 이론을 사회적 현실을 망각하는 추상적 객관주의에 불과하다고 힐난하면서, 랑그와 파롤의 이분법에 대한 경계적 태도를 보였습니다.

더구나, 이들 비판은 랑그가 사회적 제도로 정의되었다는 점에서 그것의 규약들과 규칙들을 통해 파롤과 대립시켰습니다. 따라서 이 같은 비판의 틀에서는 파롤은 개인의 자유로운 해방으로서 전제되며, 랑그는 다양성을 제거하면서 이질적인 언어 현실을 다분히 허구적으로 또는 작위적으로 동질적인 실재로 설정한 일종의 인공물로 파악되었습니다. 이들 학자는, 언어의 역사 속에서뿐만 아니라, 언어 교환의 일상적 기능작동 속에서, 언어(랑그)의 삶, 즉 언어의 생동성을 무시한다고 주장하면서, 소쉬르의 랑그 개념에 함의된 이 같은 추상화를 비난했던 것입니다.

**문**　　소쉬르는 구조라는 용어 대신, 시스템을 고집했는데 두 용어의 차이점은 무엇인가요?

**답**　　주지하다시피, 소쉬르의 언어학 이론을 소개하는 개론서를 비롯해 구조주의 이론서에는, 시스템이라는 용어는 매우 일찍부터 구조라는 단어에 의해 대체되었습니다. 하지만, 소쉬르 이론에서 구조라는 단어는 그가 사용한 시스템이란 단어의 엄격한 등가 용어는 아닙니다. 이를테면 구조라는 용어는 분류하는 것으로 족한 단위들의 고정된 '레퍼토리'의 이미지를 낳았습니다. 언어의 현 상태를 가리키기 위해 공시태라는 용어와 동시에 정태적이라는 용어를 소쉬르가 빈번하게 사용함으로써 언어의 본질적 속성과 관련해 닫히고 고정된 시스템이라는 도그마를 강화시켰습니다.

**문**　　소쉬르 자신이 그 같은 이분법의 문제점을 의식하고 있지 않았을까요? 그럼에도 불구하고, 소쉬르는 랑그의 우선권을 다양한 은유를 통해 흥미롭고 설득력 있게 설명한 것으로 알고 있습니다. 랑그를 설명하기 위해 사용한 대표적인 은유는 어떤 것이 있을까요?

**답**　　소쉬르가 이 같은 랑그와 파롤의 구별이 '으뜸의 진리'였다고 단언할 때, 그 같은 문제들을 의식하고 있었음은 분명해 보입니다. 아울러 그는 랑그 개념의 일반성을 다음과 같이 정당화하려고 시도했습니다.

> "랑그, 이 단순형 단어는 어떻게 정당화될까? 우리는 그 단어를 통해 일반화를 의미하며, 이것은 모든 한정된 언어에 대해 참이다."[28]

랑그는 마치 연주 실행 없이 존재하는 현실, 이를테면 교향곡과의 비교를 상상하게 만듭니다.

---

[28]　CLG/E, 515쪽.

"이 점에서 볼 때 언어를 교향악과 비교할 수 있는바, 교향악의
실재는 연주 방법과는 무관하다. 교향악을 연주하는 사람들이
저지르는 실수는 이 실재를 전혀 손상시키지 않는다."[29]

소쉬르는 랑그(언어)는 정신적인 차원에 속하나 결코 추상화가
아니며, 언어를 성립하는 사회적으로 비준된 연합(연상)들과 결
합들의 총합은 화자의 두뇌 속에 자리하고 있다는 점을 강조합
니다. 특히, 소쉬르는 랑그(언어)는 촉지 가능하며, 시각 이미지
와 마찬가지로, 고정된 이미지로 옮길 수 있다는 점을 예리하게
파악하고 있습니다. 여기서, 소쉬르가 드는 은유는, 박제된 나비
입니다.

"언어(랑그) 속에서 우리는 상기 가능한évoquables 기호들의 총합
을 갖고 있으나, 그 운동은 오직 발화(파롤)를 통해서만 개입하는
것이며, 그것의 잠재적 상태 속에서 이 같은 기호들은 완벽하게
실재적이다. (두뇌 속에서 사진 이미지들처럼 보관되어 있는 것이다)
따라서 이 같은 대상은 단지 구체적인 본질에 속할 뿐 아니라 직

---

**29** CLG/D, 36쪽; 『일강』, 26쪽.

접적인 연구를 가능하게 하는 종류에 속하고 마치 수집가의 상자 속에 분류되어 있는 나비들과 흡사하다. 우리는 언어(랑그)와 관련된 것을 고정시킬 수 있다."[30]

그런데 이 같은 이분법의 문제점에 대한 소쉬르의 필사본에서 나타나는 가시적인 망설임들은 랑그의 언어학의 옹호자들에게서 동요를 불러일으켰습니다. 제3차 강의의 다음과 같은 단락을 읽어 보도록 하겠습니다.

"하지만 제약이 있다. 이 점에서 언어(랑그)의 사실로부터 발화(파롤)의 사실들을 분리할 수 있을까? 만약 우리가 낱말들, 문법적 형태들을 취한다면 이 모든 것은 언어(랑그) 속에 주어진 상태 속에서 고정된다. 하지만 하나의 문장 속에서 자신의 생각을 표현하기 위해 각자의 선택 속에 맡겨진 조합이라는 개인적 요소가 늘 존재한다. 이 조합은 발화(파롤)에 속하는데 왜냐하면 그것은 하나의 실행이기 때문이다. 이 부분(언어 약호의 개인적 사용)은 한 가지 문제를 제기한다. 언어(랑그) 속에서 주어진 것과 개

---

**30** 소쉬르, 페르디낭 드, 『소쉬르의 마지막 강의』, 김성도 편역, 268쪽.

인적 주도에 맡겨진 것 사이에 존재하는 일정한 불확정성은 오직 구문syntaxe에서 나타난다. 여기에서 한계 설정을 긋는 것은 어렵다. 구문 영역에서는 사회적 요소와 개인적 요소, 즉 실행과 고정된 연합이 어느 정도 약간 혼합되고 있다는 점을 고백해야 할 것이다."[31]

개인의 언어 수행, 즉 '개별적 메커니즘'은 랑그라는 일반적 생산물에 대해 영향을 미치는 것이 분명합니다. 그럼에도 불구하고 언어 연구 속에서 두 개를 섞어 놓으면 안 된다는 것이 소쉬르의 일관된 생각입니다. 『일반언어학 강의』는 랑그와 파롤의 관계뿐만 아니라 본질의 차이를 강조하고 있습니다. "따라서 랑그와 파롤 간에는 상호 의존 관계가 존재한다. 랑그는 파롤의 도구이자 동시에 산물이다. 그러나 이 모든 것에도 불구하고 랑그와 파롤은 전혀 별개의 것이다."[32]

최소한 다음과 같은 소쉬르의 단언에 대해 동의할 수 있을 것입니다. "랑그는 파롤이 판독 가능하기 위해서 필요하다." 랑그

---

**31** 소쉬르, 페르디낭 드, 『소쉬르의 마지막 강의』, 김성도 편역, 270-271쪽.
**32** CLG/D, 37-38쪽; 『일강』, 27쪽.

는 파롤 행위들의 다양성을 포섭하는 개념입니다. 그것은 마치 무의식이 프로이트로 하여금 말실수, 꿈, 고유명사 망각 등의 다양한 현상들을 결집시키는 것을 가능케 한 것과 같습니다. 일차적으로 보면, 그 같은 추상화는 공통적 경험에서 동떨어진 것으로 보입니다. 무엇보다 다양성에 예민한 경험에서 멀어진 듯해 보입니다.

**문** 　소쉬르는 담화discours의 중요성을 누구보다 먼저 파악한 언어학자라는 새로운 해석이 최근 들어와 제시된 바 있습니다. 그 점에 대해 설명해 주세요.

**답** 　최근 소쉬르 연구자들은 소쉬르가 랑그와 파롤의 이분법의 상호 의존성, 즉 양자의 변증법적 관계를 파악했다고 보고 있습니다. 그리고 소쉬르 언어학의 의의를 다음과 같이 해석하고 있습니다. 무엇보다 담화 활동의 우선권입니다. 소쉬르는 언어의 근본적으로 실천적인 성격을 주기적으로 강조한 바 있습니다. 인간 언어는 필연적으로 다른 인간 활동들의 형식들과 상호작용하는 사회적 활동에 속한다는 점을 그는 누구보다도 정확히 꿰뚫어 보고 있었습니다. 그의 강의를 수강했던 고티에의 노트에는 분명히 이렇게 적혀 있습니다.

"언어는 사회적 활동의 한 가지 장르(종류)이다." 언어는 인간 사회생활의 조직을 위한 근본적 활동의 수단을 이루는 것이며 언어라는 수단이 없으면 인간은 결코 지금의 인간이 될 수 없습니다. 바로 여기서 언어의 실천적 차원에 방점을 찍었다는 점에서 소쉬르는 언어의 담화적 텍스트의 차원을 참작하기에 이르는 것입니다. 이 점은 소쉬르가 말년에 행한 니벨룽겐을 비롯한 고대 및 중세의 게르만 전설 연구에서 그가 꿰뚫어 본 사실로서, 전설이건, 신화이건, 역사이건 모든 종류의 텍스트는 특정 공간과 시간 속에서 전달됨으로써 태초의 탯줄로부터 단절되는 의미론적 변형을 거치게 됩니다.

담화 활동의 차원은 랑그에 견주어서 일차적인 것입니다. 음성적 변형이건, 문법적 변형이건 모든 변형은 전적으로 담화의 세계le discoursif 속에서 이루어집니다. 즉, 모든 혁신은 즉흥을 통해서 발생하며 청자 또는 화자의 은밀한 보물 속으로 관통하고, 담화적 언어에 대해서 생산됩니다.

우리가 교과서를 통해서 배웠던 소쉬르의 랑그와 파롤의 이분법은 절반은 맞고 절반은 틀린 것입니다. 소쉬르는 제1차 강의 때부터 이렇게 말하고 있습니다.

"담화의 필요에 의해서 그리고 특이한 작동에 의해서 입술 위로 나온 모든 것은 파롤이다. 개인의 두뇌 속에 포함된 모든 것, 청취되고 실천된 형태들과 그것들의 의미의 저장소는 랑그이다. 이 두 개의 계에서 파롤계는 가장 사회적이며, 다른 계, 즉 랑그는 가장 완결되게 개인적이다. 랑그는 개인의 보고réservoir이다."

**문**　랑그와, 언어 화자의 연상작용association, 그리고 무의식의 관계는 무엇인가요?

**답**　랑그가 개인의 저장소이며 보물이라 할 때, 이것은 곧 랑그를 구성하는 실재들은 담화 활동 속에서 운반된 기호들의 전유와 내재화의 산물임을 말합니다. 랑그라는 저장소에는 내재화된 기호들이 무한한 연상작용의 과정을 가동시키면서 분류 활동의 대상을 이룹니다. 그래서 소쉬르는 랑그의 거처는 연상작용계라 설파한 것입니다. 이 같은 연상작용의 세계 속에서는 음성적 차원, 의미론적 차원, 형태 통사적 차원에 속할 수 있는 기준들에 따라서 닮음과 차이의 관계를 맺는 구성 항들의 계열 구성을 목격할 수 있습니다. 예를 들어서, '하늘'이라는 단어는 나의 머릿속에서, 소리가 유사한 단어들, 가을·노을·그늘·바늘·오늘과 어휘적 무리를 형성할 수 있으며, 다시, 창공·우주·천지 등의 단어들을 연상시킵니다. 하늘이라는 주제로 시를 짓는 작가는 바로 소쉬르가 언급한 연상작용들의 직관적 차원을 활용하게 되는 것입니다. 그 같은 연상작용들은 결코 직선적 시스템이 아니라, 우리의 정신이 찰나에 포착할 수 있는 성질의 것입니다. 여기서 두 가지 문제가 미해결된 채로 남아 있습니다.

그렇다면 매 순간 우리가 문장을 생성할 때 작동시키는 제반 과정은 무의식적이거나 선의식적préconscient이거나 직관적입니다. 그런데 다른 곳에서 소쉬르는 언어활동의 과정이 의식적이라는 진술을 남기고 있습니다. '그렇다면 언어활동 가운데 어디까지가 의식의 지배를 벗어나며 다른 어디까지가 의식의 테두리에 남아 있는 것인가?' 이에 대해서는 정신분석학자와 생물언어학자에게 해답을 청해야 할 것입니다. 두 번째 문제는 랑그라는 배가 정박하는 항구가 과연 개인의 차원인지 아니면 집단의 차원인지 소쉬르의 진술에서 양가성을 띠고 있다는 것입니다. 실제로 소쉬르는 랑그가 머무르는 곳이 이중적 정박지를 갖고 있음을 근본 테제로 삼았습니다.

잠시 이렇게 정리해 보겠습니다. 시스템으로서 언어는 언어 이외의 다른 요인들로 환원될 수 없는 구체적인 속성들과 조절을 지닙니다. 요컨대, 문법적 사실은 기타 심리적·논리적 행위와 구별됩니다. 하지만, 기호 시스템으로서 언어는 그 자체로 닫힌 요인이 아니며 랑그의 메커니즘은 언어주체의 부재 속에서는 상상조차 될 수 없습니다. 기호체계로서의 랑그는 오직 사회적 순환 과정에 참여할 때만 비로소 존재하는 것입니다. 따라서 기호 과학의 한 범주로 파악된 언어학에는 다른 제도들과 언어를 차별화시키는 특별한 조건들을 규명하는 과제가 부여되게 됩니다.

**문**　　그렇다면 파롤, 즉 발화의 주체는 누구인가요?

**답**　　파롤의 문제는 파롤의 주체 문제와 더불어 복잡해집니다. 이른바 언어주체sujet parlant(언주라는 용어를 사용하기도 함)는 단어들의 선택과 그것들의 조합 속에서 이루어지는 활동을 전제로 합니다. 그 같은 활동은 언어 규칙들을 적용하는 끊임없는 정신적 활동이며, 단어들을 다시 찾아내거나 문장들을 구성하는 일입니다. 언어주체는 언어 속에 존재하는 요소들을 해석하고 분해하는 데 시간을 보냅니다. 한 사회의 전통 속에서 그 이전 세대들의 기여와 축적을 통해 침전된 현재의 언어 속에서 그 같은 작업을 하는 것이 곧 언어주체의 경력입니다.[33] 언어주체가 아니라면 이 같은 활동의 행동 주체는 누가 될 수 있는가 하는 물음을 던져 볼 수 있습니다.

"늘 그렇듯이, 특정 단위가 언어주체에 의해 실제적으로 느껴졌
다는 증거를 갖는 것은 유추적 창조들에 의해서이다."[34]

소쉬르에 의하면, 모든 언어 이론이 반드시 설명해야 할 중요
한 현상이 존재하는데 그것은 다름 아닌 이른바 문법적 분석의
직관적 성격입니다. 즉, 언어 수행을 분절된 단위들로 분해하는
것은 언어주체의 작동이 아니라, 즉각적인 경험이며, 소쉬르는
이것을 일러, 언어주체가 느끼는 분할division ressentie이라고 자신
의 필사본에서 적고 있습니다. 특히, 그는 언어주체들의 주관적
분석과 문법가들의 객관적 분석 사이에는 비록 양자가 동일한
방법에 토대를 두고 있다 하더라도, 일체의 대응이 존재하지 않
는다는 점을 강조하고 있습니다. 이 점은 달리 말해 언어 이론은
언어의 실재적인 심리적 기능작동과 적합하게 일치되어야 한다

---

**33** 이 점에 대해서는 다음 두 편의 논문 참조할 것.
Bondì, Antonino, "LE SUJET PARLANT COMME ÊTRE HUMAIN ET SOCIAL",
*Cahiers Ferdinand de Saussure* 65, 2012, 25–38쪽; Bondì, Antonino, "L'expérience de
la parole: le thème du sujet parlant", *Texto! Textes & Cultures*, Vol.XIX, N.1, 2014.
**34** CLG/E, 386쪽.

는 것을 의미합니다. 소쉬르가 제안한 가치 이론은, 문법가의 작동과 너무 닮은 작동을 언어주체에게 강요하지 않으려는 의지로부터 도래한 것입니다. 즉, 문법가가 작동시키는 그 같은 작동을 일러 소쉬르는 '실증적 분석'이라 부르고, '사람들이 언어적 가치들에 대해서 가질 수 있는 감정'과 대립시키고 있습니다. 이 같은 실증적 분석이 의식적이고 의지적이라면, 다른 분석은 무의지적involontaire이고, 하위의식적subconscient입니다.

소쉬르의 시각에서 언어활동에 대한 구체적 이론이 해결해야할 핵심적 문제, 즉 언어주체들의 구체적 심리를 보다 충실하게 반영할 수 있는 언어 메커니즘의 표상은 결국, 감각적 데이터가 언어주체에 의해 분석되는 바대로 직접적으로 지각될 수 있는가를 이해하는 데 있습니다. 소쉬르의 랑그 이론과 발화 메커니즘 이론을 비롯해 소쉬르의 시스템 개념은 다름 아닌 언어 분석의 이 같은 직관적 성격을 설명할 수 있는 이론적 모델의 구축이라는 방대한 기획 속에 각인됩니다.[35] 이 같은 감정의 역할은 또한 랑그와 파롤의 구별을 동요하게 만드는 것이기도 합니다.

---

**35** 이 점에 대한 논의는 다음 논문 참조. Maniglier, Patrice, "Les choses du langage: de Saussure au structuralisme", *Figures de la psychanalyse*, N.12, 2005, 27–44쪽.

"문장은 통합체syntagm의 전형적인 유형이다. 그러나 그것은 파롤(화언)에 속하지, 랑그(언어)에 속하지 않는다. 그렇다면 통합체는 파롤에 속하는 것이 아닌가? 우리 생각으로는 그렇지 않다. 파롤의 속성은 바로 결합의 자유이다. 따라서 모든 통합체와 마찬가지로 자유로운 것인지를 자문해 보아야 한다."[36]

"그러나 통합체 영역 안에서, 집단적 어법의 표시인 언어 현상과 개인의 자유에 따르는 파롤(화언) 현상 사이에 뚜렷한 경계가 없다는 것을 인정해야 한다. 많은 경우에 있어 하나의 단위 결합을 분류하기는 힘든데, 그 이유는 위의 두 요인이 힘을 합쳐 이 단위 결합을 만들었을 뿐만 아니라 두 요인이 서로 어느 정도의 비율로 힘을 합쳤는지 규정하기가 불가능하기 때문이다."[37]

사실상, 시스템의 울타리에 대해 가해지는 반복적인 비판 속에서, 아울러 언어주체의 제거에 대해 가해지는 비판에서, 변이에 관심을 가지는 두 가지 방식들을 구별해야 할 것입니다. 한

---

**36** CLG/D, 172쪽; 『일강』, 172쪽.
**37** CLG/D, 173쪽; 『일강』, 173쪽.

편으로는, 랑그에서의 사용법들의 변이를 고려함에 따라, 한 단어의 의미작용을 다중화시키는 어휘부와 통사 연결의 복잡성에 기인합니다. 예컨대, 특정 단어가 개입하는 구성 방식들에 따라 상이한 통사 구조가 이루어집니다. 다른 한편으로는, 발화 작용의 상황들과 상호 주관적인 효과들과 결부된 의미작용의 변이, 의미의 중의성이 해소되지 않거나 미완결된 채 남아 있게 만드는 일체의 의미론적 현상들과 효과들, 명령, 예고, 물음 등의 언표 내적illocutionary이며 언향적인perlocutionary 발화 행위들과, 그 같은 국면과 상황들, 대화 상대자들을 파악하지 않은 이상, 정확한 의미를 확정 짓기 어려운 다양한 언어 현상들이 이 같은 두 번째 범주에 속합니다.

언어 시스템 개념에 대한 첫 번째 비판은 현대 언어학에서 통사론과 의미론과 관련해 다양한 통사적 사용법들에 대한 정교하면서도 복잡한 분석, 기술description, 설명 모델을 구축하였습니다. 그 같은 비판은 형태들의 분석과 의미 변이들을 통합시키려는 방향으로 나갔으며, 이 같은 방향 설정은 소쉬르의 가르침과 양립 가능합니다. 두 번째 경우에, 언어학의 장의 확장은 뱅베니스트와 영미권의 언어철학에 의해 도입되었는데, 의미론, 화용론, 발화 작용 분석, 담화 분석 등의 다양한 제목 아래, 다양한 연구 성과들에 의해 발전되었습니다. 이들 저술은 소쉬르의 한계들을 접하거나, 확실하게 만들거나, 극복하려고 합니다.


**문**　　그렇다면 소쉬르 언어 이론에서 언어와 관련해 주체, 자유, 다양성 등은 어떻게 다루어지고 있나요?

**답**　　표면적으로 봤을 땐 소쉬르의 언어 이론에서는 주체가 제거되었다고 말할 수 있습니다. 최소한 주체의 차원은 의식, 자유, 특이성에 의해 표시되어, 파롤의 영역에 할애되거나, 사회로부터 방치된 개인 차원의 문제는 괄호 속에 넣었습니다. 그렇지만 이 같은 랑그와 파롤의 대립은 사회와 개인의 복잡 미묘한 관계 문제를 완전히 해결하지는 못했습니다.

　소쉬르의 언어 이론에서 개인은 결코 단번에 소거되지 않았으며 늘 현존합니다. 개인은 수동적인 동시에 능동적입니다. 랑그는 개인에게 부과되고 그의 두뇌 속에 보관됩니다. 그는 언어 행태들을 해석하고, 각각의 용법에서 재창조합니다. 이 같은 무의식성과 의식의 조합, 속박과 자유의 조합은 철학적 주체의 고전적 개념화에서 동요를 불러일으킵니다. 하지만 발화 작용을 주창하는 분석들 속에 호출된 주체, 더 광범위하게 상호작용을 주창하는 화용론적 분석들에서 호출된 주체는 또 다른 차원에 속합니다. 비록 그것의 위상이 절대적으로 명료한 것은 아닐지라도 말입니다.

소쉬르는 그 문제를 사회심리학, 현상학, 또는 정신분석학으로 귀결시킵니다. 소쉬르가 현대에 생존했다면 언어 교환 속에서 이루어지는 언어주체들 간의 상호작용에 대한 언어학적 관심사들을 텍스트의 명료화라고 지칭했거나, 그 자신이 해석학이라고 불렀던 것에 위치시켰을 개연성이 높습니다. 랑그/파롤의 대립에 가해진 비판들은 두 개의 층위들을 구별하지 않는 경향을 노출합니다.

첫 번째 층위는 자신의 문장들을 선택하고 조합하는 주체의 능동적 역할과 더불어 이루어지는 통사론의 층위로서, 이 점에서 소쉬르는 주체의 문제를 결코 단정적으로나 노골적으로 무시하지 않았습니다. 또 다른 층위는 사람들이 담화라고 부르는 것의 차원에서 생산되는 상호 대화의 층위입니다. 담화에서 문장들은 오직 전체 맥락과, 그 문장들의 발화 국면과 상황에 견주어서만 전체의 포괄적 의미를 갖습니다.

언어 연구를 계속해서 랑그의 연구에 국한하는 언어학자들에게, 또는 랑그에 대해 일차적 자리를 부여하는 입장을 취하는 학자들이 보기에 언어활동langage에 대한 소쉬르의 정의는, 그것이 랑그와 파롤의 합으로 정의하건, 또는 언어 능력faculté du langage으로 정의하건, 일반언어학에서 제기된 한 가지 복잡한 문제를 완전하게는 해결하지 못합니다. 그것은 언어활동과 상이한 언어들langues의 다양성의 관계입니다. 언어들의 다양성 문제는 소쉬르의 『일반언어학 강의』에서 상당 분량을 차지하고 핵심적인 자리를 차지하나, 통속본에서 편집자들은 과하다 싶을 정도로 엄청나게 그 분량을 축소시켰습니다.

소쉬르는 마지막 강의인 제3차 강의에서 언어의 지리적 다양성을 강조하고 있습니다. 전 지구적 공간 속에서 발현되는 이 같은 언어적 다양성에 대해 소쉬르는 그것이 시간의 축에서 진행되는 전달 과정을 통해 생산된 다양성에 달려 있다는 점을 구체적 사례들을 제시하며 강조했습니다. 어쨌거나 그에게는 실제로 언어적 다양성이 본질적인 현상으로 보였는데, 왜냐하면 그 같은 다양성은 모든 언어학의 출발점이기 때문입니다.


## 3. 기호학의 성립과 기호의 구성 원리

**문**　　소쉬르는 『일반언어학 강의』에서 기호 문제와 기호학을 어떤 맥락에서 다루고 있나요?

**답**　　　기호에 대한 소쉬르의 모든 고찰은 무엇보다 자연 언어의 속성과 언어학자의 연구 목적과 관련된 것이라는 점을 기억할 필요가 있습니다.

왜냐하면, 소쉬르 이전에 이미 17세기에는 존 로크가 기호학의 필요성을 언급했으며[38] 그 이외의 많은 철학자 역시 기호에 관한 관심을 피력했기 때문에, 소쉬르의 독창성을 제대로 파악하기 위해서는 그의 출발점이 자연 언어와 언어학의 이론적 정초를 마련하려는 성찰에서 비롯되었다는 점을 정확히 인식할 필요가 있습니다.


**문**　　　소쉬르는 『일반언어학 강의』에서 왜, 그리고 어떤 맥락에서 기호학의 필요성을 절감하고, 어떻게 기호학을 정의하고 있나요?

**답**　　　소쉬르가 기호과학이라고 명명했던 새로운 학문의 자리는 『일반언어학 강의』에서 일견 주변적입니다. 제3장 「언어학의 대상」을 정의하는 제3장의 끝부분에서 단지 예고되었을 뿐

---

[38] *Locke, John, An Essay Concerning Human Understanding*, In *The work of John Loke*, A New Edition, Corrected, In Ten Volumes, Vol. III, London: T. Tegg, 1823[fascimile reprint by Scientia(Aalen), 1963].

입니다.

"그러므로 사회생활 속에 있는 기호의 삶을 연구하는 과학을 생각할 수 있다. 그것은 사회심리학의 일부분을 이룰 것이며, 따라서 일반심리학의 일부분을 형성할 것이다. 우리는 그것을 기호학이라고 부르기로 한다. 기호학은 우리에게 기호가 무엇이며 어떤 법칙에 의해 지배되는지를 가르쳐 줄 것이다. 기호학은 아직 존재하지 않기 때문에 그것이 어떠한 것이 될지는 말할 수 없다. 그러나 그것은 존재할 권리가 있고 그 위치는 미리 정해져 있다."[39]

하지만, 이 같은 미래 과학은 단번에 '사실들의 새로운 질서'에 결속됩니다. 그 질서는 언어를 다른 사회적 제도들 가운데 구별시키고, '그것의 특별한 본질을 이해시키는' 것을 가능케 합니다. 사실상, 이 같은 새로운 질서의 중요성은 그것이 관찰 가능한 데이터들에 대한 새로운 접근법을 규정한다는 사실입니다. 그것은 기호학적 관점이었으며 이 같은 맥락에서 소쉬르는 『일반언

---

**39** CLG/D, 33쪽; 『일강』, 23쪽.

어학 강의』에서 언어학자의 과제는 기호학에 결속되어야 한다는 점을 강조합니다.

> "기호학의 정확한 위치를 결정하는 것은 심리학자가 할 일이다. 언어학자의 임무는, 무엇 때문에 언어가 기호학적 현상의 총체 속에서 하나의 특수체계를 이루게 되는가를 정의하는 것이다."[40]

이 같은 기호학적 관점과 관련하여 소쉬르의 단언들은 다중적입니다. 그것들은 『일반언어학 강의』 속에서, 그의 언어 이론이 기호 개념에 의탁할 때 파생되는 파급들의 범위를 참작하는 것을 가능케 합니다. 아울러 어떤 점에서, 소쉬르에게 있어 기호는 고전적인 철학적 개념과 다른가를 평가하도록 해 줍니다. 소쉬르가 제시하는 사회적인 것에 대한 정의는 동시대인들의 사회학적 입장들과 차이가 납니다.

사실, 『일강』에는 기호와 기호학에 관한 내용이 이곳저곳 분산되어 있습니다. 이것만으로도, 소쉬르 사후에 편집된 이 책이 얼마나 소쉬르의 언어사상과 기호사상이 겨냥했던 본래의 의도와

---

**40** CLG/D, 33쪽; 『일강』, 23쪽.

사유의 흐름을 온전하게 표상하고 있는가에 대한 의문이 들기도 합니다. 어쨌거나, 이 책의 서론부는 기호에 대한 일련의 정의들을 간결하게 제공하고, 기호학의 학문적 정의와 필요성을 개진합니다. 다시 언급하겠으나, 기호학은 사회적 삶의 한복판에서 기호들의 삶을 연구하는 과학으로 정의됩니다. 그리고 제1부는 '언어기호의 본질'이라는 제목의 긴 분량의 장을 시작합니다. 여기서 주목할 점은 언어활동, 파롤(발화), 랑그(언어)의 개념적 구별을 제시한 후에 기호라는 용어가 최초로 도입된다는 점입니다. 소쉬르는 랑그를 기호체계로서 다음과 같이 정의합니다.

"언어활동이 이질적인 데 반해, 이렇게 한정된 랑그(언어)는 동질적 성격을 띤다. 그것은 기호의 체계인데, 거기서는 의미와 청각 영상의 결합만이 본질적인 것이고, 기호의 두 부분은 똑같이 정신적이다."[41]

그리고 제1부에서 공시태 언어학과 관련되어 첫 번째 이론적 전개가 이루어지는 다음과 같은 유명한 정의가 제시됩니다.

---

**41** CLG/D, 32쪽; 『일강』, 22쪽.

"언어기호가 결합시키는 것은 한 사물과 한 명칭이 아니라, 하나의 개념과 하나의 청각 영상이다. 이 청각 영상이란 순전히 물리적 사물인 실체적 소리가 아니라, 그 소리의 정신적 흔적, 즉 감각이 우리에게 증언해 주는 소리의 재현이다."[42]

이어서, 기표와 기의의 유명한 도식이 제시되는데. 소쉬르는 기표와 기의의 구성에 있어 상호 불가분성을 강조하며 종이의 앞면과 뒷면의 관계에 견주고 있습니다.

"언어는 또한 한 장의 종이에 비교될 수 있다. 사상은 소리의 앞면이고 소리는 그 뒷면이다. 앞면을 자르면 동시에 뒷면도 잘린다. 마찬가지로 언어에서도, 사상에서 소리를 고립시킬 수 없고, 소리에서 사상을 고립시킬 수 없다."[43]

기호라는 용어가 단독으로 도입된 것이 아니라 기호들의 시스템 차원에서 도입되었음을 알 수 있습니다. 파롤(발화)에 견주

---

[42]  CLG/D, 98쪽; 『일강』, 92쪽.
[43]  CLG/D, 157쪽; 『일강』, 156-157쪽.

어, 랑그(언어)를 정의하는 특질들을 열거한 이후에, 여기서 문제의 핵심은 또 다른 파급 효과를 갖는 랑그(언어)의 본질을 요약하는 정의입니다. 랑그는 하나의 시스템입니다. 그 상호 관계가 시스템을 구성하는 요소들을 지칭하기 위해, 『일반언어학 강의』는 논쟁적인 여러 순간에서, 기호들을 대치할 수 있는 몇 개의 다른 용어들을 제안하기도 합니다. 이를테면, 관계, 가치, 차이 등이 그것입니다. 무엇보다 가장 중요한 것은 시스템이며, 이것은 언어를 정의하는 데 충분한 용어입니다. "언어(랑그)는 자신의 고유한 질서만을 인식하는 시스템이다."[44]

이어서 간결하게 언급되는 것은, 소리(음성)와 관념, 기표와 기의를 분리하는 것이 불가능하다는 것입니다.


"언어기호는 따라서 양면으로 이루어진 정신적 실재이다. … 이 두 개의 요소들은 내밀하게 결합되어 있으며 서로가 서로를 부른다."[45]

**44** CLG/D, 43쪽; 『일강』, 32쪽.
**45** CLG/D, 99쪽; 『일강』, 93쪽.

**문**　언어의 본질적 특질은 의미와 청각 영상의 결합이라고 말할 때 그것이 뜻하는 바는 무엇인가요?

**답**　하나의 예를 들어 설명해 보겠습니다. 한국어에서 '하늘'이라는 단어가 있을 때, 그 같은 언어기호의 의미작용은, 하늘 Hanul이라는 음성과 그 소리와 결합된 뜻의 결합, 더 정확히 말해, 한국인 화자의 뇌 속의 하늘이라는 청각 영상image acoustique과, 그것에 해당되는 개념concept의 결합이라고 본 것입니다. 한국어를 모르는 프랑스 사람이, 맑은 하늘을 보며, 한국의 하늘색이 아름답다는 말을 하려 할 때, 그의 머릿속에는 한국어의 하늘이라는 기호가 성립하지 못한 상태입니다. 즉, 그는 '하늘'이라는 개념을 자신의 모국어로 파악하고 있으나, 그에게 하늘이라는 두 글자의 발음은 아무것도 의미할 수 없습니다.

**문**　소쉬르는 기호학이라는 신조어를 사용하여 무엇을 의미하려 한 것인가요? 언어 이외에 다른 기호체계들은 어떤 것이 있을까요? 그리고 그 같은 상이한 기호체계들을 비교하여 연구하여 얻을 수 있는 이점은 무엇인가요?

**답**　소쉬르는 기호학을 일러, 사회생활 가운데서 기호들의 삶을 연구하는 학문이라고 정의했습니다. 소쉬르가 보기에 인간 사회에서는 생각을 표현하고 전달하기 위해 다양한 의사소통의 도구들과 매체들을 사용한다는 점에서, 그 같은 기호체계들을 함께 연구할 수 있는 새로운 학문을 만들 필요성을 간파한 것입니다. 예컨대 우리가 사랑이라는 관념을 표현하려고 할 때, 우리는 구술 언어를 통해, 표현할 수도 있고, 사랑을 상징하는 몸짓, 이미지, 음악 등을 통해 표현할 수도 있습니다. 실제로, 소쉬르는 그 같은 기호체계들의 종류들로서, 예의범절의 의례, 팬터마임, 다양한 신호체계들을 언급했습니다.

특히, 이 같은 상이한 기호체계들을 비교하여 연구함으로써 각각의 개별 기호체계의 특징을 보다 더 선명하게 파악할 수 있으며, 그것들의 기호학적 공통점을 파악하고, 특히 언어학의 법칙들을 다른 기호체계에도 적용할 수 있는가에 대한 가능성을 확인하는 것도 가능하다고 내다보았습니다.

**문**　　　기표와 기의의 이원성 역시 이 같은 소쉬르 방법론의 이원주의에 기초를 두고 있다고 간주할 수 있을까요?

**답**　　　수천 년 전부터, 서양 언어사상사에서는 사고를 언어에 대립시켰고, 의미작용을 기호에 대립시켜 왔습니다. 소쉬르는 그의 언어 단위 이론을 통해 감각적인 것과 지성적인 것 사이의 이원주의에 종언을 가져왔습니다. 하지만 소쉬르 방법론의 이 같은 철저한 참신성은 그의 당대에는 거의 제대로 이해되지 못했습니다. 이원주의는 언어의 논리주의적·인지주의적 개념화에서 규칙으로 남아 있습니다. 그렇지만, 형태-의미의 소쉬르 이론은 이 같은 층위들 사이의 비이율배반적인 이원성을 인정합니다. "기호를 벗어나 관념을 고려하기를 원하는 것이 공허한 만큼이나, 관념을 벗어나 기호를 고려하기를 원하는 것 역시 공허하다."[46]

요컨대, 인식론적 전통들의 대비를 구체화시키면서, 이원성들은 시차적·초월적 요소들로서 나타납니다. 소쉬르의 이원성은 기술적 범주들의 정식화를 위한 일반적 틀로서 나타납니다. 이원성들은 시스템을 만듭니다. 하지만, 이원성들은 점증적 대립들을 인식하기 때문에, 논리적·문법적 전통의 존재론적 정박을 확실하게 다지는 논리적으로 필연적인 성격에서 벗어납니다.

이 같은 이원성들을 수립하면서, 소쉬르는 아리스토텔레스의 존재론에서 나온 실재에 대한 선개념화préconceptualisation를 넘어섭니다. 객체주의objectivisme(객관주의)로부터 영감을 받은 실재

---

**46** ELG, 44쪽; 『노트』, 73쪽.

라는 대상을 논외로 하고, 문화과학의 위상에 접합한 탈존재론 déontologie을 수립합니다. "언어학은 사실상 귀납과 예측divination을 통해 진행된다. 그것은 풍요로운 결과들에 도달하기 위해 그런 식으로 진행되어야 한다."[47]

과거의 언어 형태를 재구성하는 인도유럽어 언어학에 대한 묵시적 비판에서 출발하여, 그는 추측의 인식론과 지표적 방법을 소묘한 바 있습니다.

한편, 기호학은 레비스트로스가 이해한 것처럼, 문화과학들 전체 집합에 공통적인 '오르가논organon'(사고의 원칙과 방법론의 원칙)이 될 수 있을 것입니다. 기호학은 문화적 대상들에 적용되고, 문화적 현상들을 객체화시키면서 문화에 대한 지식 구축에 있어 새로운 개념화를 제시했다고 볼 수 있기 때문입니다.

기호학은 특정 출발점을 전제로 하는 토대를 갖지 않으며, 다양한 해석학적·비판적 토대들을 갖습니다. 바로 그런 이유에서 기호학은 한 권의 교과서의 체계적 형식 아래 진열될 수 없을 것입니다. 아마도 언어학과 문화과학은 결정적인 사고들의 장소가 아닐 것입니다. 하지만 종합의 의지는 남아 있고, 세 차례의

---

**47** ELG, 132쪽; 『노트』, 185쪽.

〈일반언어학 강의〉는 그 본질에 있어, 성공한 시도이며, 그것은 『일반언어학 강의』의 성공을 정당화시켜 줍니다.

**문**　　그렇다면, 소쉬르의 언어학에서, 기호와 사물의 관계, 아울러 언어와 사고의 관계는 어떻게 설명되고 있나요?

**답**　　개념과 청각 영상, 즉 기표와 기의로 구성된 기호는 하나의 관념의 표상체라는 고전적 정의로 귀결될 수 없으며, 하나의 사물과는 더욱더 거리가 있습니다. 소쉬르는 기호와 사물의 관계는 부정하지 않았으나, 그 같은 관계는 언어학자와 직접 관련된 주된 관심사가 아닙니다. 언어기호를 성립하는 이 같은 분리될 수 없는 상호 의존성의 관계에 대한 강조를 통해 소쉬르는 언어 분석을 지식의 기원에 대한 철학적 고려들을 벗어난 곳에 위치시킵니다. 아울러 언어와 현실의 일치에 대한 논리학적 문제들을 벗어난 곳에 갖다 놓습니다. 심지어 그 같은 관계, 재현, 표현 등에 대한 일체의 철학적 입장을 벗어난 곳에 위치시킵니다.

　이 같은 언어학적 성찰의 출발점은 모든 화자는 특정 순간에 세계에 대해 말하거나, 사람들이 세계에 대해 말하는 것을 그의 언어의 매개를 통해 이해한다는 사실입니다.

"얼핏 보아 언어기호들을 시각적 기호들과 동일시하려고들 하는데, 이는 이들 시각적 기호가 공간 속에서 서로 혼동되지 않고 공존할 수 있기 때문이다. 의미적 요소와 분리도 이와 같이, 정신적 행위가 전혀 필요 없이 이루어질 수 있다고들 믿고 있다. 의미 요소를 지칭하기 위해 사용하는 '형태'란 낱말(동사 형태, 명사 형태 등의 표현 참조)이 이러한 오류를 지속시켜 주고 있다. 그러나 다 아는 바와 같이 음적 연쇄는 선적이라는 데 그 제일의 특성이 있다. 그 자체로만 본다면 음적 연쇄는 하나의 선, 하나의 띠에 불과하며, 우리의 귀는 거기에서 어떠한 구분도 충분히, 분명히 감지해 낼 수 없을 것이다. 이를 위해서는 의미의 도움을 받아야 한다. 미지의 언어를 들을 때 우리는 소리의 연속이 어떤 식으로 분석되는지 알 수 없다. 그 이유는 언어 현상의 음적 측면만 고려한다면 이러한 분석이 불가능하기 때문이다. 그러나 연쇄의 각 부분에 어떤 의미와 어떤 역할을 부여해야 하는가를 알게 되면, 이들 각 부분이 서로 분리되고, 형태 없는 띠가 여러 단편으로 끊어지는 것을 보게 된다."[48]

---

**48**  CLG/D, 145쪽; 『일강』, 144쪽.

물질적 형태들과 소리의 이 같은 관계가 하나의 신비로 남아 있다고 하더라도 언어학자가 언어의 사실들을 분석하는 것은 별개입니다. 따라서, 언어 시스템의 요소들의 속성들을 정의해야 할 것입니다. 공시태 언어학은 바로 언어 시스템에 기초합니다. 소쉬르의 기호 이론은 『일반언어학 강의』에서 가장 중요한 자리를 차지하는 가치 이론과 분리될 수 없습니다. 가치 이론 자체가 자의성의 원리와 밀접하게 결합되어 있기 때문입니다.

**문**    그렇다면 소쉬르에 의하면 언어가 없이는 인간은 명확한 사고를 할 수도 없고, 명료한 개념을 창조할 수도 없다는 것인가요?

**답**    언어와 사고의 관계에 관한 한, 자신이 말하고자 하는 단어들을 찾을 때 직접적인 경험을 할 수 있는데, 소쉬르는 주물 또는 거울과 같은 전통적 이미지들을 거부합니다. 그는 사고 그 자체는 무정형amorphe이며 언어 없이는 사고가 무기력하다는 점을 강조합니다.

"심리적으로 보아 우리의 사상은, 낱말을 통한 그 표현을 빼면, 형태 없고 불분명한 덩어리에 불과하다. 기호의 도움 없이는 두 개념을 분명하고 한결같은 방법으로 구분할 수 없다는 데에 철학자와 언어학자들은 항상 의견을 같이했다. 사상은 그 자체로 보면 하나의 성운과 같아서 그 속에 아무것도 필연적으로 구분되어 있지 않다."[49]

이 같은 파동하는 왕국에 맞서, 소리는 더 이상 고정성을 갖지 않고, 사고와 언어의 관계에 관한 고전적 물음은 사고와 음성의 관계의 문제로 이동합니다. 이 같은 연결은 언어를 매개로 하여 작동되며, 언어의 존재와 기능작동은 이 같은 작동 자체 속에서 파악되어야 합니다. 소쉬르의 텍스트와 그것에 동반된 도식은 여기서 투명합니다.

"사상에 대한 언어의 독특한 역할은, 개념 표현을 위한 재료로서의 음적 수단을 만들어 주는 것이 아니라 사상과 소리 사이의 중개 역할을 하는 것인데, 이로 인해 사상과 소리의 결합은 필연적으로 단위의 상호 구분으로 귀결된다. 원래 혼동 상태에 있는 사상은 분해됨에 따라 명확해질 수밖에 없다. 따라서 사상의 물질

---

**49** CLG/D, 155쪽; 『일강』, 155쪽.

화도 없고 소리의 정신화도 없다. '사상-소리'가 구분을 내포하며, 언어가 형태 없는 두 덩어리 사이에서 구성되면서 그 단위를 만들어 낸다는 신비로운 사실만이 있다. 공기와 하나의 수면이 접촉해 있는 경우를 상상해 보라. 대기의 압력이 변하면 물의 표면은 분해되어 일련의 구분, 즉 물결을 이룬다. 바로 이 파동과 비교하면, 사상과 음색 재료의 결합, 말하자면 접합이 어떤 것인지를 알 수 있다."[50]

**문**　　자의성의 정확한 개념적 정의는 무엇이고, 특히, 왜 그것이 소쉬르 언어학에서 중요한 의의를 지니는 것인가요?

**답**　　소쉬르가 기호를 특징짓기 위해, 더 정확히 말해 기표와 기의의 관계를 특징짓기 위해 사용한 이 용어는 음성-의미 관계의 신비를 인정하는 것이라고 말할 수도 있습니다. 예컨대, 한국어에서 마시는 액체, '물'과 그 소릿값, 'ㅁ'+'ㅜ'+'ㄹ' 사이 관계의 이유를 설명할 수 있는 사람은 없습니다. 언제부터 '물'이라는 단어를 사용했고, 왜, [mul]이라는 음성이 결부된 것인가요? 그 누구도 답할 수 없습니다. 완전한 우연 또는 무근거성immotivé

---

**50**　CLG/D, 156쪽; 『일강』, 156쪽.

에 기초하여 이름 지어진 것이기 때문입니다.

언어기호의 자의성의 원리는 동시에 언어의 기원에 대한 일체의 물음을 언어학의 본토로부터 철수시키는 것을 가능케 합니다. 무엇보다, '기호가 자의적'이라고 단언하는 것은 실제로 언어학자가 이 같은 공리를 언어학의 제1의 원리로서 제기해야 하며, 피할 수 없는 철학적 입장인 것을 증명하는 데 시간을 잃어버려서는 안 될 것임을 강조합니다. 즉, 그 공리의 핵심은 언어는 하나의 사회적 규약convention sociale이라는 사실로 압축됩니다. 오직 이 같은 원칙의 입장 표명만이 하나의 언어학을 가능하게 만듭니다. 하지만 그것은 있는 그대로 논증될 필요는 없습니다.

자의성이라는 용어가 중요한 것은 오직 그것이 하나의 언어 시스템을 정의하기 때문입니다. 그 같은 원리는 언어에 대한 일체의 철학적 고려를 잘라 내야 하는 방식입니다. 즉, 언어의 존재 이유와 그 존재 방식의 이유에 관한 형이상학적이며 사변적인 물음을 말합니다. 언어학의 본령은 특정 언어 기능작동의 기술에 대해서만 자리를 내주어야 한다는 것을 말합니다. 즉, 언어의 본질과 관련해, "왜", "언제"라는 물음이 아닌, "어떻게?"라는 물음으로 언어 연구의 초점을 모아야 한다는 것을 말합니다.

이 같은 다소 급진적이며 돌발적인 결단은 언어의 본질에 대한 일체의 전통적 고려들, 논의들과 단절하는 것을 말합니다. 이를테면, 언어를 이성의 거울이나 자연의 모방으로 설명하는 전통적인 입장과 단절합니다. 소쉬르는 사고-언어 문제에 대해 입장을 취하는 데 있어 기존의 서양 언어사상에서 빈번하게 사용된 은유인 축조 또는 거울 등의 은유를, 내재적 구축의 도식으로 대체합니다.

다시 한번, 소쉬르가 구체적 사례들을 제시하며 언어기호의 자의성의 원리를 설명하는 논지를 환기하고자 합니다. 소쉬르는 먼저 사고의 형성에 있어 기호가 맡은 기능에 대해서 다음과 같이 쉽게 설명하고 있습니다. 앞서 든 예를 다시 한번 환기하고자 합니다.

"사상은 그 자체로 보면 하나의 성운과 같아서 그 속에 아무것도 필연적으로 구분되어 있지 않다."[51]

왜냐하면 언어에서 모든 것은 자의적이기 때문입니다. 하나의 기호를 만드는 기표와 기의의 관계 역시 자의적입니다. 동물

---

**51** CLG/D, 155쪽; 『일강』, 155쪽.

'소牛'라는 동일한 대상에 대해, 한국어는 소, 프랑스어는 bœuf, 영어는 cow라고 부르는 것을 보더라도 그 관계에는 필연성과 근거성이 없음을 알 수 있습니다.

하나의 발화체가 성립되는 기호들 사이의 관계 역시 자의적입니다. "왜 프랑스어에는 양을 지시하는 단어가 mouton밖에 없는데, 영어에서는 양고기를 의미하는 mutton과 살아 있는 양 sheep을 구별하는가?"라는 이유에는 그 어떤 필연적 근거가 없습니다.

각각의 언어에 고유한 제약들이 있으며, 그것들은 우발적 제약들이고, 바로 그 점에서 자의적입니다. 각 언어의 어순의 규칙역시 자의적이며, 라틴어와 달리 프랑스어 관사의 존재 역시 자의적입니다.

어휘, 형태, 통사의 모든 점에 대해, 언어의 역사는 다양한 가르침을 제공합니다. 하지만 그것들을 설명이라고 간주하기는 어렵습니다. 더구나 그것들은 그 같은 문제들을 제기하지 않는 화자와 관련된 것이 아닙니다, 그에게는 모국어의 사용법들이 자연스럽게 보입니다. 중요한 사실은 그가 자신의 언어를 성립하는 특수한 관계들과 조합의 규칙들에 대한 지식을 갖고 있다는 사실입니다. 이 같은 틀 속의 내부에서, 그의 놀이가 어느 정도 능수능란하거나 독창적이라는 사실은 하나의 역사 속에 취해진 주체의 개별적 특이성에 속합니다. 달리 말해, 그것은 발화(파롤)의 영역이며 소쉬르는 잠정적으로나마 이를 엄밀한 의미에서의 언어학으로부터 배제합니다.

놀이의 가능성이 있다는 것은 한 사회에 공통적인 언어(랑그)에 속합니다. 그 규칙들이 자의적이며 동시에 제약적이라는 사실은 그것이 하나의 놀이라는 점, 즉 형식적 기능작동이라는 사실에 기인합니다.

**문**　　그렇다면 기호학에서 기호의 자의성을 다시 강조한 것은 어떤 이유에서인가요?

**답**　　기호학적 관점은 기호의 자의성의 원리의 엄밀한 채택과 결부됩니다. 기호의 자의성은 다음과 같은 유명한 문장에서 쉽게 설명되고 있습니다.

"가령 'sœur누나'라는 개념은 그것의 기표 구실을 하는 s-ö-r라는 일련의 소리들과는 아무런 내적 관계도 맺고 있지 않다. 그 개념은 다른 어떤 소리에 의해서도 똑같이 표현될 수 있을 것이며, 그 증거로 언어들 사이의 차이점과 서로 다른 언어들의 존재 그 자체를 들 수 있다."[52]

이 같은 자의성 원칙은 고전적인 규약주의적 입장으로서, 자
연주의적 입장의 철학자들과는 늘 경쟁적인 입장이라 할 수 있
습니다. 자연주의적 입장에서 기호는 자연의 모방이라는 점에
서 자의성 원칙과 대립합니다. 언어에 대한 이 같은 사회계약주
의는 19세기 말에 지배적인 입장이 되었습니다. 흥미롭게도 소
쉬르는 당시까지 누구도 반박하지 않았던 이 같은 당연한 원리
에 대해 누구도 그것의 파급 범위와 파급 효과들을 발굴하지 않
았다는 점을 강조합니다.

"기호학의 자의성이라는 원칙은 이론의 여지가 없다. 그러나 어
떤 진리를 발견하는 일이 그 진리의 진정한 위치를 정해 주는 일
보다 종종 더 용이하다. 위에서 말한 원칙은 언어의 언어학 전반
을 지배한다. 그 원칙의 결과는 무수히 많다. 이들 결과가 모두
똑같이 명료하게 단번에 드러나지 않는 것은 사실이다. 이들 결
과와 동시에 그 원칙의 근원적 중요성은 갖은 우회적 수단을 거

---

52 CLG/D, 100쪽; 『일강』, 94쪽.

친 후에야 드러난다."[53]


이 오래된 원리의 새로운 중요성을 보다 더 잘 파악할 수 있는 길은, 기호학의 정의와 결합된 것을 그 원리와 분리시키지 않을 때입니다. 앞서 보았듯이, 그것은 미래의 과학에 불과하며, 그 존재는 조건절로 표현되어 있습니다. 언어학이 자신의 자리를 취해야 할 기호학의 미래 전개에 대한 시사는 '기호학적'이라는 용어 속에서, 확장의 약속을 보도록 촉발시킬 수 있을 것입니다. 이는 즉각적으로 적용될 수 있는 방법의 원리 표명이라기보다는 확장의 약속입니다. 하지만, 그것은 기호학적인 것과 자의적인 것을 결합시키는『일반언어학 강의』의 모든 경계들을 무시하는 것입니다. 그리고 이 같은 속성을 이론적 출발점으로 삼는『일반언어학 강의』의 심오한 의미를 무시하는 것입니다.


"우리에게 있어, 언어학적 문제는 무엇보다 기호학적이다."[54]


---

53  CLG/D, 100쪽;『일강』, 94-95쪽.
54  CLG/D, 34쪽;『일강』, 24쪽.

"또는 기호가 사회적으로 연구되어야 한다는 것을 알고도, 언어와 다른 제도의 공통점을 보여 주는 특징만을 고려한다. 그런데 이들 제도는 다소간 우리 의지에 종속되기 마련이다. … 그 반대로 우리에게는 언어학적 문제가 무엇보다도 기호학적이며, 우리 논지의 모든 전개는 이 중요한 현상으로부터 그 의미가 오는 것이다. 만약 언어의 진정한 특성을 찾으려 한다면, 우선 언어와 이의 동류인 다른 모든 체계의 공통점 속에서 언어를 파악해야 한다."[55]

그 결과, 기호의 전통적 개념은 사회적·자의적 가치를 결합시키는 언어의 기호학적 이론 속에서 완전히 변형됩니다.

"이번에는 기호의 자의성을 통하여 왜 사회 현상만이 언어체계를 만들어 낼 수 있는가를 더 잘 이해할 수 있다. 집단은 가치의 정립에 필수적인데, 왜냐하면 가치의 유일한 존재 이유는 관용과 일반적 동의에 있기 때문이다. 개인 혼자만으로는 어떠한 가치도 고정시킬 수 없다."[56]

---

[55] CLG/D, 34-35쪽; 『일강』, 24-25쪽.

요컨대, 일체의 방법이 의존하는 출발점은 기호 개념이라기보다는 기호가 자의적이라는 사실입니다. 명료하게 단언된 참신성은 우리로 하여금 하나의 오래된 개념의 이 같은 개선의 파급 범위를 보도록 초대합니다.

**문**　　기호의 자의적 본질에 대한 소쉬르의 주장이 심층적으로 함의하는 바는 무엇이며, 특히 하나의 기호가 상징과 다른 점은 무엇인가요?

**답**　　언어기호는 기표와 기의의 관계가 완전히 무동기적, 자의적인 관계에 해당됩니다. 한국어에서 '땅'이라는 단어의 음성 요소들(ㄸ+ㅏ+ㅇ)은 물리적인 흙의 속성을 전혀 갖고 있지 않습니다. 실제로 한국어 단어 '땅'과 동일한 발음을 가진 프랑스어 단어 temps은 시간을 의미합니다. 반면, 상징에는 기표와 기의 사이의 관계에 일정한 근거, 필연적 관계, 동기적 관계가 존재합니다.

예컨대, 가톨릭 도상학에서 열쇠가 천국을 상징하는 것은 임의적인 것이 아니라, 천국의 문을 열 수단이 바로 열쇠이기 때문

---

**56**　CLG/D, 157쪽;『일강』, 157쪽.

입니다. 소쉬르가 상징의 예로 든, 또 다른 사례는 정의의 상징인 저울입니다. 저울은 정확한 무게를 측정하는 것, 즉 공평무사함과 더불어 일정한 관념적 연상 관계가 존재합니다.

반면, 한국어를 모르는 외국인에게, 수백 번 '물mul'과 '돌dol'을 발음해도, 그 외국인은 두 단어의 의미를 알 수 없을 것이며, 액체와 고체의 이미지를 연상하는 것 또한 불가능할 것입니다. 그 이유는 두 언어기호, 즉 그것의 기표와 개념 사이의 관계가 철저하게 무근거적, 비동기적, 즉 자의적이기 때문입니다. 물론, 소쉬르가 이미 예상한 것처럼, 철저한 자의성과 근거성(동기부여성) 사이에는 상이한 정도의 자의성과 근거성이 존재할 것입니다.

예컨대, 화가 난 표정과 분노라는 감정 사이의 관계는 너무나 자연적인 관계라, 모든 인간이 보편적으로 파악할 수 있습니다. 반면, 소쉬르가 예로 들고 있는, 중국의 황제 앞에서 신하들과 장수들이 알현할 때 아홉 번 절을 하는 구배의 의례는 분명히 머리를 숙여 예를 갖추어 표현한다는 점에서는 관념, 즉 기의와 표현기호, 즉 기표 사이에 자연적이고 동기부여적인 관계가 존재하나, 굳이 아홉 번의 절을 해야 하는 필연적·보편적 이유가 없다는 점에서, 또 그것이 중국의 관습체계에 기초한다는 점에서 자의적이며 무동기적입니다.

**문**　　　의성어와 의태어는 언어기호의 자의성 원리를 반박할 수 있는 예외가 아닌가요?

**답**　　　얼핏 보면 의성어는 사물의 소리를 그대로 모방하는 것 같아, 기호의 형태, 즉 기표 속에 이미 그것의 개념, 즉 기의를 표현하고 있다는 점에서 양자의 관계는 자연적이라고 생각하기 쉽습니다. 하지만, 소쉬르에 의하면, 의성어들 역시 역사적 과정에 따라 변화하고, 뿐만 아니라 언어에 따라 의성어 역시 차이가 난다는 점에서 자의성 원리를 반박하기 어렵습니다.

물론, 특정 소리와 형태에 따라 사물의 모습을 연상할 수 있는 경우, 즉 언어의 형태와 소리 속에 일정한 사물의 닮은 모습을 담고 있다는 도상성을 주장하는 입장에서는 여전히 언어기호가 전적으로 자연적인 것은 아니라는 주장을 펼치기도 합니다. 하지만, 소쉬르의 결론은 의성어와 의태어는 전체 언어기호들의 숫자에서 소수에 해당되며, 그나마 완전히 형태와 의미 사이의 완전한 자연적 관계에 해당되는 것이 아니라는 점에서 언어기호의 자의성 원리는 유효합니다.

**문**　　　기표가 선적이라는 개념, 즉 선조성은 무엇을 의미하는 것인가요?

**답** 소쉬르는 언어기호의 자의성 원리와 더불어 그에 버금가는 중요한 원리로서 기표의 선조성 원리를 손꼽고 있습니다. 그 원리에 의하면 기표의 요소들은 시간이라는 일차원의 축에서 순서대로 구성된다는 것을 의미합니다. 쉽게 말해, 우리가 아무리 말을 빨리한다 해도, 동시에 두 개의 자음과 모음을 발성할 수는 없으며, 순서대로 발화해야 하나의 정상적 단어와 문장을 형성할 수 있습니다. 자연 언어와 마찬가지로 음악 역시 악보는 다양한 음표들이 순서에 따라 배열된다는 점에서 순차성, 선조성의 원리에 따른다고 말할 수 있습니다. 반면, 회화를 포함한 시각 예술 등의 언어는 1차원의 시간적 순서가 아니라, 비순차성, 즉 다차원성의 원리에 따라 동시에 그 구성 요소들이 주어집니다.

**문** 소쉬르에 의하면 언어기호는 다른 모든 기호와 마찬가지로 시간에 따라 순환하고 변질됩니다. 먼저 기호들의 순환성에 관해서 설명해 주세요.

**답** 기호들은 오직, 말들의 교환 속에서 그것들을 순환시키는 사회적 대중 속에서 그리고 그것을 통해서만 존재합니다. 그것을 통해, 유산에 의해서만 수용되는 언어의 전달이 이루어집니다. 소쉬르는 이 점에 대해, 마치 성서의 예언서처럼 이렇게 설파하고 있습니다.

"첫 순간이 지나가고 나면 언어는 거의 틀림없이 자신의 기호학적 삶을 시작할 것이다. 언어는 성찰에 의해 창조된 법칙과는 아무런 상관도 없는 법칙에 의해 전승될 것이며, 이때는 이미 후퇴할 수가 없을 것이다. 하나의 부동 언어를 만들어 후대가 그대로 받아들이기를 원하는 사람이 있다면 그 사람은 오리알을 품은 암탉과 유사하리라. 그가 창조한 언어는, 싫건 좋건, 모든 언어를 싣고 가는 흐름에 떠내려가 버리고 말 것이다."[57]

"시간은 삼라만상 모든 것을 변질시킨다. 언어라고 이 보편적인 법칙을 벗어나야 할 이유는 없다."[58]

언어를 성립하는 기호들은 그것이 의미와 동시에 물질적 형태이기 때문에, 보호 없이 사회적 관례에 양도되며, 이 같은 사회

---

**57** CLG/D, 111쪽; 『일강』, 106-107쪽.
**58** CLG/D, 112쪽; 『일강』, 107쪽.

적 관례는 반드시 형태와 의미를 변질시키고, 변형시키고, 일부 요소를 제거하고 새로운 것을 생산합니다. 이 같은 변화의 요인들에 대해 화자들은 의식을 하지 않으나, 이 같은 변화들은 기호들의 자의적 성격의 증거입니다. 그 이유는 기호들은 그것들의 존재와 운명에 있어 그 기호들을 사용하는 사회적 관례와 사용에 달려 있기 때문입니다.

소쉬르의 표현을 빌리면, 기호들은 '사회적-역사적 소용돌이' 속에 들어가면 변화할 수밖에 없습니다. 기호들은 떼어 놓으려 해도 떼어 놓을 수 없을 정도로 사회적이고 자의적입니다. 자연 속에서도 이성 속에서도 보장을 찾을 수 없으며, 오직 사용 관계에서 보장을 찾을 수 있습니다. 왜냐하면, 결혼 또는 일부다처제에 대해 엄격히 말해, 합리적으로 논의할 수 있으나, 특정 언어 형태가 아닌 다른 언어 형태를 유지시키는 것이 관건일 때는 그 같은 합리성을 따지는 것은 무의미하기 때문입니다. 우리가 밥을 '밥bap'이라 말하고, 땅을 '땅ttang'이라 말하고, 몸을 '몸mom'이라 부르는 이유는 그 이전에 우리의 부모, 그리고 그 이전의 조상들이 그렇게 말했기 때문이지, 별다른 정당화가 존재하지 않습니다.

"사실 그 어떤 사회에서도 언어는 이전 세대로부터 물려받은 산물이며, 그대로 취할 수밖에 없는 것으로만 생각되고, 또 생각되어 왔다."[59]

"그렇지만 언어가 사회적 영향력의 산물이라고 말한다고 해서 언어가 자유롭지 못하다는 것을 명백히 밝히는 것은 아니다. 언어가 항상 앞선 시기의 유산이라는 점을 상기하고, 이에 덧붙여 그러한 사회적 영향력이 시간에 따라 작용한다는 점 역시 알아야 한다. 언어가 부동성의 특징이 있다면, 그것은 언어가 집단의 쇠사슬에 매여 있기 때문만이 아니라 시간 속에 위치하고 있기 때문이기도 하다. 이 두 사실은 불가분의 관계에 있다. 항상 과거와의 유대성이 선택의 자유를 가로막는다. 앞선 세대에서 homme사람와 chien개이라고 말했기에 우리도 homme와 chien이라고 말한다. 그렇다고, 전체 속에서 볼 때, 이율배반적인 이 두 요인 사이에 관계가 없다고 할 수는 없다. 즉, 선택이 자유롭도록 해 주는 자의적 규칙, 그리고 선택이 고정되도록 하는 시간이 그것이다. 기호가 단지 전통의 법칙만을 갖는 것은 자의적이기 때문이며,

---

**59** CLG/D, 105쪽; 『일강』, 100쪽.

자의적일 수 있는 것은 전통에 기반을 두고 있기 때문이다."[60]

자의적인 것과 사회적인 것의 불가분적 관계는 『일반언어학 강의』에서 여러 곳에서 드러나는데, 소쉬르 전공학자들도 별로 주목하거나 강조하지 않았습니다. 그 이유는 구조주의에서 언어의 정태적 성격이 지나치게 강조되었다는 사실에 기인합니다. 이 점을 보다 정확히 파악하기 위해서는 소쉬르의 필사본 원고를 검토하고, 특히 게르만 전설 연구의 필사본의 기호 관련 부분을 검토할 필요가 있습니다. 소쉬르는 10년 동안 연구한 니벨룽겐 전설과 신화 연구를 통해, 전설의 인물들을 상징들로 파악하고, 그것은 언어의 기호들과 마찬가지로, 구술 전통의 부침을 거듭하며, 놀라울 정도로, 자의성과 불가피하게 결합된 이 같은 가변성을 증언하고 있습니다.

"전설은 정확히 정의해야 할 의미에서, 일련의 상징들로 구성된다. 이 같은 상징들은, 의심할 나위 없이, 다른 일련의 상징들. 예컨대 언어의 낱말들이라는 상징들과 마찬가지로 동일한 영고성

---

**60**  CLG/D, 108쪽; 『일강』, 103쪽.

쇠와 법칙들에 종속된다. 그것들은 모두 기호학에 속한다. … 하나의 상징의 정체성은 그것이 상징인 순간부터 결코 고정될 수 없다. 즉, 매 순간 가치를 고정시키는 사회적 대중 속에 흘러들어가는 순간부터 그러하다."

기호들의 이 같은 순환의 힘을 일러, 소쉬르는 기호학적 삶이라는 표현을 통해 지칭했으며, 심지어 인공 언어조차도 역사를 벗어나 규약적으로 고정된다 해도 이동성, 가변성에서 벗어날 수 없다는 점을 강조하고 있습니다.

"인위적 언어 하나를 창조해 낸 사람은 그것이 유포되지 않는 한, 자기 수중에 그것을 장악하고 있는 것이나 마찬가지이다. 그러나 그 언어가 제 역할을 하게 되어 만인의 것이 되는 순간, 바로 그러한 통제력은 사라지고 만다. 에스페란토어는 이러한 시도의 일종이다. 그런데 그것이 성공하는 경우, 과연 필연적인 법칙을 벗어날 수 있을까? 첫 순간이 지나가고 나면 언어는 거의 틀림없이 자신의 기호학적 삶을 시작할 것이다."[61]

---

**61** CLG/D, 111쪽; 『일강』, 106쪽.

동일한 운명이 하나의 자연 속에서 용어체계가 성립되는 순간에 기다리고 있습니다. 바로 이 지점에서 언어와 체스 놀이와의 비교, 형식언어와의 비교는 본질적인 것을 벗어나게 만들 수 있습니다. 왜냐하면, 일체의 고정된 사전 목록체를 벗어나, 일체의 보장을 벗어나, 있는 그대로의 기호를 성립하는 한, 이 같은 우발적 연결은 늘 위협받기 때문입니다.

바로 그 점에서 언어 시스템은 개방되어 있습니다. 언어체계에 대한 그릇된 해석을 통해 동요를 일으키는 순진한 화자들은 그 같은 파동으로써 안정된 언어체계에 역동성을 불어넣으며, 새로운 형태적 차이들을 만들어 내어, 새로운 의미를 만들어 냅니다. 놀라운 사실은 우발적인 변화들에 이어서 나타나는 이 같은 계속적인 재조직화는 시스템의 도식들에 종속된다는 점입니다.

그 결과 파괴와 구축이 조합됩니다. 역동적인 것은 정태적인 것에 대립하지 않습니다. 최소한 언어들의 시간적 차원을 참작한다면 그 점은 분명한 사실입니다.

**문** 소쉬르는 그의 자필 수고에서 기호의 실체적 성격을 부정하고, 심지어 비누 거품과 같은 것이라고 말하기도 했습니다. 이것은 무엇을 의미하는 것인가요?

**답** 기호는 그 어떤 실체적 토대를 갖지 않습니다. 기호는 음성 이미지와 지시적 이미지 사이의 사회적·우발적 관계화로부터 만들어집니다. 이 같은 사실로부터 기호들의 내재화는 객관적 환경의 조건에 달려 있지 않은 내재적 실재들의 구성으로 귀결됩니다. 기호들의 이 같은 자율성은 일차적 성격으로서 영속성과 안정성을 부여받습니다. 기호의 표현면인 기표가 하나의 유한한 청각 이미지로 구성되면, 거기에 해당되는 기의는 특이질적인 성격의 지시 이미지들의 총합을 하나의 안정된 단위로 결집시키는 분석체 또는 조직체가 됩니다.

'아버지'라는 언어기호의 기의는, 아버지에 대한 수억 개의 경험과 이미지를 하나의 개념으로 결집시키는 놀라운 조직체인 것입니다. 이 같은 공동체에서 공유되는 정신적 개념 덕분에 우리는 아버지를 경험하지 못한 유복자에서, 아버지와 더불어 같이 노년을 보내는 사람까지, 그리고 아버지로부터 지극한 사랑을 받은 사람에서, 버림받은 사람에 이르기까지, 그렇게 아버지라는 통일된 단위 속에 아버지라는 이미지를 부여하고 있는 것입니다. 그리고 그 같은 안정된 단위들의 존재는 사고의 작동 배치를 위해서 필수 불가결한 것입니다.

하지만, 시간과 사회적 순환circulation sociale이라는 두 개의 조건 속에 놓이면 그렇게 안정적이던 기호도 해체가 됩니다. 소쉬르는 신화·전설 연구에서, 전설의 인물들, 단어들, 그리고 알파벳의 철자들 모두 결코 그 어떤 물질적 확고함 또는 고정성을 갖고 있지 않음을 역설하였습니다. 그 같은 기호들의 존재는 본질적으로 덧없고 불안정한 것입니다. 소쉬르가 사용한 표현 그대로를 빌리자면 이렇습니다.

"이 같은 '존재하지 않는 존재être inexistant'는 유령인가, 아니면 비누 거품인가?"

그는 이어서 말합니다.

"그것조차 아니다. 왜냐하면 비누 거품은 최소한 물리적·수학적 단위를 소유하고 있으나 기호는 그 어떤 것으로도 이루어져 있지 않기 때문이다. 매 순간 용해되고 헤어져야 할 몇 개의 특질들의 잠정적이며 우발적인 만남에 기인할 뿐이다."

이런 점에서 그는 이렇게 말합니다.

"우리가 때때로 그처럼 애지중지하는 결합도 한낱 비누 거품에 불과하다."

인간이 쌓는 모든 인공물과 문화가 기호체계라 할 때, 문명의 덧없음을 내다보고 있는 소름 끼치게 맞는 말 아닐까요? 어쨌거나, 소쉬르는 신화와 전설의 역사적 통시태적 변형은 가장 예측할 수 없는 방식으로 모든 변천의 절대적 우연에 맡겨진 것임을 고백합니다. 우리에게 차이의 시스템을 일러 준 이 고독한 천재는 종국에 가서 우연과 비존재의 형이상학으로 귀환합니다.

**문**      소쉬르의 『일반언어학 강의』에 나오는 유명한 명제 가운데 하나는 "언어는 형식이지 실질이 아니다"라는 구절입니다. 이 명제가 의미하는 바는 무엇인가요?

**답**      언어의 형식적 특징은 동시에 『일반언어학 강의』의 가장 어려운 점으로 게시됩니다. 선행했던 모든 것은 이 같은 속성의 발화체를 준비합니다. 하지만 이 같은 속성은 오직 이 세 장의 결론부에서만 명시화되고 발전됩니다.

"언어기호를 구성하는 것이 차이가 아니었다면, 단위와 문법 현상이 서로 혼동되지는 않을 것이다. 그러나 언어가 언어이니만큼, 어떤 측면으로 그것을 다루더라도 거기에서 찾을 수 있는 것은 절대 단순한 것이 아닐 것이다. 언제 어디서나, 상호 규정되는 사항들의 복합적인 균형 바로 그것만이 있다. 달리 말하면 언어는 형식(형태)이지 실질(실체)이 아니다. 이 사실은 아무리 명심해도 지나치지 않을 것이다. 왜냐하면 우리들이 쓰는 학술용어의 모든 오류와 언어 현상을 지칭할 때 우리가 보이는 모든 그릇된 방식은 언어 현상 속에 어떤 실체가 있으리라는 무의식적 가정에서 기인하기 때문이다."[62]

소쉬르가 사용하는 형식이라는 용어는 그것의 철학적 사용법들의 일체의 다의성을 지니고 있으며, 마침내 명명되었습니다. 형식은 소쉬르가 정의한 랑그 개념의 존재 방식입니다. 그것은 추상적으로 정의된 구체적 대상입니다.

기억할 것은 추상화는 사변과 동화되어 실증주의적 언어학자들에게서 부정적으로 인식되었다는 점입니다. 여러 번에 걸쳐 『일반언어학 강의』는 그 점을 언급하고 있습니다. 소쉬르는 지

---

**62** CLG/D, 168-169쪽; 『일강』, 169쪽.

속적으로 그가 실재들과 구체적 실재들이라고 언급하는 것을 보여 주는 것에 관심을 가지고 있었습니다. 그것은 언어의 단위들의 추상화가 아닙니다. 왜냐하면 그 단위들은 집단적 동의로서 비준되기 때문입니다. 또 그 단위들은 언어주체의 두뇌 속에 자리를 갖고 있기 때문이기도 합니다. 하지만, 언어 이론에서는 추상화된 구성입니다. 소쉬르는 직접적으로 관찰할 수 있는 바 대로의 구체성을 지시하는 모든 것을 제거하려고 애쓰고 있습니다.

물론, 소쉬르는 랑그를 "파롤의 실천에 의해 동일한 공동체 속하는 주체들 속에 보관된 보물"로 정의한 바 있습니다. 하지만 곧장 이 같은 이미지화된 묘사에, 구체적 표상과는 거리가 먼 지칭을 병치시키고 있습니다. 즉, 랑그는 화자 각자의 두뇌 속에 잠재적으로 존재하는 문법 시스템입니다. 마찬가지로 소쉬르가 각자의 두뇌에 보관된 심적인 흔적들을 언급할 때, 모든 사람 각자에게 존재하며 동시에, 저장자의 의지를 벗어나 위치하는 그 무엇인가를 표상하는 것은 쉽지 않습니다.

"언어는 각 개인의 뇌 속에 축적된 인상의 총체적 형태로 사회에 존재하는데, 이는 동일한 사전의 일부씩을 각 개인이 소장하는 것과 대략 흡사하다. 따라서 그것은 모든 사람에게 공통되고 소유자의 의지와는 관계없지만, 그럼에도 각자가 소유하고 있는 그 무엇이다. 이러한 언어의 존재 양식은 다음과 같은 공식으로 표시될 수 있다. 1+1+1+1+ ⋯ = I(집단적 형태)."[63]

물질적 소리는 최소한 구체적인 것으로 보이나, 소쉬르가 말하는 기표는 단지 물질적 소리가 아니라, 즉 순전히 물리적인 것이 아니라, 이 소리의 정신적 흔적입니다.

"언어기호가 결합시키는 것은 한 사물과 한 명칭이 아니라, 하나의 개념과 하나의 청각 영상이다. 이 청각 영상이란 순전히 물리적 사물인 실체적 소리가 아니라, 그 소리의 정신적 흔적, 즉 감각이 우리에게 증언해 주는 소리의 재현이다."[64]

하나의 사물과 이름의 결합과 관련하여, 각자는 언어 습득에서 언어를 오직 사전 목록체로서의 단순론적 개념화만을 관찰할

---

**63** CLG/D, 38쪽; 『일강』, 27-28쪽.
**64** CLG/D, 98쪽; 『일강』, 92쪽.

수 있다고 생각합니다. 소쉬르는 그 같은 사물과 단어의 관계를 일대일 대응 방식으로 보는 사전 목록체식 언어 개념에 대해 "하나의 사물과 이름을 결합시키는 관계는 아주 단순한 작동이며, 이것은 진실과 거리가 멀다"라고 말한 바 있습니다.

**문**　　소쉬르의 언어 이론을 아리스토텔레스의 언어 이론과 존재론과 단절하는 탈존재론이라고 말하는데, 그것이 의미하는 바는 무엇인가요?

**답**　　프랑스 의미론 분야의 석학인 라스티에François Rastier 교수에 의하면, 소쉬르의 입장들이 가장 과감하고, 가장 잘못 이해된 것은 존재론의 영역에서입니다. 그분의 통찰에 의하면 의미 작용의 서구 이론들은 늘 존재의 언어학적 표상에 대해 기초하였던 반면, 소쉬르는 자율적 의미론의 가능성을 열어 놓으면서, 기의를 추출해 내었습니다. 무엇보다, 소쉬르는 아리스토텔레스 전통의 존재론적 실체주의와 단절했습니다.

"우리는 사고를 통해 언어활동이 필요로 하는 다양한 작용들을 실체로서 영속적으로 변환시키려는 경향을 보여 준다. … 이어서 속사들을 수용하는, 근본적인 실체를 수용할 여지는 전혀 없다."[65]

다른 한편으론, 사고와 언어를 분리시키는 이원주의적 전통과 단절하면서, 그는 기의를 언어들 속에 할당시킵니다. 소쉬르는 그 점을 다음과 같이 표명합니다.

"존재하지 않는 것은 다음과 같은 것들이다.

a. 기호들을 벗어난 의미작용들, 관념들, 기호들을 벗어난 문법적 범주들이다. 그것들은 아마도 언어학 영역의 외부에 존재할 것이다. 그것은 아마도 매우 의심스러운 물음이며, 어쨌건, 언어학자 아닌 다른 사람들에 의해 검토되어야 할 문제이다."[66]

이 같은 소쉬르의 판단은 언어학으로부터 인지적 관심들을 제거하게끔 만듭니다. 이 같은 문제는, 고대 논리학에서 스콜라철학에 이르며, 고전시대의 철학적 문법들에 이르는, 끝으로, 오늘날 인지과학에서 언어철학에서 항시적으로 제기되는 문제입니다.

요컨대, 소쉬르의 기호 이론과 언어 이론은 존재론과의 단절

---

**65** ELG, 81쪽; 『노트』, 123-124쪽.
**66** ELG, 73쪽; 『노트』, 112쪽.

을 표상합니다.

　논리적·문법적 전통에 의해 특권시된 낱말들은 실체들을 표상하는 것으로 평판이 나 있는 실사들로 이해되었습니다. 그것은 언어의 존재론적 정박을 확실하게 해 주는 것으로 간주되었습니다. 반면, 통과와 횡단passage은 언어 외적인 지시 작용 속에 닻을 내리지 않습니다. 즉 그것은 한 곳에 정박하거나 정착하지 않습니다. 그것은 언어학에서 변별성의 진리의 문제를 갖지도 않습니다. 그것은 늘 형이상학에 속했습니다.


**문**　　　그 같은 소쉬르 언어 이론의 탈존재론과 부정성의 관계는 무엇인가요?

**답**　　　상당히 난해한 이 문제에 대해 앞서 언급한 라스티에 교수의 통찰을 빌려 설명해 보겠습니다.[67] 관념들의 자율성을 확보하기 위한, 과학적 회의는 판단 지연의 기능, 또는 구성적 '에포케epoché'의 기능을 맡습니다. 그 같은 데카르트적 회의를 통해 언어의 외부와 관련된 것에 대해, 부정성이 대응합니다. 또한 그것의 내부와 관련된 것에 대해서도 부정성이 대응합니다. 실

---

**67** Rastier, François, "Le silence de Saussure ou l'ontologie refusée", 23-51쪽.

체의 부정과 구성적 회의는 존재론이 수립하고 확실하게 해 주는 실증성과 단절합니다. 더구나 실증주의의 모든 형식은 철학적 외부에서건, 언어학적 내부에서건 소쉬르주의를 무너트렸습니다.

철저한 회의는 언어 의미론의 공간을 개방시켰던 반면, 부정성의 재인식은 그것의 궁극적 종결부에 가면, 언어학의 연구 대상을 지시체적 정체성들의 코드화가 아니라, 상보적인 대립들의 시차적 시스템으로 삼았습니다.

서양 근대 철학에서 부정성은 빈번하게 존재에 봉사하는 데 사용되었는데 이를테면 낭만주의 시대에 헤겔의 부정성은 정신에 봉사하기 위해 근대 사상을 압도했습니다. 그와 달리, 소쉬르의 독창적인 부정성은 일체의 존재론 형식으로부터 소쉬르주의를 구출합니다. 특히 낭만주의적 총체성의 형식으로부터 그를 구출합니다. 그 같은 총체성은 러시아 형식주의자들에게서 구조의 근대적 개념 형성에 공헌합니다. 그 같은 관건은 막중한 것입니다. 왜냐하면, 내재적 의존들의 자율적 실재로서의 구조 개념화를 넘어, 총체성의 문제는 랑그의 개념화와 직결됩니다. 그것은 또한, 문화의 결정적 요소로서의 언어-민족의 통일성과 관련됩니다. 오늘날의 러시아의 문화학에 따르면 그렇습니다. 그것은 훔볼트 전통의 교리 형식들로부터 물려받은 것입니다.

　소쉬르는 언어와 민족의 관계에 대해 이렇게 말한 바 있습니다.


"그렇다면 이 언어의 증언은 우리에게 무엇을 가르쳐 주는가? 인종의 단일성은 그 자체로는 언어 공통성의 이차적 요인이지 필수적인 요인은 전혀 아니다. 그러나 또 다른 단일성이 있는데, 이것은 훨씬 더 중요한 것으로 유일하게 본질적인 것인바, 사회적 유대에 의해 구성되는 것이다. 이것을 민족성이라고 부르겠다. … 이런 상호성의 관계가 세워지는 것은 바로 언어와 민족성 사이에서다. 사회적 유대는 언어 공통성을 만들려는 경향이 있고, 공통의 고유 언어에 몇몇 특징을 남길지도 모른다. 반대로, 어느 정도 민족의 단일성을 구성하는 것은 바로 언어 공통성이다. 일반적으로 민족적 단일성은 항상 언어 공통성을 설명하기에 족하다."[68]


**문**　그렇다면 탈존재론의 파급 결과들은 무엇일까요?

**답**　랑그의 객관주의가 다른 질서에 속하는 모든 사실을 무로 귀결시킨다면, 소쉬르는 랑그의 묘하고 놀라운 의인화를

---

[68] CLG/D, 305-306쪽; 『일강』, 313-314쪽.

다음과 같이 소묘합니다.

"물질적 사실들의 존재와, 다른 질서에 속하는 사실들의 존재는 랑그와 무관하다. 매 순간, 랑그는 그것의 부정적 범주들의 멋진 기계의 도움을 통해 전진하고 움직인다. 일체의 구체적 사실로부터 진정으로 추출된 부정적 범주들이며, 그것을 통해 선행하는 관념들에 첨가되는 임의의 관념을 보관할 준비가 되어 있는 기계이다."[69]

그의 논지의 신비적 배경을 통해, 랑그의 의인화, 내팽개쳐짐 dereliction의 비극을 통해, 소쉬르는 하나의 새로운 형이상학을 창조하기 위해 아리스토텔레스 전통의 형이상학에서 벗어나려는 몸짓을 취했습니다. 이 같은 합법적 물음은 여기서 소쉬르 필사본들이 증언하는 명상의 계기 속에서 이론적 활동 자체를 다시 사유하려는 작업에 참여합니다. 과학과 신화는 지식의 진보에 의해 결정적으로 분리되지 않습니다. 하지만 비판적 활동은 끊임없이 그것들 사이에서 분할선을 다시 그려야 합니다.

---

**69** ELG, 76쪽; 『노트』, 117쪽.

아마도, 제 이론들은 신화들을 추상화시켜야 하며, 그것들이 내재적 또는 외재적 유효화 과정들에 종속될 때 과학적이게 될 것입니다. 그 같은 타당성의 검증 과정은 실재의 원칙의 역할을 맡습니다. 그 이전의 이론들에 견주어, 랑그는 역할을 바꾸었습니다. 그것은 도구가 아니라, 하나의 행동 주체입니다. 서사적 분석의 용어들에서, 그것은 여자 영웅의 반열에 접근했으며, 그동안 주인 행세를 해 온 정신에 대해 언어가 헌신적으로 맡았던 하인의 역할에서 벗어나, 자신의 몸에 맞지 않는 하인의 누더기 옷들을 내팽개쳤습니다.

하지만 사고의 세속적 타성들과 더불어, 단절하는 데는 위험성이 따르는 법입니다. 존재론과의 단절의 파급 효과들은 소쉬르에게서 체념의 상태에 빈번히 빠지게 만드는 양상을 띠기도 합니다. 소쉬르가 새로운 언어 이론을 구축할 때 감당해야 했던 그 같은 정신적 고통에 대해 라스티에 교수는 4개의 핵심 요지를 계시할 수 있다고 설파하는데, 그 가운데 두 개를 언급해 보겠습니다.

첫째, 신으로부터 버림받음dereliction이라는 절망감입니다.

"언어의 영토에 발을 디딘 모든 사람은 하늘과 땅의 모든 유추들에 의해 방치되고 포기된다."[70]

하늘과 땅의 언급은 이 같은 논지에 대해 목적지를 갖는 파급 범위를 부여합니다. 포기되는 것은 단지 언어학자가 아니라, 인간입니다. 도움이 없어 보이기 때문입니다. 왜냐하면, 유추는 세계와 신과의 시적이고 종교적인 관계의 보장으로 남아 있기 때문입니다. 유추는 영성적 의미의 형식들 가운데 첫 번째 것입니다. 왜냐하면, 그것은 두 개의 실재 면들 사이의 관계를 수립하기 때문입니다. 유추는 그것이 희망하는 통일성을 통해 세계와의 융합을 지향한다는 점에서 그것은 이미 존재와의 일치의 방식을 시사합니다.

둘째, 재현의 종언입니다. 진리가 고전적으로 사물과 지성의 일치adequatio rei et intellectus로 정의되는 반면, 제 언어들의 고려는 이 같은 정의를 생각조차 하지 못하게 만듭니다.

"한 언어의 시스템을 만드는 구성 항들의 차이는 가장 완벽한 언어에서도 사물들 사이의 진정한 관계들에 상응하지 않는다는 점

---

**70** ELG, 220쪽;『노트』, 299쪽.

을 말할 필요는 거의 없다. 따라서, 구성 항들이 완전하게 적용될 것이거나, 물질적인 또는 다른 정의된 대상들에 매우 비완결적으로 적용될 것이라고 기대할 이유는 전혀 없다."[71]

주지하다시피, 언어의 재현적 개념화의 종언은 그것의 창조성을 인식하도록 하는 것을 가능케 합니다. 미리 형성된 일체의 존재론에 대한 그것의 자율성을 통해, 언어는 새로운 관념들을 축적적으로 제시할 수 있습니다. 그런데, 언어적 창조성은 기호에 기초한 논리적·문법적 문제 설정에 의해 착상될 수 없습니다. 언어적 창조성은 행동 이론에 기초할 수밖에 없습니다. 재현 이론에 기초할 수 없는 것입니다. 왜냐하면, 오직 일정한 실천만이 당시까지 이질적인 요소들을 분절시키면서 새롭게 도래할 수 있기 때문입니다. 아울러, 수사학적·해석학적 문제 설정은 텍스트와 다른 복잡한 기호학적 수행들에 기초하여, 창조성을 설명해 줄 수 있을 것입니다. 그것은 자연스럽게 파롤의 언어학으로 이끌려집니다. 랑그는 파롤 실천의 상습화되고 만성화된 컬렉션이라는 점에서 그렇습니다.

---

71  ELG, 65쪽; 『노트』, 116쪽.

끝으로, 소쉬르 언어학의 시차적 원리는, 맥락들과 텍스트들에 적용되어, 모든 경우 발생은 단 한 번밖에 사용한 적이 없는 단어hapax라고 결론짓게 만드는 것을 가능케 합니다. 그것은 언어 혁신의 능력을 일체의 발화체로 확장시키면서 슐라이어마허 Friedrich Schleiermacher의 직관을 정당화시킵니다.

## 4. 언어학에서 시간성의 문제 —공시태와 통시태

**문**　　　그렇다면, 결국 소쉬르가 언어의 순환성과 변질성을 간파하며 깨달은 것은 시간의 문제였다는 생각이 듭니다. 소쉬르는 언어 연구에 있어 시간의 중요성을 어떻게 파악하고 있었나요?

**답**　　　소쉬르는 당대 언어학자들 가운데 그 누구보다도 시간의 문제에 대해 심사숙고했던 언어학자이며 더 나아가 사상가의 반열에 놓일 수 있다고 말해도 과언이 아닐 것입니다. 그는 자필 노트와 강의에서 한결같이 시간이 언어학에 제기하는 난점들을 주목하고, 언어학을 두 개의 학술 분야들로 분할시켜야 할 필요성을 역설했습니다. 그 같은 구별의 필요성은 언어학이 가치들을 다루는 학문이라는 사실에 기인합니다.

풀어 말해, 그 같은 분할을 강조했던 결정적 이유는 시간 속에서 생산되는 가치들의 변이들과 현 언어 상태의 시스템 속에서 존재하는 언어적 가치들을 동시에 연구할 수 없다는 근본적 사실에서 비롯합니다. 한 분야는 가치들의 계속성의 축을 다루고, 다른 분야는 동시성의 축을 연구합니다. 그만큼 한 언어에서 언어 단위들의 가치들은 그 수가 매우 많고 복잡합니다.

소쉬르는 이 두 개의 구별되어야 할 부문들을 '기계학의 두 부분'에 비교합니다. 하나는 정태학으로서, 균형 속에 놓인 힘들이며, 다른 하나는 운동 중인 힘을 다루는 역학입니다. 역학 속에는 시간이라는 요인이 개입합니다. 그 결과, '내재 언어학에서 수립되어야 할 최초의 필수 불가결한 결정'이 우리에게 부과됩니다. 그것은 바로 공시태와 통시태의 분할입니다. 소쉬르에 의하면 이 같은 구별을 무시하게 되면, 언어 연구는 완전히 상이한 차원의 사실들을 혼합시키는 상황에 놓일 것이라고 경계합니다.

이 두 개의 차원을 쉽게 설명하기 위해 소쉬르가 제시한 또 다른 멋진 은유는 스위스 쥐라산맥의 여러 정상에서 동시에 알프스 전경을 그리려는 무리한 시도입니다.

"언어 현상을 연구할 때 가장 놀라운 것은, 시간 속에 위치한 이들 현상의 연속성이 화자에게는 존재하지 않는다는 점이다. 즉 화자는 하나의 상태 앞에 있다. 그래서 이러한 상태를 이해하고자 하는 언어학자는 이 상태를 만들어 낸 모든 것을 백안시하고 통시태를 무시하지 않으면 안 된다. 언어학자는 과거를 제거함으로써만 화자의 의식 속에 들어갈 수 있다. 역사의 개입은 언어학자의 판단을 그릇되게 할 뿐이다. 쥐라산맥의 여러 정상에서 동시에 알프스산맥의 전경을 그리려고 하는 것은 터무니 없는 일일 것이다. 전경이란 것은 한 지점에서만 그려야 하기 때문이다. 언어도 마찬가지이다. 한 상태에서만이 언어를 기술할 수 있고 용법상의 규범을 규정할 수 있다. 언어학자가 언어의 진화를 추적할 때는, 전망의 이동을 파악하기 위해서 쥐라산맥의 이 끝에서 저 끝으로 움직이는 관측자와 흡사하다."[72]

**문**    소쉬르의 〈일반언어학 강의〉에서 제시된 가장 중요한 개념 중의 하나가, 공시태와 통시태의 구별이라고 알고 있습니다. 먼저 공시태의 개념에 관해 설명해 주세요.

---

[72] CLG/D, 117쪽; 『일강』, 113-114쪽.

**답**　　기호 시스템을 통한 언어의 정의는, 그 유명한 공시태/통시태의 분할과 밀접하게 결부됩니다.

소쉬르의 언어학에서는 시간의 흐름 속에서 진행된 한 언어의 진화를 통시태라고 부릅니다. 통시태는 한 언어의 음성, 형태, 의미 등의 언어학적 변화를 동반한 변형들의 연속이며, 비교를 통해, 한 언어의 이전 상태들을 추론할 수 있습니다. 한 언어가 통시태 차원에서 겪는 변화의 양상들은 개별 언어들의 경우마다 다를 수 있을 것입니다. 그 같은 언어학적 변형들이 급격할 경우, 한 언어를 현재의 상태와, 확인된 출발 형태들에 견주어 알아볼 수 없게 만들 수 있습니다.

이 경우 이 같은 변형들은 하나의 차이화에 이르러 상이한 시스템들을 생산할 정도에 도달합니다. 예컨대, 현재의 이탈리아어, 프랑스어, 스페인어 등의 로망어들langues romanes은 2천 년 전의 라틴어에 견주어 완전히 다른 언어 시스템을 구축했다는 점에서 그 같은 사례에 속합니다. 아마도, 고려시대의 말과, 21세기 한국어도 음운, 형태, 의미의 구조적 변화는 물론, 통사 차원에서도 전혀 다른 언어 시스템이라는 점에서, 흡사한 사례가 될 것입니다.

다른 한편, 공시태는 하나의 추상적으로 그리고 다소 자의적으로 언어학자에 의해 고정된 상태의 형식 아래 구성된 통시태와 대립합니다. 공시태는 자신이 사용하는 모국어의 과거를 모르는 언어주체, 즉 보통 화자의 언어적 감정에 해당합니다. 평범한 화자는 언어의 상태에 놓여 있으며, 자신의 모국어를 구사하기 위해, 그가 사용하는 언어의 역사를 반드시 알고 있어야 할 필요가 없습니다. 공시태와 시스템(체계)이라는 두 개의 개념은 따라서 밀접하게 결합되어 있습니다.

소쉬르의 공시태와 통시태라는 두 개의 방법론적 시각과 접근법을 철저하게 분리하기 위한 집요함은 그가 자신의 언어 이론을 수립할 때 존재했던 외적 조건들과 결부되어야 합니다. 소쉬르의 언어 이론은 19세기 중반기부터 20세기 초반기까지, 역사언어학이 최고 절정기에 이르렀을 때 구축되었습니다.

이 시기는 독일의 소장 문법학자들이 언어는 오직 그것의 역사에 의해서 정의될 수 있다고 단정한 시기를 말합니다. 비판적 시각에서 본다면 공시태의 사고는 하나의 '추상화'로 보일 수 있습니다. 언어학자들이 특정 요소 또는 특정 시리즈의 연속적인 상태들을 비교할 때, 관찰하는 구체적인 언어적 사실들에 견주어 추상화인 것은 맞습니다.

공시태와 통시태를 구별하려는 소쉬르의 집요함은 그의 언어 이론에 내재하는 이유들을 설명함으로써 보다 분명하게 이해될 수 있습니다. 즉, 언어학자들로 하여금 새로운 관점에 대해 예민하게 만드는 것이 핵심입니다. 공시태는 언어의 시스템을 사고할 수 있도록 해 주는 관점이라 할 수 있습니다.

실제로, 언어 변화들은 변화무쌍하고 예측 불가능하며, 우연적이고 오직 고립된 요소들에 영향을 미칠 뿐입니다. 예컨대, 바다를 의미하는 라틴어 단어 mare의 모음 a는 동일한 의미를 갖는 프랑스어 단어 mer의 모음 e로 변화했습니다. 언어 변화의 대부분은 기계적이고 맹목적이라고 불렸던 통시태 법칙들의 적용으로부터 결과되는 것이며, 화자들의 의식과 의지와는 총체적으로 독립됩니다. 이 같은 변화들은 각각의 경우에, 한 언어의 모든 층위와 요소들에서 발생할 수 있습니다. 예컨대, 라틴어에서 모음 사이에 놓인 자음 s(flosem)가 자음 r(florem, 꽃)로 변화하거나,[73] 라틴어와 로망어들 사이에서 격 어미들의 점증적 소멸 현상이 그 같은 예들입니다.

---

[73] florem은 꽃을 의미하는 라틴어 단어 flos의 단수 목적격(4격)이다. 프랑스어 단어 fleur는 라틴어 단어 flos(단수 1격)와 oris(단수 소유격) 형태로부터 왔으며, 중간 단계인 florem을 거쳐 형성되었다. s 음성이 r 음성으로 변화한 것은 라틴어의 명사들의 격 굴절에 영향을 미친, 라틴어에서의 다른 소리를 r로 바꾸어 발음하거나, 특히 s를 r로 바꾸어 발음하는 원리(rhotacisme)에 기인한 것이다.

이 같은 법칙들의 개입은 수천 년 또는 수백 년의 상당한 시간이 경과되면 언어 시스템을 변형시켜, 화자들에 의해 절대적으로 상이한 것으로 감지되는 언어를 생산하는 데 이릅니다. 예컨대, 현대 한국어는 백제어, 고구려어와는 완전히 상이한 언어 시스템을 갖고 있습니다. 오직 전문 학자들만이 그들의 언어사 연구를 통해 해당 언어의 조상어와 접맥시킬 수 있습니다.

하지만 소쉬르는 통시태 차원에서 발생하는 국부적인 변형들은 하나의 시스템을 성립하지 않는다고 보았습니다. 소쉬르가 강조한 것은 한 언어의 연속적인 상태들 사이에 수립된 관계들은, 특정 순간에 말해지는 한 언어의 요소들 사이에서 설정할 수 있는 상태들과는 철저하게 상이한 차원에 속한다는 점입니다.

언어와 관련해 시간의 흐름과 현 상태는 완전히 상이한 차원입니다. 통시태의 경우, flosem에서 florem을 거쳐, fleur꽃에 이르는 과정을 파악하게 해 주는 반면, 공시태는 프랑스어의 fleur, fleurir꽃이 피다, florissant꽃이 피는 사이에서 동시대 프랑스어 화자가 인식하는 언어의 상이한 요소들의 관계를 파악하게 만들어 줍니다.

두 경우 모두 언어 형태라고 말하지만, 그 둘은 언어학적으로 완전히 상이한 현실입니다. 첫 번째 것은 하나의 역사를 지시하고, 두 번째 것은 하나의 시스템을 지시합니다. 그것들은 철저하게 상이한 사실들이며, 이 점에 있어 언어적 사실이라는 개념의 자명성을 동요시키는 것은 공시태/통시태의 구별 때문이라고 말할 수 있습니다. 사람들이 사실이라고 부르는 것은, 보다 깊이 성찰해 보면, 관찰 가능한 현상들에 대한 관점에 달려 있음을 깨닫게 됩니다.

언어(랑그)를 화자가 사용하는 시스템으로서 즉, 하나의 공시태 속에서 제시되는 바대로의 시스템으로서 정의하는 것을 수용하는 관점을 채택하는 것을 말합니다. 그다음으로는, 즉각적으로 관찰될 수 있는 언어 현상들의 개별적 변이를 어떻게 접근할 것인가를 해결해야 하는 문제가 남습니다. 이 같은 언어적 변이는 사회언어학, 심리언어학, 문체론 등의 연구 분야에 속합니다.

**문** 공시태와 통시태의 구별을 구체적 언어의 사례를 들어 설명해 주실 수 있을까요?

**답** 소쉬르는 자필 노트에서, 공시태와 통시태의 이원화라는 이 같은 방법론적 결정이 갖는 함의를 강조합니다. 그는 형태론을 다루는 장에서도 이 문제를 다루고 있습니다. 그에 의하면 언어학자들이 실천하는 것은, 역사적 형태론을 다루면서, 음성적 변형들로부터 결과되는, 옛 형태들과 새 형태들 사이의 비교입니다. 그 결과, 게르만어 kalbiz/kalbizö(단수형과 복수형의 대립)와 kalb/kalibir(kalb는 독일어로 송아지를 뜻함) 사이의 관계를 다루면서, 동일한 의미작용을 갖고 있다는 점을 언급합니다.

그런데 형태들의 역사를 만들어 내는 이 같은 비교는(예컨대, kalbizö가 kalbir가 된 것) 음성 변화를 자명하게 만들 뿐입니다. ─단수형에서 iz의 탈락, 복수형에서 –ö의 탈락과 같이─ 그것은 이 같은 음성 변화들에 이어서 관계가 된 새로운 의미 단위들(kalb와 kalbir)의 본질과 기능작동을 설명하지 못하고 있습니다.

게르만어의 과거를 모르는 상태에서, 독일어의 형태론에 있어 실재하는 것은 kalb/kalbir의 대립, 즉 kalb와 –ir라는 두 개의 단위들의 존재입니다. 그 같은 세분화는 어원에 있어 그 어떤 것에도 상응하지 않습니다. 그 결과, 일체의 형태론은 동시발생적인 형태들의 다양성과 관계들을 연구하며, 이것은 정태언어학과 진화언어학을 구별해야 할 필요성을 부과시킵니다.

**문**　　　공시태는 다른 말로 하면 화자의 의식에 내장된 언어 생산 원리를 파악하는 작업이라고 말할 수 있을까요?

**답**　　　그렇습니다. 소쉬르에 의하면 언어 분석은 화자들에게 실재하는 것의 분석이어야 합니다. 『일반언어학 강의 비평본』에서도 그 점을 확인할 수 있습니다.

"대원칙: 언어의 특정 주어진 상태에서 실재하는 것은, 언어주체들이 의식하는 바이며, 그들이 의식하고 있는 것, 그들이 의식을 가질 수 있는 것 이외의 아무것도 아니다."[74]

통속본 『일반언어학강의』에서도 이 점은 다시 강조되고 있습니다.

"공시태는 하나의 관점, 즉 화자들의 관점만을 인정하며, 그 방법은 전적으로 화자들의 증언을 수집하는 데 있다. 한 사항이 어느 정도로 현실인지를 알기 위해서는, 그것이 어느 정도로 화자들의 의식에 존재하고 있는가를 보아야 할 것이고, 또한 그것으로 충분할 것이다."[75]

---

[74] CLG/E, 18-19쪽.
[75] CLG/D, 128쪽; 『일강』, 125쪽.

**문**　　　그렇지만 소쉬르가 언어의 정태적 측면을 강조한 결과, 언어의 역동성과 역사성을 소홀히 했다는 비판이 제기되어 왔습니다.

**답**　　　상당수 언어학자는 언어 연구에서 시간의 문제가 갖는 인식론적·방법론적 함의를 파악하지 못한 채 너무 간단하게 생각하여, 시간의 문제가 상태들의 연구와는 완전히 독립된 연구를 통해 수행됨으로써 간단하게 해결될 수 있다고 생각했습니다. 이 같은 추상화는, 사실들의 엄밀한 기술을 위해 필요하나, 언어의 진정한 본질을 은폐시킬 수 있는 위험성을 내포합니다.

소쉬르의 통상적 주석들과 구조주의 언어학에서 정태적이라는 용어는 결정적으로 고정된 것이라는 의미로 환원되어, 소쉬르가 강조한 "언어의 통시적 힘들과 정태적 힘들이 영속적인 갈등 속에 놓여 있다"라는 사실을 등한시하게 했습니다. 그에 의하면 그것들의 상호 놀이는 너무나 가까이 둘을 결합시켜, 언어 이론은 양자를 대립시킬 수 없게 만들었습니다.

1909년 소쉬르는 다음과 같이 설파하고 있습니다.

"통시언어학으로 시작해야 할 것이다. 공시태는 그 자체로 별도로 다루어져야 할 것이다. 하지만 통시태와의 영속적인 대립 없이는 아무것에도 이르지 못할 것이다."[76]

특히 핵심적인 어려움은 화자들에 의해 감지되는 언어 사용과 관례의 안정성, 공통적으로 공유되는 의미작용들과 더불어서의 사회적 제도로서의 언어를 모두 고려해야 하는 일입니다. 이와 동시에, 하나의 절대적 원칙으로서 언어학자에게 부과되는 것, 즉 '시간 속에서 이루어지는 언어의 영속적인 운동의 원칙'을 모두 함께 더불어 파악하는 안목입니다.

언어학에서 형태들의 발생은 그 형태들을 해석하면서, 그것들을 사용하고, 변질시키고, 재조직화시키는 일상적 교환들 속에서 만들어지고, 다시 해체되고, 재구성되는 과정을 반복합니다. 이같은 운동은 언어의 사회적 성격에 기인합니다. 언어라는 대상은 오직 말들 속에서, 그리고 그 순환을 통해서만 존재합니다.

## 5. 언어 가치 이론

**문**        소쉬르가 언어의 가치 이론을 피력할 때 사용한 체스

---

[76] SM, 29쪽.

놀이와의 비유에 관해서 설명해 주세요. 먼저 소쉬르는 어떻게 언어를 가치 시스템으로 정의하고 있나요?

**답**　　소쉬르는 앞에 설명한 기호의 자의성과 가치 수립의 관계를 다음과 같이 통찰합니다.

> "이번에는 기호의 자의성을 통하여 왜 사회 현상만이 언어체계를 만들어 낼 수 있는가를 더 잘 이해할 수 있다. 집단은 가치의 정립에 필수적인데, 왜냐하면 가치의 유일한 존재 이유는 관용과 일반적 동의에 있기 때문이다. 개인 혼자만으로는 어떠한 가치도 고정시킬 수 없다."[77]

이 단락에서 사회적, 자의성, 시스템, 가치 등의 용어들 사이에 수립된 관계는 가치들이 기호들이라는 고전적 가설의 오랜 증명 끝에 나타납니다. 하지만, 이 같은 대치를 작동시키는 데 할애된 논증에 앞서, 이 같은 관계는 『일반언어학 강의』의 상이한 순간들을 지시합니다. 그것은 언어(랑그)의 진정한 본질을 정식화하기 위해 랑그/파롤 구별보다 더 멀리 나가는 것을 가능케

---

[77]　CLG/D, 157쪽; 『일강』, 157쪽.

합니다. 그리고, 매우 일찍 개진된 단언을 정당화시키는 것을 가능케 합니다. "랑그는 오직 자신의 질서만을 알고 있다." 그것은 서양 체스 놀이의 비교를 통해 공시태/통시태의 구별을 가능케 합니다.

"그러나 상상할 수 있는 모든 비교 중에서 가장 명시적인 것은 언어 작용과 체스 놀이 간에 설정할 수 있는 비교이다. 이 두 놀이 모두에 있어 우리 앞에 있는 것은 가치체계이며, 우리는 이들 가치의 변경을 본다. … 우선 체스 놀이의 어떤 상태는 언어의 어떤 상태에 잘 부합된다. 말들이 지니는 각각의 가치는 체스판 위에서 이들이 갖는 위치에 의존하며, 마찬가지로 언어에 있어서 각 사항은 다른 모든 사항들과의 대립에 의해 그 가치를 지니게 된다."[78]

그 결과, 두 개의 언어학이 규정됩니다. 하나는 랑그를 변형시킨 일련의 사건들을 이야기하고, 다른 하나는 완전히 구별되는 다른 언어학, 즉 공시태의 언어학을 말합니다.

---

[78]  CLG/D, 125-126쪽; 『일강』, 122쪽.

"공시태의 언어학은 논리적이고 심리적인 관계를 다룬다. 이들 관계는 공존하며 체계를 이루는 사항들을 연결시켜 주는데, 이들 사항이란 동일 집단이 인식하는 바로 그대로이다."[79]

이것은 소쉬르가 단언하는 것처럼 매우 커다란 난점들을 제시합니다. 소쉬르는 이렇게 묻고 있습니다. "관찰 가능한 현실들은 어디에 있는가?"

가치라는 용어를 발전시키고 있는 제2부의 세 장(2장, 3장, 4장)은 겉으로는 가독성이 높으나 실제로는 매우 복잡합니다. 문제의 핵심은 기호의 전통적 사고의 자명성에 맞서 나가는 것입니다. 주의 깊은 분석을 해 보면 다음과 같은 사실을 부각시킬 수 있습니다. 『일반언어학 강의』는 하나의 증명이라기보다는, 여러 망설임과 단도직입적인 단어들로 점철된 구불구불한 논증을 발전시키고 있습니다. 『일반언어학 강의』는 언어의 단위들과 관련된 일종의 설득 담론의 기호들이라고 말할 수 있습니다. 언어학자가 목표로 삼는 것은 언어 요소들의 구체적 기능작동이며, 이때 관건은 기술하고자 하는 핵심 요소들입니다.

---

**79** CLG/D, 140쪽; 『일강』, 138쪽.

소쉬르는 다음과 같은 질문에서 출발합니다. "언어학자는 그의 언어 연구에서 무엇을 추출하려고 추구하는가?" 간단히 대답한다면, 일정한 음성들로 구성된 하나의 시퀀스가 발화자에게 뜻하는 언어기호의 의미입니다. 예컨대, "걸어라!"라는 발화체가 있다고 했을 때, 그것은 단독으로 의미를 갖는 것이 아니라, "걸으세요", "걷는다", "뛰다" 등과의 관계를 통해 의미를 갖습니다. '걷다'라는 단어를 성립하는 기표와 기의의 관계, 일반적으로 그 단어의 의미작용이라고 부르는 것은 사용되는 그것의 의미를 설명하는 데 충분하지 않습니다.

그 의미는 시스템이 허락하는 선택들에 달려 있습니다. 선택들 가운데 각각은 특수한 방식으로 형태와 의미를 결합시킵니다. "걸어라!"라는 단어는 명령법이며, 평서문과 차이가 나고, "뛰라고?"라는 단어와 의미론적 차이가 납니다. 이 같은 언어 형태들의 차이들의 체계가 언어의 메커니즘입니다. 그 같은 차이들의 체계는 하나의 시퀀스의 의미작용 속에서도 필연적으로 개입합니다.

고전적인 용어로 말해, 언어는 어휘와 동시에 문법에 의해 작동됩니다. 전통적으로는 어휘의 역할을 특권시합니다. 이를테면 실사와 허사의 구별에서 고유한 언어적 의미의 유무라는 대립을 지시합니다. 통상적으로 언어학에서 허사는 문법적 표시소로 정의되는데, 소쉬르의 언어 이론에서 강조된 시스템의 관점에서, 모든 언어 요소들은 동일한 자격으로 그리고 동일한 과정에 따라 의미합니다.

비록 문법적 표시소들이 언어 외부의 지시체를 지시하지 않는다고 해도 그것은 핵심 관건이 아닙니다. 중요한 것은 이 같은 분석에서, 말해진 것, 세계에 대해 이해된 것이 아니라, 말해지는 방식, 이해되는 언어적 수단들이기 때문입니다. 한국어 단어 '얼굴'은 인간의 신체 부위를 지시하나, 주격조사 '-는'과 목적격조사 '-를'이 지시하는 것은 사물이 아니라, 단지 한국어의 문법적 기능을 표시하는 언어 요소일 뿐입니다.

뿐만 아니라, 하나의 언어에서 어휘에 속하는 것은 다른 언어에서는 문법에 의존할 수 있습니다. 두 경우 모두에 있어, 그 기능작동은 동일한 일반적 원칙에 종속됩니다. 소쉬르의 언어 이론에서 금과옥조로 여겨지는 것은 관계들이며 언어에는 오직 관계들만이 존재합니다.


"한편 문법에서 어휘론을 제외하는 것이 논리적인 것일까? 언뜻
보아 사전에 기록되어 있는 낱말은 문법 연구의 대상이 되지 않

을 듯싶은데, 이는 문법 연구가 대개 단위들 사이에 존재하는 관계에 한정되어 있기 때문이다. 그러나 수많은 이들 관계가 낱말 뿐만 아니라 문법적 수단에 의해서도 충분히 표현될 수 있다는 점을 곧 보게 된다. 가령 라틴어에서, fio와 facio가 대립되는 것은 dicor와 dico가 대립되는 것과 마찬가지인데, 이들 후자는 동일어의 문법적 형태인 것이다. … 사람들은 일반적으로 전치사를 문법에 귀속시킨다. 그러나 en considération de라는 전치사구는 근본적으로 어휘적인데, 그 이유는 이 전치사구에서 considération이란 낱말이 자기의 고유한 뜻을 가지고 나타나기 때문이다. 그리스어 peitho: peithomai와 프랑스어 je persuade(나는 설득한다): j'obéis(나는 복종한다)를 비교해 보면, 대립이 전자의 경우 문법적으로 나타나고 후자의 경우 어휘적으로 표현된다."**80**

모든 경우에 있어, 어휘 또는 문법, 의미작용은 형태들 사이의 차이들에 의해 실현됨을 알 수 있습니다.

"그러므로 적극적 관점에 입각하여 marchons이 표현하고자 하

---

**80**  CLG/D, 186-187쪽; 『일강』, 186-187쪽.

는 바를 의미하기 때문에, 그것을 선택한다고 말하는 것으로는 충분치 않다. 실은 개념이 환기시키는 것은 하나의 형태가 아니라 잠재적 체계 전체인바, 이 체계 덕분에 기호의 구성에 필요한 대립들을 얻는다. 기호 그 자체만으로는 어떠한 고유한 의미도 없다."[81]

**문** 소쉬르는 언어학적 단위와 그것의 동일성에 대해서 깊은 고민을 한 것으로 알려져 있습니다. 소쉬르는 동일성의 문제는 곧 가치의 문제라는 결론에 도달한 것으로 알고 있습니다. 그의 성찰의 핵심은 무엇인가요?

**답** 언어학적 단위들의 진정한 본질을 이해하기 위해서는 그 자체로 관찰 가능한 형태들을 고립시키기를 원하는 것을 멈춰야 합니다. 그리고 오직 다른 형태들과의 관계들 속에서만 그 단위들을 파악할 수 있다는 점을 수용해야 할 것입니다. 그 같은 단위들은 오직 이 같은 관계들 속에서만 언어학적으로 존재합니다.

"marche!나 marchez!가 더 이상 marchons!에 대립하지 않게 되는

---

81 CLG/D, 179쪽; 『일강』, 179쪽.

날, 몇몇 대립들은 사라져 버릴 것이고, marchons!의 가치는 사실상 변화될 것이다."[82]

고전적 분석에 있어 특정 형태의 문법적 속성들을 열거하는 경우를 살펴보겠습니다. 예컨대, 프랑스어 단어 j'écrivais(나는 글을 쓰고 있었다. 동사 범주, 능동형, 직설법, 반과거 시제 등등)는 다른 특징들에 속하는 가능한 다른 형태들을 제거하는 암묵적인 관계화를 통해 이루어집니다. —il'écrit, il écrivait, il était écrit, écrire 등— 사람들은 늘, "문법가들에 의해 고착된 개념들"을 사용하고, 오직 관찰 가능한 구체적인 사실에 국한시키는 경향을 보여 줍니다. 소쉬르는 기존의 문법적 범주들의 적합성에 대해서 이렇게 묻고 있습니다.

"이처럼 언어학은 문법학자들이 만들어 낸 개념들을 끊임없이 취급하는데, 이들 개념이 과연 언어체계의 구성 요인에 상응하는지 알 수 없다, 그러나 어떻게 그것을 알아낼 수 있는가? 그리고 이들 개념이 유령에 불과하다면, 어떤 실재를 이에 대립시켜야

**82** CLG/D, 179쪽; 『일강』, 179쪽.

하는가?"[83]

흔히 학자들은 이 같은 소쉬르의 언급을 단지 고전적 분석들의 타당성의 문제 제기로서 해석하는 경향이 있습니다. 즉, 기존 문법적 분석들이 노출하는 결여적이고 미완결된 분류에 대한 비판 정도로 해석합니다. 하지만 가장 중요한 것은 모든 관찰과 분석의 수순은 이 같은 장르의 매개들을 통해야 한다는 점입니다. 따라서 문제의 핵심은 적합한 매개화를 찾아내는 일입니다.

"오류에서 벗어나려면 우선, 언어의 구체적 실재는 스스로 우리 눈앞에 나타나지 않는다는 것을 납득해야 한다. 이 실재를 파악하고자 노력한다면, 언어 현실에 도달하게 될 것이다. 이를 바탕으로, 언어학은 자기 영역에 속하는 현상들을 정리하는 데 필요한 분류법을 만들어 낼 수 있을 것이다."[84]

문제의 관건은 제 분류법들의 개념적일 수밖에 없는 성격을

---

**83** CLG/D, 153쪽; 『일강』, 153쪽.
**84** CLG/D, 153쪽; 『일강』, 153쪽.

논외로 하는 것이 아니라, 그 원리를 엄격하게 다시 사고하는 것입니다. 소쉬르에게 있어 이 같은 원리는 일체의 실체론적 초석을 배제하는 것입니다. 그는 언어를 오직 놀이에 의해서만 의미를 갖는 형태들의 놀이로 귀결시키고 있습니다.

"언어 메커니즘은 전적으로 동일성과 상이성에 의해 움직이는 바, 후자는 전자의 대칭물에 불과하다. 따라서 동일성 문제는 어디서나 제기된다."

바로 이 지점에서, 두 개의 비유가 그 점을 이해시켜 주는 데 효과적으로 사용되고 있습니다.

"가령, 24시간 간격으로 떠나는 '제네바발 파리행 저녁 8시 45분' 급행열차 두 대에 대하여 우리는 동일성이란 말을 쓴다. 우리 눈에는 동일한 급행열차로 보인다. 하지만 기관차, 승무원, 객차 등 모든 것이 틀림없이 다르리라. 또는 하나의 거리를 완전히 밀어 버리고 재건할 경우, 물질적으로 보아 옛 거리에서 남은 것이라고는 하나도 없는데도 우리는 동일한 거리라고 한다. 하나의 거리를 온통 재건해도 그 거리가 동일한 것으로 남을 수 있는 이유는 무엇인가? 그 이유는 거리의 실체가 순전히 물질적인 것만은 아니기 때문이다. 거리는, 가령 다른 거리들과의 상대적 상황과 같은, 몇몇 조건 조건 위에 바탕을 두고 있으며, 그 우연적 물질 성은 이들 조건과는 무관하다. 마찬가지로 급행열차는 발차 시간, 운행 노선 및 일반적으로 다른 급행열차와 이를 구별시키는 모든 상황에 의해 규정된다. 동일한 조건이 실현될 때마다 동일한 실재들을 얻게 된다. 그럼에도 불구하고 이들 실재는 추상적이 아니다. 왜냐하면 하나의 거리나 하나의 급행열차 모두 물질적 실현 없이는 생각될 수 없기 때문이다."[85]

체스 놀이와의 비교는 그 같은 확신을 완수시키고 있습니다.

"기사를 예로 들어 보자. 이 말은 자기 하나만으로 경기의 요소가 될 수 있는가? 분명 그렇지 않다. 왜냐하면 제자리와 기타의 경기 조건 밖에서 순전히 그 물질성만 본다면, 이 말은 체스 놀이꾼에게 아무것도 아니며, 자기의 가치를 다시 띠고 이와 혼연일체가 된 다음에야만 실재적이고 구체적인 요소가 되는 것이다. 경

---

**85** CLG/D, 151-152쪽; 『일강』, 151-152쪽.

기 중 이 말이 깨졌다거나 분실되었다고 하자. 이 말을 같은 자격이 있는 다른 말로 바꿀 수 있을까? 물론이다. 다른 기사로도 바꿀 수 있을 뿐만 아니라, 먼저의 말과 동일한 가치만 부여한다면 그와 비슷한 데가 전혀 없는 형상이라도 동일하다고 간주할 것이다. 따라서 언어와 같은 기호체계에서는 특정 규칙에 따라 요소들이 상호 연관되어 균형을 이루므로, 동일성의 개념은 가치의 개념이고 가치의 개념은 곧 동일성의 개념임을 볼 수 있다."[86]

**문**　　소쉬르에 의하면 언어기호들은 결국 다른 기호들과의 차이와 대립을 통한 순수한 가치들이라고 하는데, 이에 대해 보다 상세한 설명을 해 주세요.

**답**　　가치를 말한다는 것은 한편으로는 '상이한 차원들의 사물들 사이의 등가'를 제기하는 것을 말합니다. 그것을 통해, 언어학은 정치경제와 접맥됩니다. 정치경제에서 노동과 임금, 언어학에서는 기의와 기표가 그것입니다. 다른 한편으로는, 상호 의존적인 요소들의 복수성의 틀 속에 놓이는 것을 말합니다. 그 같은 복수성은 각각의 언어에 대해 특수한 방식으로 해결되

---

**86**　CLG/D, 153-154쪽; 『일강』, 153-154쪽.

는 복수성입니다.

"주화의 가치를 결정하는 것은 금속이 아니다. 1에퀴에는 명목상 5프랑의 가치가 있지만, 은의 함량으로 보면 이 액수의 반밖에 안 된다. 이 주화에 무엇이 새겨져 있냐에 따라, 정치적 경계의 이편과 저편에 따라, 그 가치가 증감할 것이다. 이 점은 언어 기표에 있어 더욱더 현저하다. 그 본질에 있어 언어 기표는 음적인 것이 전혀 아니며, 감각으로 감지되는 것이 아니다. 그것은 물질적 실체에 의해 구성된 것이 아니라, 단지 자신의 청각 영상과 그 외의 모든 청각 영상을 구별하는 차이에 의해 구성된 것이다."[87]

자의성이라는 기호학적 원칙은 언어의 가치 이론과 더불어 소쉬르 언어학의 정초라 할 수 있습니다. 더 정확히 말해, 가치는 자의성의 철학적 개념을 다시 취하는 언어학적 방식으로서 나타납니다.

"언어 현상에 의해 연결된 두 영역이 막연하고 형태 없는 것일 뿐

---

[87]  CLG/D, 164쪽; 『일강』, 164쪽.

만 아니라, 어떤 개념에 대해 어떤 청각 단편을 선택해야 하는 것도 전적으로 자의적이다. 만약 그렇지 않다면 가치의 개념은 그 특성을 잃게 될 것인데, 이는 가치가 외부로부터 강요된 요소를 포함하고 있다는 이야기가 되기 때문이다. 그러나 실상 가치란 완전히 상대적인 것이며, 이 때문에 개념과 소리의 연결 관계는 근본적으로 자의적이다."[88]

소쉬르는 가치의 특징을 다음과 같이 파악하고 있습니다.

"이 질문에 대답하기 위해, 우선 언어 밖에서도 모든 가치는 역설적 원칙에 지배되는 듯이 보인다는 점을 확인하자. 이들 가치를 이루는 것은 항상 다음과 같다.

> (1) 하나의 상이한 사항. 이 사항은 가치가 아직 미정인 사항과 교환될 수 있는 성질을 갖는다.
> (2) 유사한 사항들. 이들은 문제의 가치를 지닌 사항과 비교될 수 있다. 이 두 요인은 한 가치의 존재에 필수적이다.

---

[88] CLG/D, 157쪽; 『일강』, 157쪽.

가령 5프랑짜리 동전의 값어치를 정하기 위해서는 다음과 같은 것을 알아야 한다. 1. 이 동전을 일정량의 다른 물건, 가령 빵과 교환할 수 있다. 2. 이 동전을 동일 체계의 유사한 가치, 가령 1프랑짜리 동전이나 다른 체계의 화폐(1달러 등)와 비교할 수 있다. 마찬가지로 하나의 낱말도 상이한 사물, 즉 하나의 개념과 교환될 수 있다. 뿐만 아니라 동질의 다른 사물, 즉 다른 낱말과 비교될 수 있다. 따라서 낱말이 어떠어떠한 개념, 즉 어떠어떠한 의미와 '교환'될 수 있다는 것을 확인하는 데 그치는 한, 낱말이 가치는 미정인 것이다. 이 낱말을 또한 유사한 가치, 즉 이에 대립 가능한 다른 낱말들과 비교해 보완한다. 낱말의 내용은 자기 외부에 있는 것의 도움을 받아야만 진정 결정된다. 낱말은 체계에 속하므로 의미뿐만 아니라 무엇보다도 가치를 지니는데 이는 전혀 별개의 것이다."[89]

단어 또는 단위 대신 가치를 말한다는 것은 어휘와 문법을 동일한 방식으로 다루는 것을 가능케 합니다. 어휘와 마찬가지로 문법의 메커니즘 역시 가치들로서 제시됩니다.

---

**89**  CLG/D, 159-160쪽; 『일강』, 160-161쪽.

**문**　　언어 가치 개념에서 차이 개념은 어떻게 설명되고 있나요?

**답**　　단어 또는 언어 단위는 실증적(긍정적)이고, 고립 가능하고 직접적으로 관찰 가능한 요소로서 있는 그대로 존재를 갖지 않습니다. 의미하는 것은 특이한 형태가 아니라, 형태들의 관계입니다. 의미작용은 그 자체로서의 하나의 형태에 결부되는 것이 아니라, 형태들 사이의 차이들에 결부됩니다. 소쉬르는 이렇게 말하고 있습니다.

> "그러므로 이 모든 경우에서 우리가 포착하는 것은 미리 주어진 개념이 아니라, 체계에서 우러나는 가치이다. 가치가 개념에 해당된다고 말함으로써 사람들이 암시하는 바는, 개념이 순전히 이화적이라는 것, 즉 그 내용에 의해 적극적으로 정의되지 않고, 체계 내의 다른 사항들과의 관계에 의해 소극적으로 정의된다는 것이다. 개념의 가장 정확한 특징은, 다른 어떤 개념도 아닌 것이 바로 그 개념이라는 데 있다."[90]

---

[90] CLG/D, 162쪽; 『일강』, 162쪽.

개념들과 마찬가지로, '음소들 역시 대립적·상대적·부정적' 실재들입니다. 예컨대, 한국어의 어떤 단어를 취해도 그것은 그 자체로서 의미를 갖는 것이 아니라, 그것의 차이들을 통해 의미하는 것입니다. '님'이라는 단어는 '남', '사랑'이라는 단어와의 개념적 차이를 통해, 그리고 '밤', '심', '김' 등과의 음성적 차이를 통해 의미합니다. 이 같은 노선을 통해, 랑그와 파롤의 최초의 근본적인 구별을 다시 발견할 수 있습니다.

"소리들이 서로 구별되는 한, 언어 행위 주체가 어느 정도 발음을 마음대로 한다는 것이 이를 입증해 준다. 가령 프랑스어에서 r은 후음으로 발음하는 것이 일반적 용법이지만, 많은 사람들이 이를 혀끝으로 굴려서 발음하고 있다. 그렇다고 해서 언어가 혼란에 빠지는 것은 전혀 아니다. 언어는 단지 차이를 필요로 할 뿐이지, 일반적으로 생각하듯이 소리가 불변의 특질을 지닐 것을 요구하지는 않는다."[91]

가치라는 개념과, 차이라는 개념과 맺는 그것의 관계는 소쉬

---

**91** CLG/D, 164-165쪽; 『일강』, 164-165쪽.

르에게 있어 언어의 진정한 본질과 시스템이라는 용어의 내용을
정의합니다.

> "언어체계는 일련의 소리 차이와 일련의 개념 차이가 결합된 것
> 이다. 그런 몇 개의 청각 기호와 사고라는 덩어리를 동등한 숫자
> 로 세분한 것을 병치해 놓으면, 하나의 가치체계가 생성된다. 그
> 리고 바로 이 가치체계가 각 기호의 내부에서 음적 요소와 정신
> 적 요소 사이에 실제적인 연결 관계를 구성해 준다."[92]

**문**　　　소쉬르의 가치 이론은 당시의 정치경제학의 가치 이
론으로부터 영향을 받았나요?

**답**　　　실제로, 언어학사를 검토해 보면 기호의 가치 이론은
신고전주의적 경제학의 관점의 영향을 받았음을 알 수 있습니
다. 특히 발라Leon Walras와 파레토의 정치경제학 이론은 노동의
가치 개념을 그것의 객관적 기원의 문제로부터 그것의 주관적
지각의 문제로 이동시켰습니다. 정치경제학에서, 상품의 가치
는 늘 상대적입니다. 왜냐하면 그것은 수요와 공급의 법칙에 따

---

92　CLG/D, 166쪽; 『일강』, 166-167쪽.

라, 다른 상품들에 견주어, 결정되기 때문입니다.

유럽 기호학의 정초를 수립한 것으로 평가받는 『일반언어학 강의』에서, 소쉬르는 명시적으로, 언어 시스템과 경제 시스템을 나란히 놓을 것을 제안합니다. 경제학과 마찬가지로, 소쉬르는 언어학과 기호학에서 가치 개념에 봉착합니다. 정치경제학과 언어학 모두에 있어, 관건은 상이한 차원에 속하는 두 개의 사물 사이에 존재하는 등가의 시스템입니다.

정치경제학에서는 노동과 임금, 언어학에서는 기의와 기표 사이의 등가라 말할 수 있습니다. 소쉬르는 『일반언어학 강의』에서 이렇게 말하고 있습니다. "언어에서 각각의 구성 항은 다른 구성 항들과의 대립을 통해 그것의 가치를 갖는다." 이 같은 소쉬르의 시각은 경제학자 발라와 파레토의 한계효용설과 맥을 같이 합니다. 이것은 구조주의 사상과 언어학을 특징짓는 기호학적 경제주의의 시초라 할 수 있습니다.

소쉬르의 정통 계승자인 옐름슬레우는 "모든 언어학적 사실은 하나의 가치 사실이며 오직 그것의 가치를 통해서만 정의될 수 있다. 언어학적 사실은 그것이 시스템에서 차지하는 자리에 의해서 정의되며, 이 같은 자리는 가치에 의해 그 같은 언어학적 사실에 할당된다"라고 말한 바 있습니다.

파레토의 『정치경제학 교과서』는 1906년부터 1909년 사이에 로잔에서 출간되었는데, 이것은 정확히 소쉬르가 제1차 〈일반 언어학 강의〉를 진행할 무렵이었습니다. 로잔의 정치경제학파의 영향권 안에 소쉬르가 동화되었다는 것을 말합니다. 일부 학자는, 한 걸음 더 나가, 공시태 분석과 통시태 분석의 구별에 대한 소쉬르의 최초의 아이디어는 프랑수와 케네 박사Docteur François Quesnay의 경제 도표의 독서로부터 가능했을 것이라는 가설을 내놓은 바 있습니다.

소쉬르는 이어서, 언어학과 정치경제학 사이에 존재하는 방법의 공통성의 토대를 명시적으로 설명하고 있습니다.

"여기서는 앞의 경우에서와는 반대로 경제학과 경제사가 동일 과학 내에서 확연히 분리되는 두 학과를 구성한다. 이 분야의 최근 저서에는 이러한 구분이 한층 강조되고 있다. 이렇게 하는 것은, 잘 의식하지는 못하면서도, 어떤 내적 필연성에 따르는 것을 말한다. 그런데 바로 이와 유사한 필연성 때문에, 우리는 언어학을 각기 고유한 원칙을 지닌 두 분야로 나눌 수밖에 없었던 것이다. 그 이유는 언어학에서도 경제학에서와 마찬가지로 가치 개념에 직면하기 때문이다. 이들 두 과학에 있어서 문제 되는 것은 상이한 질서에 속하는 두 사물 사이의 등가체계이다. 즉, 후자에 있어서는 노동과 임금, 전자에 있어서는 기의와 기표이다."[93]

위 인용문에서 알 수 있듯이, 임금은 기표와 관계를 맺고, 노동은 기의와 관계를 맺고 있습니다. 실상, 소쉬르는 또 다른 텍스트에서, 기표의 유사물은 돈 또는 화폐로서, 그 예로서 교환가치로서, 노동에 지불하는 데 사용된다고 말합니다.

기표는 형식적이고 상징적인 것을 지시한다는 점에서, 그것의 은유는 교환 가치 또는 탁월한 교환 가치인 화폐인 것입니다.

기의는 기표에 의해 이동되는 것을 지시한다는 점에서, 즉 그 의미를 성립하는 것을 지시한다는 점에서, 그것의 은유는 사용 가치, 즉 구체적 노동, 유용한 물건입니다. 보드리야르Jean Baudrillard는 한 걸음 더 나아가, 교환 가치와 기표를, 사용 가치와 기의를 동일시합니다.

기호로서의 상품은 그 두 개의 결합으로 구성됩니다. 사용 가치들의 매스는 오직 일반적 등가를 갖는 교환을 통해서만 상품이 됩니다. 상품이 되면서 물건은 기호가 됩니다. 다시 말해 그

---

**93** CLG/D, 115쪽; 『일강』, 111쪽.

것은 그 물건을 판독 가능케 만드는, 즉 사회적으로 유용하게 만드는 의미작용의 시스템 속에 놓이는 것입니다.

그 두 개의 차원들의 관계화는 오직 총체적 시스템으로부터 만들어집니다. 그것은 가치를 탄생시키는 시스템의 등가 관계입니다. 소쉬르가 사용하는 멋진 이미지는, 공기와 수면이 접촉하는 경우로서, 대기의 압력이 변하면 물의 표면은 분해되어 물결 파동을 이룹니다. 이때 공기와 물의 표면은 각각 기표면과 기의면에 해당되고, 물결은 그 두 개의 결합인 기호라 할 수 있습니다. 기표와 기의들의 상호 의존적인 단위들의 총체성을 규정하고 재단하는 것은 물결들의 운동입니다.


## 6. 그 밖의 문제들
### —내재 언어학과 외재 언어학, 단위와 정체성, 언어 메커니즘

**문**　　소쉬르의 내재 언어학과 외재 언어학의 구별에 대해서 설명해 주세요.

**답**　　소쉬르는 일반언어학이라는 건축물을 구축하기 위해 어떤 설계도를 만들 것인가라는 문제를 스스로에게 던졌습니다. 어쨌건, 소쉬르의 동시대 철학자 콩트Auguste Comte와 마찬가지로 소쉬르 역시 최초로 사회과학이라고 불린 모델에 기초합니다. 사회과학은 물리학처럼 성립되어야 할 것이며, 언어활동 langage과 제 언어들에 대한 연구는 엄밀하게 그것의 연구 대상의 속성들을 사고하려는 시도를 해야 합니다. 또한 언어학이 탐구하는 장의 한계들을 사고하려는 시도를 경주해야 합니다. 이 같은 시도는 무엇보다 실증주의적인데, 실증주의positivisme라는 용어에 대해 일체의 인식론적 파급 범위를 부여한다는 점에서 그렇습니다. 먼저, 『일반언어학 강의』에서 내재 언어학이라고 정의된 것을 다시 파악하는 노력을 할 필요가 있습니다.

소쉬르는 서론과 최초의 장들부터, 언어활동이라고 부르는 것의 다중적이며 이질적인 성격에 맞서 랑그는 그 자체로서 하나의 전체이며 분류의 원칙임을 천명합니다. 랑그는 하나의 사회적 제도이며 특히 그것은 기호체계임을 강조합니다.

"내재 언어학에 있어서는 양상이 전혀 다르다. 아무 질서나 용납하지는 않는다. 언어는 자기 고유의 질서만을 아는 하나의 체계이다. 체스 놀이와 비교해 보면 이와 같은 사실을 더 잘 감지할 수 있다. 이 경우 외적인 것과 내적인 것을 구분하기가 비교적 쉽다. 체스 놀이가 페르시아에서 유럽으로 왔다는 사실은 외적이다. 반대로 체계와 규칙에 관계되는 모든 것은 내적이다. 만약 내가 나무 대신 상아로 만든 말을 사용할 경우 이 변화는 체계와 아무 관계가 없다. 그러나 내가 말의 수를 줄이거나 늘린다면, 이러한 변화는 놀이 '문법'에 막대한 영향을 미치게 된다."[94]

이 같은 원칙의 발화체들이 발전됨에 따라, 『일반언어학 강의』가 단숨에 언어학에 부과시키는 상관관계에 기초한 한계화는 엄정한 분할선들의 형식 아래 정밀하게 규정됩니다. 무엇보다 전반적인 배제인데, 이는 '언어활동에 속하는 이질적 사실들'의 배제를 말합니다. 여기서, 언어활동이라는 언어와 관련된 다양한 사실들의 총체성과, 그 가운데 가장 본질적인 부분인 랑그(언어)를 구별하는 소쉬르의 접근법을 분명하게 파악할 필요가 있습니다.

"그런데 랑그는 무엇인가? 우리에게는 랑그가 언어활동과 혼동되지는 않는다. 랑그는 언어활동의 특정한 일부분일 뿐이다. 물론 본질적인 부분임에는 틀림없지만, 그것은 언어활동 능력의 사

---

**94** CLG/D, 43쪽; 『일강』, 32쪽.

회적 산물인 동시에, 개개인이 이 능력을 발휘할 수 있도록 사회 집단이 채택한 필요한 약정의 총체이다. 전체적으로 고려해 보면, 언어활동은 다양하고 잡다하다. 여러 영역에 걸쳐 있고, 동시에 물리적, 생리적, 정신적인가 하면, 또한 개인적 분야와 사회적 분야에 속한다. 그것은 인간적 현상의 어떤 범주 안에도 들지 않는다."[95]

소쉬르는 언어활동의 사실들은 나중에 가서, 부차적으로 다루어질 것이라고 첨언하고 있습니다. 이 같은 첫 번째 결정은 다음과 같은 분기점들의 정초를 마련합니다.

첫째, 사회적 랑그와 개인적 파롤의 구별입니다. 하나는 각자의 두뇌에 잠재적으로 존재하는 시스템이며, 다른 하나는 언어 주체가 랑그의 코드를 사용하게 해 주는 조합들입니다.

소쉬르가 사용하는 은유는 효과적입니다.

"언어 인상들이 화자에게서 형성되는 것은 수용 및 등위 배열 능력의 기능에 의해서인데, 이들 언어 인상은 모든 사람의 머릿속

---

**95** CLG/D, 25쪽; 『일강』, 15쪽.

에 거의 동일하게 남는다. 언어가 외적인 요소 없이 그 자체로 나타나기 위해서는, 이 사회적 산물을 어떻게 상상해 봐야 할 것인가? 만약 모든 개인 속에 축적된 낱말 영상의 총합을 포괄해서 생각할 수 있다면, 우리는 언어를 구성하는 사회적 유대 관계에 접할 수 있을 것이다. 언어는 화언 실행을 통해 동일한 공동체에 속하는 화자들 속에 보장된 보물이며, 각 뇌리 속에 혹은 좀 더 정확히 말한다면, 모든 개인의 뇌 속에 잠재적으로 존재하는 문법 체계이다. 왜냐하면 언어란 그 어느 개인 속에서도 완전할 수가 없고, 집단 속에서만 완전하게 존재하기 때문이다."[96]

둘째, 내재 언어학과 외재 언어학의 구별입니다. 외재 언어학은 내재 언어학에 종속되며, 랑그의 시스템과는 무관한 언어활동의 현상들은 외재 언어학으로 귀결됩니다. 예컨대, 정치사, 제도들, 지리 등은 언어 변화들에 개입하나 화자들이 사용할 수 있는 시스템의 기능작동 속에는 개입하지 않습니다.

"일반적으로 말해서 언어가 발전하게 된 환경을 안다는 것이 절

---

**96** CLG/D, 30쪽; 『일강』, 20쪽.

대적으로 필요 불가결한 것은 아니다. 젠드어와 고대 슬라브어 같은 몇몇 고유 언어에서는 어느 민족이 그러한 언어를 사용했는 지조차도 정확히 알지 못하고 있다. 그러나 그것을 모른다는 것 이, 그 언어를 내적으로 연구하고 그 언어가 겪어 온 변형을 아는 데 장애가 되지는 않는다. 여하간 두 관점의 분리는 필수적이어 서, 이 분리를 엄격히 지키면 지킬수록 더욱더 좋을 것이다."[97]

셋째, 공시태 연구와 통시태 연구의 구별입니다. 그 두 개의 언어학은 그것들의 방법과 원칙에 있어 대립됩니다. 왜냐하면 그것들은 상이한 현상들의 유형들을 다루기 때문입니다.

"진화 현상과 정태 현상 사이의 근본적 모순은, 전자 또는 후자에 관계되는 모든 개념이 똑같은 정도로 서로 환원 불가능하다는 결 과를 유발한다. 이들 개념 중 어느 것을 가지고도 이 진리를 입증 할 수 있다. 바로 이렇게 해서 공시적 '현상'은 통시적 현상과 아 무런 공통성도 지니지 않는다. 전자가 동시적 요소 간의 관계라 면, 후자는 시간 속에서 한 요소가 다른 요소를 대체하는 것, 즉

---

**97** CLG/D, 42쪽; 『일강』, 31쪽.

하나의 사건이다."[98]


언어의 메커니즘 원리에서 통합체syntagme와 계열체 paradigme에 대해서 설명해 주세요.

가치 개념은 그렇게 해서 형태적 표상과 상관관계를 이루며 언어 분석 방법의 커다란 윤곽선을 그리게 만들어 줍니다. 소쉬르는 언어 기능작동을 두 개의 축에서 이루어지는 관계들을 구별하면서 제안합니다. 연쇄들의 수평축, 즉 통합체 축, 기표의 선조성을 형상화합니다. 이 관계들은 현존하는 축에서 존재합니다. 다른 축은 수직축으로서 연합적 관계이며 실현되지 않은 모든 종류의 관계들을 표상합니다. 그것은 부재 속에 존재하는 관계들이며 이를테면 일련의 연합체의 관계들입니다.

구조 분석은 『일반언어학 강의』에서 기술된 모델을 그것의 분석 토대로 삼았습니다. 동시에 계열체 축에서 환입의 가능성을 파악하고, 통합체 축에서 조합의 가능성을 해명합니다. 이렇게 해서 그것은 언어를 닫힌 분포적 부류들의 닫힌 목록체로 만들었습니다. 그런데 정작 소쉬르는 언어에서 무한한 창조성의 원

---

**98** CLG/D, 129쪽; 『일강』, 126쪽.

리를 보았습니다.

언어 분석을 단순한 계통론 속에 고정시키기는커녕, 랑그에 대한 이 같은 개념은 조합술과 동시에 창조성을 동시에 표상하려는 형식언어학의 출발점인 것입니다.

**문**　　소쉬르의 언어 이론의 맹점 또는 단점으로 언급되는 것은 문장의 통사 또는 담화에 대한 이론이 결여되어 있다는 것입니다. 이 같은 비판은 근거가 있는 것인가요? 소쉬르는 문장과 담화에 대해 어떤 성찰과 이론을 개진하였나요?

**답**　　소쉬르는 담화discours에 있어 연쇄체들에 속하는 모든 것을 명사 통합체syntagme라고 부릅니다. 요컨대, 그것은 통합체의 차원syntagmatique에 속하는 모든 것을 가리킵니다. 그런데, 통합체는 파롤의 언어학에 속하는데, 소쉬르는 여러 번에 걸쳐, 『일반언어학 강의』에서 파롤의 언어학과 랑그의 언어학의 경계선이 어디인가를 자문하고 있습니다.

"상당히 보편화된 한 이론의 주장에 의하면, 유일한 구체적 단위는 문장이다. 우리는 문장을 통해서만 말하며, 나중에 여기에서 낱말들을 추출한다는 것이다. 그러나 우선 어느 정도까지 문장이 랑그(언어)에 속하는 것인가? 문장이 파롤(화언)에 속하는 것이라면 언어 단위로 통할 수는 없다."[99]

"여기에서 이의를 제기할 수 있다. 문장은 통합체Syntagm의 전형적인 유형이다. 그러나 그것은 파롤(화언)에 속하지, 랑그(언어)에 속하지 않는다. 그렇다면 통합체는 파롤에 속하는 것이 아닌가? 우리 생각으로는 그렇지 않다. 파롤의 속성은 바로 결합의 자유이다. 따라서 모든 통합체가 마찬가지로 자유로운 것인지를 자문해 보아야 한다."[100]

소쉬르는 통합체의 차원과 통사를 혼동하는 것을 경계합니다. "물론, 늘 최소한 두 개의 단위들 사이에서, 아울러 공간 속에서 두 개의 단위들이 분배된다."[101] 실제로, 통합체 차원은 통사로 환원되지 않습니다. 왜냐하면, 통합체의 범위는 문장을 넘어서기 때문입니다. 비록 문장이 통합체의 한 가지 유형이지만 말입니다. 실제로 통합체 개념은 언어학적 단위의 모든 크기에 적용

---

**99** CLG/D, 148쪽; 『일강』, 147-148쪽.
**100** CLG/D, 172쪽; 『일강』, 172쪽.
**101** CLG/E, 1, 308.314-2158/2193/2194.2, Riedlinger, 2e cours.

될 수 있습니다.

뱅베니스트와 달리, 소쉬르는 문장에 대해 그 어떤 우세를 부여하지 않았습니다. 그렇지만, 이 같은 조직화의 층위에 대해 새로운 관점을 가져왔습니다. 그는 문장에 대한 서술적prédicative 개념화를 다시 취하지 않았고, 문장을 생산적 활동에 비교했습니다. 실제로, 파롤을 행동 과정으로서 간주한다면 문장 층위에서 언어실천론praxeologie의 문제가 가장 명료하게 제기됩니다. 생략적이지만 선명한 방식으로 언어실천론적praxeologique 관점을 채택하면서, 소쉬르는 하나의 문장과 하나의 의례를 차이화시킬 필요성을 체감했습니다. 성스러운 신학을 벗어나, 그 누구도 문장과 의례를 접맥시킬 것을 염두에 두지 않았습니다.

"하나의 의례, 하나의 미사, 그것은 전혀 문장과 비교될 수 없다. 왜냐하면 의례는 행위들의 연속의 반복에 불과하기 때문이다. 문장은 음악 작곡가의 활동에 비교될 수 있다(연주자의 활동에 비교될 수 없다)."[102]

---

[102] ELG, 94-95쪽; 『노트』, 141쪽.

위에서 인용한 단락에서 확인할 수 있듯이, 소쉬르는 문장을 행위들의 연속으로서 간주하고 있으며, 하나의 명제나 표상으로 고려하고 있지 않습니다. 라스티에 교수가 꿰뚫어 보았듯이, 소쉬르의 성찰은 이 같은 행위들의 창조적 특징에 초점을 두고 있습니다. 문장이 하나의 상투적인 문화적 오브제에 비교되지 않고, 하나의 예술적 활동에 비교되고 있음을 알 수 있습니다.

소쉬르는 언어활동의 행사가 창조이며, 정해진 규칙들의 반복적 실행이 아니라고 강조하고 있는 것입니다. 모든 활동과 마찬가지로, 문장의 창조는 특정 언어의 여러 제약 조건들을 만족시키면서도, 하나의 상황과 실천에 대한 적응 과정으로서 기술될 수 있을 것입니다. 즉, 미리 존재하는 규범들과 기호학적 재료들에 따라 이루어지는 과정입니다. 보다 일반적으로 말해, 담화들과 장르들의 규범을 고려하는 언어학은, 별다른 모순 없이도, 자유로운 행사와 연습에 필요한 의례화를 식별하고 인식할 수 있습니다. 여기서 말하는 의례화는 최소한 파롤의 동시발생적인 행사에 필요한 의례화를 말합니다.

# 7. 지리언어학

**문**　　소쉬르의 제3차 강의에서는 현대 언어학에서 완전히 사라진 언어의 지리학, 특이 언어의 다양성을 강조하고 있습니다. 소쉬르가 구상한 지리언어학의 핵심은 무엇이었나요?

**답**　　기존의 소쉬르 학생들 노트에서 누락된 콩스탕탱의 필사 노트는 다양한 언어들에 대한 소쉬르의 세밀한 유형론적 분석을 제공하고 있는데, 이 부분은 인도유럽어학자로서의 박학을 비롯해 거의 전 세계 언어권을 아우르는 넓은 시야가 압권입니다. 저는 이 부분을 번역하면서 최초의 세계 언어사이며 지리·역사·정치·종교·문화를 아우르는 언어 지정학의 전범이라는 생각을 갖게 되었습니다.

소쉬르는 수백 개의 언어의 친족 관계를 수립하고, 특히 해당 언어가 남긴 문자 기념비에 대한 고고학적 발굴과 연구를 제시하면서, 각 언어가 점유하는 지리적 분포를 치밀하게 파악하였습니다. 역사지리언어학의 탁월한 예증이라 할 수 있는 이 강의를 읽으면 구체적 언어들의 역사·지리·문화에 해박했던 인문지리언어학의 효시로서 소쉬르의 모습을 볼 수 있습니다. 강조해야 할 사실은, 세 차례의 〈일반언어학 강의〉 동안 소쉬르는 언어의 지리적 분포에 대해서 한 해도 빠지지 않고 다루었으며 제 3차 강의에서는 마치 전 세계의 언어 지리 여행을 하는 것처럼 그의 제자들에게 전 세계 언어의 파노라마를 보여 주고 있다는 점입니다.

보다 구체적으로 소쉬르는 다음과 같은 제목을 제시하면서 주요 어족들의 지리적·역사적 분포도를 제시합니다('지구상에 존재하는 가장 중요한 어족들의 지리적·역사적 구도Tableau géographique-historique des plus importantes familles de langues du globe'). 다만, 아쉬운 점은, 인도유럽어족은 모든 가지를 친족성과 지리적 분포와 역사적 진화 등에 대해서 상술하고 있는 반면, 시간 부족의 이유로 우랄-알타이어족은 아주 소략하게 언급하는 데 그치고 있고, 한국어와 일본어는 언급조차 되고 있지 않다는 점입니다.

그의 현란한 백과사전적 설명과 언어·역사·정치·종교·지리를 넘나드는 해박함은 추상적인 언어 이론을 강의하던 소쉬르의 모습과는 전혀 다른 모습을 보여 줍니다. 요즘의 말을 빌리자면, 소쉬르는 딱딱하고 무미건조한 대학 교수의 언어가 아니라, 격렬한 열정을 갖고 언어 여행을 안내하는 이야기꾼으로서 '스토리텔링'의 매력을 십분 발휘하고 있다고 말할 수 있습니다. 하지만 그 같은 생동감 넘치는 강의는 단지 흥미로운 이야기 방식만으로는 이루어질 수 없으며, 당시에 획득된 고고학적 성과를 참조하는 강의 재료의 참신성에 신세지고 있습니다. 설형문자의 해독과 관련된 일화, 고비 사막의 한 곳에 숨겨져 있던 고대 도서관의 발견과 관련된 모험, 그리고 고대 인도의 최고의 종교 경전인 베다를 암송한 수도승들의 비법 등을 포함하여 인도유럽어족과 관련된 문자들에 대한 최근 지식의 성과를 조목조목 상술하고 있습니다.

한 가지 강조할 사항은 다양한 언어들을 다루는 이 부분에서 소쉬르는 단지 19세기 역사비교언어학 분야의 교과서 내용을 언급하는 수준에 머무르지 않았다는 사실입니다. 19세기는 역사비교문법의 시대인 만큼, 특히 인도유럽어족에 대한 연구가 폭발적으로 증가했던 시대라는 점에서 소쉬르의 강의에서 인도유럽어족에 대한 강의 부분의 독보적 가치를 과소평가하는 경향이 있었습니다.

하지만, 이 부분에서 소쉬르는 두 가지 이유에서 단순한 사실들을 열거하는 개론서의 차원을 훌쩍 뛰어넘었습니다. 첫째, 단순한 사실 소개가 아니라, 전 세계의 어족에 대한 자신만의 분명한 관점과 독창적 견해를 피력했으며, 둘째, 강의를 진행했던 동시대에 획득된 다양한 고고학적 성과들과 가설들을 논의하고 있다는 점입니다. 이 부분에 등장하는 인명, 지명, 언어명 등, 수백 개의 고유명사가 쏟아져 나오고 있어 독자는 현기증을 일으킬 정도입니다(고트어 단어, 페르시아어 단어, 설형문자, 힌두 문자, 셈 문자 등등).

다시 강조하거니와, 다양한 인도유럽어족의 언어들을 다루는 이 부분은 〈일반언어학 강의〉에서 언어 이론의 체계를 수립하기 전에 강의의 구색을 맞추기 위한 방편으로 포함된 것이 아니라는 점을 숙지하고 있어야 할 것입니다. 사실, 상이한 언어들의 다양성을 지각하고 그것에 대한 지식을 구비하는 것은 일반언어학의 이해에 있어서 필수적입니다. 모든 언어 이론의 일반화는 반드시 현존했던(현존하는) 언어들에 대한 종합적 지식을 기반으로 이루어질 수 있기 때문입니다.

그렇다면 소쉬르의 일반언어학에서 언어적 사실들을 일반화시킨다는 것은 무엇을 의미하는가 하는 물음을 던져 볼 수 있습니다. 소쉬르는 1910년 11월에 진행한 강의 서론부에서 언어학자가 수행하는 일반화 활동에 대해서 다음과 같은 명시적 견해를 개진하고 있습니다.

"언어학이 연구해야 할 사회적 산물이라는 이 같은 성격을 언어

(랑그)에 할당한 후에 인류 전체의 언어활동이 무한한 언어들의 다양성에 의해서 발현된다는 점을 첨언해야 할 것이다. 언어(랑그)는 한 사회의 산물이지만, 상이한 사회들이 동일한 언어(랑그)를 갖지는 않는다. 이 같은 다양성은 어디서 오는가? … 언어(랑그) 속에서 우리는 상이한 언어들 속에서 우리가 관찰할 수 있는 것을 요약한다."[103]

제3차 〈일반언어학 강의〉 초반부터 소쉬르는 시간과 공간을 통하여 세계에 존재하는 언어들의 다양성이라는 평범한 사실을 환기시킨 후, 언어는 심적 대상·물리적 대상·역사적 대상 등, 다면적 모습을 갖고 있다는 점을 강조합니다. 또한 언어는 언어학자가 실행하는 추상화 작동의 결과물입니다. 곧바로 확인할 수 있듯이, 이 책의 제1부분은 '여러 언어les langues'로서 이 부분은 겨울 학기 동안 전개되었습니다.

이어서 여름 학기에는 기호의 자의성에 대한 개념적 명료화를 끝내면서 다시 한번 소쉬르는 여러 언어에 대한 지식의 필요성을 상기시키고 있습니다. 즉, 소쉬르가 말하는 언어(랑그)를 이

**103** CLG/E, 19-20쪽.

해하기 위해서는 먼저, 시공간에서 존재했던 구체적인 언어들에 대한 인식이 필수적이라는 것을 말합니다.[104]

## 8. 문자의 기호학적 위상

**문**　소쉬르의 『일반언어학 강의』에서는 아마도 현대 언어학의 시작이자 마지막이라 할 정도로, 문자 언어에 대한 체계적 고찰을 제공하고 있습니다. 데리다는 소쉬르가 문자 언어를 하대하고, 서양 형이상학의 음성중심주의를 답습하고 있다는 비판을 하고 있는데, 소쉬르는 문자 언어와 음성 언어의 관계에 대해 어떤 입장을 취하고 있었나요? 제1차 강의에서부터 제3차 강의에 이르는 동안, 문자를 파악하려는 시각의 변화가 있었나요?

**답**　소쉬르에게 있어 그가 정확히 갖고 있던 문자 언어에 대한 이론적 관심과 문제는 그다지 명확하거나 자명하지 않습니다. 『일반언어학 강의』에 의하면, 언어(랑그)는 문자 언어와 분리하여 연구될 수 있는 형식이고, 아울러 문자의 사명이 음성 언

---

**104** 소쉬르, 페르디낭 드, 『소쉬르의 마지막 강의』, 김성도 편역, 45-57쪽 및 413-446쪽.

어를 재현하는 데 있는 이차적 기호체계라는 점에서, '문자 언어'라는 명사구는 '문자를 통해 재현되는 언어'를 지칭한다고 볼 수 있을 것입니다. 『일반언어학 강의』의 제1장 「언어학사 일별」이라는 틀 속에서, 그는 문헌학적 비평의 개요를 제시하고 있는데, 그것은 "살아 있는 언어를 망각하고 너무 예속적으로 문자 언어에 연연했다"라고 적고 있습니다. 학생들 필기 노트에서 문자 언어라는 표현이 출현하는 곳들의 대부분은 '문자에 의해 재현되는 언어'라는 이 같은 어의에서 사용되고 있습니다.

문자에 대한 소쉬르의 성찰은 『일반언어학 강의』의 서론부 제6장에 집약되어 있습니다. 그 제목은 '문자에 의한 언어의 재현'입니다. 문자의 문제는 『일반언어학 강의』 전체에서 심오하게 양가적으로 다루어지고 있습니다. 한편으로 소쉬르는 문자를 언어의 기만적 재현이라고 비판했으나, 다른 한편에선 문자가 언어학적 대상의 특징들에 대해 성찰하기 위한 변별적인 아날로공analogon(유추물)으로서 요청됩니다. 그 결과 소쉬르에게 있어 문자는 일부 연구자들이 언어의 베일과 베일 벗기의 이중적 과정이라고 불렀던 것에 참여합니다.

더구나 소쉬르의 자필 노트들에서 —특히 휘트니에 대한 노트, 게르만 전설 연구에 대한 노트들에서— 문자는 언어학자 소쉬르의 기호학적 성찰에 있어 핵심적 자리를 차지합니다. 표면 텍스트 이면의 심층 텍스트의 구조를 탐구하는 아나그람 연구 노트들 역시 문자에 대한 평행적인 성찰을 발전시키고 있습니다. 그것은 구어와 문어의 관계들에 대한 갈등적, 더 나아가 매우 복잡한 실천의 장소입니다.

물론 이들 자료가 소쉬르의 음성중심주의의 테제를 단번에 무력화시키는 것은 아닙니다. 그 같은 필사 자료들은 『일반언어학 강의』의 제6장에서 제시되는 문자 이론과 접맥될 수 있습니다. 여기서는 1907년부터 1911년 사이에 행해진 〈일반언어학 강의〉의 성찰로 논의를 국한하겠습니다. 소쉬르가 직접 준비한 강의 노트들, 강의를 받아 적은 학생들의 노트들을 비교 검토해 보면, 이 점에 있어, 문자 언어의 위상의 문제가 여러 번에 걸쳐 제기됨을 보여 주며, 세 번의 강의 전개 속에서 상이한 대답들을 생산했음을 알 수 있습니다.

문자에 대한 이 같은 다양한 소쉬르의 접근은 일반언어학의 발생에 있어 중요성을 갖고 있으나 통속본 『일반언어학 강의』는 문자의 언어학적·기호학적 위상과 의미에 대한 소쉬르의 생각들의 변모 과정의 흔적을 간직하고 있지 않은 채, 대부분의 소쉬르 독자들에게 거의 알려지지 않은 복잡한 논쟁을 부분적으로 반영하고 있을 뿐입니다.

『일강』에서 문자 문제를 다루고 있는 장은 소쉬르가 세 번의 강의(1906-1907, 1908-1909, 1910-1911)를 통해 제시했던 다양한 시각들의 강의 내용 전개의 혼합으로부터 이루어졌다는 점에서 일관성이 다소 결여되어 있습니다. 어쨌거나 이 세 번의 강의 내용의 발전은 하나의 동일한 최종 목적에 부합하고 있습니다.

무엇보다 소쉬르에게 있어 언어학자들에 의해 저질러진 오류들을 목록화하는 것은 핵심이며, 이 같은 오류들 가운데 최고의 으뜸 자리에 소쉬르는 문자의 기만적 매체에 기인한 오류들을 갖다 놓고 있습니다. 문자에 대한 소쉬르의 경계는 문자 대신, 언어의 소리들에 대한 합리적 분석으로 대치할 것을 초대하는 것과 조합됩니다. 그 결과, 제1차 강의와 제3차 강의의 내용 전개는 『음운론』의 설명 제시에 자리를 내주고 있는데, 이것은 『일강』에서 편집자들이 간직하는 논리적 연속의 결과물입니다.

그런데 문자 발화체들에 대한 입장은 세 번의 강의에서 동질적이지 않습니다. 제1차 강의는 다른 강의들에 비해 문자 현상들로부터 언어 연구를 분리시키고 추출하는 데 더 많은 애착을 갖고 있습니다. 언어주체들이 그들의 언어에 대해 갖고 있는 지각에 있어 문자 전사의 프래그넌시pregnance를 분석한 후에, 소쉬르는 그가 정의하려고 하는 언어학의 장으로부터 문자와 관련된 일체의 현상을 배제할 것을 제안합니다. 그는 강의 초반부에서, 학생들의 노트에 따르면, 다음과 같은 해결책을 단언합니다. "우리는 따라서 단호하게 음성 언어에 국한한다."[105] 궁극적으로, "(우리가 문자 언어를 배제시킨) 언어가 문제 될 것이다."[106]

이 점에서 하나의 사실이 이 첫 번째 강의에서 상시적으로 지각되지 못한 상태로 지나쳐 버립니다. 소쉬르는 문자의 기준에 따라 언어학을 두 개의 구별적 학문으로 분할시킬 것을 제안합니다. 알베르 리들링거의 노트에서 확인된 문제가 되는 단락은 루돌프 엥글러의 『일반언어학 강의 비평본』에는 나타나지 않습니다. 그것은 아래와 같습니다.

"문자에 의해 암시되는 오류는 일반적인데, 음성 법칙들은 구어가 문자 기호들의 시스템에 결속될 때, 변형된다. 그리하여 언어 속에는 두 개의 기호학적 축들을 갖는다. 비록 이 같은 가짜 falsification 현상들을 병리적인 것이 아닌, 규칙적인 것으로 간주한

---

**105** CLG/E, 562쪽.
**106** CLG I, 102쪽.

다 해도, 우리는 두 개의 언어과학을 갖게 된다. 음성 언어를 문자 언어와 완전히 분리하여 고려해야 할 것이다."[107]

이 두 개의 과학들(학문들)의 제안은 소쉬르가 그의 당대의 언어학에서 범한 오류들과 비수미일관성을 제거하는 데 주로 할애된 하나의 강의 속에서 자리를 취하고 있습니다. 첫 번째 선택사양은 이 같은 분할에 대해 교육적인 목적을 부여하는 것이 될 것입니다. 두 개의 언어과학이라는 표현은 학생들로 하여금 언어와 문자라는 두 개의 구별되는 기호학적 시스템들을 형성한다는 점을 설득하기 위한 지름길이었을 것입니다.

또 다른 선택 사양은 이 같은 분할을 하나의 인식론적 제안으로서 파악하는 것입니다. 이 경우, 위에서 인용한 단락은 외재적 문자 기호학의 자리를 마련하려는 취지가 아니며, 언어기호학의 하위 부류로서 문자 기호학을 할당시키려는 의도로 해석될 수 없다는 것입니다. 오히려, 음성언어 연구glossologie와 나란히 필상학 연구graphologique를 할당시킬 것인데, 둘 모두 언어학에 참여합니다.

---

[107] CLG I, 10쪽.

이 두 번째 선택 사양을 선호하는 사람은, 문자의 기준에 따라 이루어지는 언어학의 분열이 1907년 강의에 국한된 것은 아니라는 점을 강조합니다. 그것은 1908년 11월 완화된 형식 아래, 제2차 강의에서 재론됩니다. 레오폴드 고티에와 알베르 리들링거의 노트들이 그 점을 확인시켜 줍니다.

고티에

"우리는 다시 하나의 이중적 양상 앞에 놓인다. 두 개의 시스템들 사이에 새로운 대응이 존재하며, 이 같은 대응은 문자들과 더불어 변한다."

리들링거

"문자 언어와 음성 언어, 다시 한번 언어의 대응들의 하나, 이중적 측면들 가운데 하나이다. 우리는 그 대응 속에서 기호 시스템들의 이원성을 갖는다."[108]

여기서 말하는 이중적 측면이라는 표현의 함의는 결코 사소한

---

108 CLG/E, 505쪽.

것이 아닙니다. 그것은 공시태/통시태 구별을 상기시키기 위해 그의 강의에서 사용했던 표현입니다. 소쉬르가 지적하는 이원성은 여기서 두 개의 분리된 과학들을 공표하는 데 이르지는 않은 채, "음성 언어만이 언어학의 대상"이라고 단언합니다.[109]

제3차 강의의 서론부는 이 같은 이중적 측면을 화해시키려는 경향을 보여 줍니다. 학생들의 필사 노트에 의하면, 소쉬르는 "언어학은 계속하여 문자 언어를 다루어야 할 것이다"라고 말하면서도, "언어학의 진정한 대상은 오직 음성 언어"라는 점을 강조합니다.[110]

바로 이 같은 입장, 즉 제1차 강의에서 표명된 입장과는 상이한 이 같은 입장을 『일강』의 편집자들이 취한 것입니다. 왜냐하면 〈일반언어학 강의〉들에 의해 실행된 성찰적 여정의 끝마무리에서, 즉 1911년 5월 마지막 강의들 속에서, 언어학 장의 또 다른 분할이 제안되었기 때문입니다. 소쉬르가 투사했으나 실현되지 못한 파롤(발화)의 언어학에, 랑그의 언어학이 대응합니다. 랑그

**109** CLG I, 5-6쪽; CLG/E, 505쪽.

**110** "Émile Constantin. Cours de linguistique générale de Mr le professeur Ferdinand de Saussure. 1910-1911", ÉDITION INTÉGRALE DE BGE Ms.fr.3972-1 (cahiers 1910-1911) par Claudia Mejía Quijano, avec la collaboration de Claude Sandoz, CFS 58, 85쪽 (이하 이 판본을 Constantin이라고 표기한다); CLG/E, 104-105쪽.

그 자체는 두 개의 학술 분야로 분할됩니다. 정태언어학과 진화언어학이 그것입니다.

하지만, 소쉬르가 사용하는 표현들인 이 같은 가지치기embran-chements, 이 같은 교차로carrefours의 어떤 부분에서도 문자의 기준은 나타나지 않습니다.[111] 아울러 1907-1908년 겨냥된 그 같은 구별이 일시적이었다는 점을 강조하기 위해, 소쉬르는 문자 발화체들을 고려하기 위한 이 같은 가지치기들의 정식화를 계속 진행시킵니다.

1911년 제안된 학술 분야들의 하위 분할들은 인간 언어 구조의 방법적 검토에 의해 관찰된 분할선에 기초할 것을 주창합니다. 그것은 언어의 외부에 있는 요소, 즉 문자에 기초하기 때문입니다. 문자 언어의 언어학과, 음성 언어의 언어학 사이에 그어진 1907년의 구별은 거부됩니다. 학자들의 실천에 기초한 기존학술 분야들에서 수립된 분할들에 대한 비판은 문헌학의 사례에 의해 설명되는데, 특히 문자 언어의 위상에 대해 제1차 강의와 제3차 강의 사이의 진화에서 역할을 맡는 것으로 보이는 한 편의 텍스트에 대한 대답으로서 나타납니다.

---

[111] Constantin, 237쪽 및 270쪽.

그것은 『일반언어학 강의』의 중요한 상호 텍스트인데, 루이 아베Louis Havet가 『주르날 드 주네브Journal de Genève』에 1908년 11월 16일, 18일, 20일, 23일 실은, 『소쉬르 선생 봉정 논문집』의 서평입니다. 루이 아베는 당시 콜레주 드 프랑스의 라틴어 문헌학 석좌교수였으며, 파리에서 소쉬르의 옛 스승이었습니다. 그는 소쉬르와 더불어 언어학과 문헌학의 분할선에 대한 논쟁을 점화시켰던 인물입니다. 문헌학과 언어학의 이 같은 분할의 역사적 원인들을 추구한 후에, 문법을 그리스의 딸, 언어학은 인도의 딸이라는 평행적인 계보를 수립한 후에, 아베는 이 같은 이원성을 언어 그 자체 속에 위치시킵니다.

"많은 연구들 이후에, 언어 연구의 이원주의가 남아 있다면, 그것은 필연적으로 언어 그 자체의 이원주의가 존재하기 때문이다. 언어는 실제로 이중적이다. 음성 언어와 문자 언어가 존재한다. 연구 대상으로서 겨냥될 때, 두 개의 언어는 특이하게 상이하며, 그것들의 이원성은 선명하게 부각될 뿐이다."[112]

---

[112] *Le Journal de Genève*, 16 novembre 1908.

과학적 실천으로부터 연구 대상의 특징들을 연역하는 과정은 소쉬르가 제3차 강의의 단락에서 비판했던 작동에 정확히 대응합니다.

**문**　　보다 구체적으로 소쉬르는 『일반언어학 강의』에서 문자의 위상에 대해 어떤 입장을 취했나요?

**답**　　소쉬르는 그의 강의에서 문자 언어의 문제를 음성 언어를 재현하는 이차적 기호로서 간주했으며, 문자 언어가 누렸던 과도한 명성과, 더 나아가 문자 언어가 누렸던 과도한 특권을 못마땅하게 여기는 표현을 사용하며, 부정적 태도를 보여 주고 있습니다. 음성 언어와 문자 언어의 분리는 언어학의 자율성을 조건 짓는다는 점에서 그 같은 철저한 분리를 중시 여겼습니다. 대부분의 소쉬르 주석가는 『일반언어학강의』에서 표명되는 문자의 위상과 가치를 평가절하하려는 그의 의도를 읽어 냈으며, 특히 문자와 언어 사이의 합법적이며 실재적인 관계를 수립하려는 소쉬르의 입장에 주목했습니다. 문자에 대한 소쉬르의 비난은 혹독합니다.

"그러나 발음된 말의 영상에 불과한 쓰인 말은 이와 너무 밀접하게 섞여 있어 결국 주된 역할을 빼앗아 버리고 만다. 사람들은 음성 기호의 표기를 이 기호 자체만큼 또는 그 이상으로 중요시한다. 이것은 마치 어떤 사람을 알기 위해서는 실물을 보는 것보다 사진을 보는 것이 더 낫다고 생각하는 것과 같다"[113]

"이 모든 것의 명백한 귀결점은 문자체계가 언어를 보지 못하게 가린다는 것이다. 문자체계는 언어의 의복이 아니라 하나의 변장이다."[114]

"그러나 문자의 횡포는 여기에서 더 나아가 대중에게 압도적으로 부각되어 언어에 영향을 주고 이를 변경시켜 버린다. … 이 경우 시각적 영상이 잘못된 발음을 만들어 내게 된다. 이것이야말로 정말 병적인 현상이다."[115]

하지만 다소 모순적인 면 또는 양가적 태도가 엿보입니다. 소쉬르 자신은 문자 언어의 필요성을 여러 번에 걸쳐 강조하고 있

---

[113] CLG/D, 45쪽; 『일강』, 34쪽.
[114] CLG/D, 51-52쪽; 『일강』, 41쪽.
[115] CLG/D, 53쪽; 『일강』, 43쪽.

기 때문입니다.

"그런데 우리는 일반적으로 문자체계에 의해서만 언어를 안다. 모국어만 하더라도 항상 문헌이 개입한다. … 따라서 문자체계 그 자체는 내부체계와 관계없지만, 언어를 끊임없이 형상화하는 수단으로서 그것을 제외한다는 것은 불가능하다. 그러므로 우리는 문자체계의 효용과 결점 및 위험을 알아야 할 필요가 있다."[116]

소쉬르는 문자를 청각 영상의 저장소로서 제시합니다. 그는 문자를 청각 이미지들의 촉지 가능한tangible 형태로 삼습니다. 동시에 사전과 문법들은, 문자 언어, 문학 언어를 언어의 위계에서 최상위에 갖다 놓으면서, 한 사회의 언어생활에 미치는 과도한 영향력, 좀 더 심하게 말하면, 참된 언어의 모습을 타락시키는 파급 효과를 미치는 매체로서 비판받습니다. 소쉬르는 문자의 위력의 원인을 상세히 설명하고 있습니다.

"1) 우선 낱말의 서기 영상은 영구적이고도 견고하며 세월의 흐

---

[116] CLG/D, 44쪽; 『일강』, 33-34쪽.

름을 통해 언어의 통일성을 형성하는 데 음보다 더 적절한 대상이란 인상을 준다. 이 유대성은 피상적이며 순전히 허구적인 통일성을 만들어 내고 있으나 자연적인 유대, 유일하게 진정한, 즉 음의 유대보다 파악하기가 훨씬 더 쉽다.

2) 대부분의 사람에게는 시각적 인상이 청각적 인상보다 더 명료하고 더 지속적이다. 따라서 사람들은 전자에 더 집착한다. 서기 영상이 마침내 음을 물리치고 강력히 들어서게 된다.

3) 문자는 문자체계의 부당한 중요성을 더욱 증가시킨다. 그것은 자신의 사전, 자신의 문법을 갖는다. 학교에서 가르치는 것은 책에 따라서이고, 책에 의해서이다. 언어는 코드(법전)에 의해 지배되는 것처럼 보인다. 그런데 이 코드 자체가 엄격한 용법을 따르는 규칙, 철자법이라 이것이 바로 문자체계에 제1의 중요성을 부여하는 것이다."[117]

문자에 대한 소쉬르의 진정한 사상이 무엇인가라는 논쟁을 넘어, 이 단락은 『일반언어학 강의』에서 문자에 대한 참조에 영향을 미치는 여러 모순들을 설명해 줍니다. 아울러 문자 언어를 음

---

117 CLG/D, 46-47쪽; 『일강』, 35-36쪽.

성 언어의 결정적인 매개변수로서 개입시킬 가능성을 설명해 주고 있습니다. 이 같은 관점에서 그의 언어 이론 장치의 핵심적 문제를 설명하기 위해 소쉬르가 문자를 비교의 구성 항으로서 암시했다는 사실은 의미심장합니다. 그것은 그가 제시한 언어 가치 이론의 핵심적 은유이기도 합니다.

"문자체계라는 또 다른 기호체계에서 동일한 상태가 확인되므로, 우리는 이를 비교 사항으로 삼아서 문제 전체를 밝혀 보겠다. 사실은 다음과 같다.

1) 문자체계의 기호는 자의적이다. 예를 들어 문자 t와 이것이 지적하는 소리 사이에는 아무 관계도 없다.

2) 문자의 가치는 순전히 소극적이며 이화적이다. 가령 한 사람이 t를 쓸 때, 다음과 같은 변이형들로 쓸 수 있다. 단지 중요한 것은, 그의 필체에서 이 기호가 l, d 등의 기호와 혼동되면 안 된다는 것이다.

3) 문자체계의 가치들은, 규정된 체계 내에서 그들 상호 간의 대립에 의해서만 작용하는데, 이 체계는 한정된 수의 문자들로 구성되어 있다.

4) 기호의 생산 수단은 전혀 문제가 되지 않는데, 이는 체계와 아

무 상관이 없기 때문이다. 문자를 흰색으로 쓰건 검은색으로 쓰건, 음각으로 하건 양각으로 하건, 펜으로 쓰건 끌로 쓰건, 그 의미에는 아무 상관이 없다는 것이다."[118]

제6장에서는 문자에 견주어 언어의 독립을 강조하고, 다른 한 편으로는 문자를 기호들의 자의성을 구현한 사례로서 선택했습니다. 풀어 말해, 소쉬르는 이 같은 문자 사례를 통해 기호들이 순전히 네거티브하고, 시차적인 가치임을 보여 주고, 기호들은 그것의 실체를 지시하는 것이 아니라, 그것의 의미작용을 위한 생산 방식과도 무관하다는 점을 강조하고 있습니다. 따라서 문자의 사례를 통해 기호의 핵심 특징을 파악한 것은 학생들의 이해를 돕기 위한 교육적 목적을 위한 단순한 방법적 절차가 아니었습니다. 그것은 일반기호학의 정의가 제기하는 문제들을 지시하는 것입니다. 실제로, 소쉬르는 언어와 문자를 모두 진정한 기호 시스템으로 삼았으며, 단지 문자는 그가 재현représentation이라고 명명한 개념을 통해 음성 언어에 견주어 그것의 부차적 성격이 부각되었을 뿐입니다.

---

[118] CLG/D, 165-166쪽; 『일강』, 165쪽.

**문**　　　그렇다면 문자의 기호학적 위상은, 음성 언어에 비해 이차적이겠군요? 구술적 발현과 문자적 발현의 관계에 대해 소쉬르는 어떤 생각을 갖고 있었나요?

**답**　　　문자는 음성 언어의 재현이며 따라서 기호의 기호입니다. 풀어 말해, 생각을 표현하는 음성 기호가 첫 번째 기호라면, 문자 기호는 음성 기호를 재현한 두 번째 기호, 즉 음성 기호의 기호입니다. 음성중심주의phonocentrisme에 대한 일체의 비판이 기초하는 것은 바로 문자의 그 같은 이차적 위상입니다. 이 같은 소쉬르의 논증에서 두 개의 근본적인 전제를 추출할 수 있을 것입니다.

첫 번째 전제는 재현이라는 용어가 함축하는 의미의 자명성을 수립합니다. 여기서 재현은 형상화한다는 의미를 지닙니다. 문자는 음성 언어를 형상화합니다. 문자는 음성 언어의 상징, 지표, 이미지입니다. 우리는 여기서 소쉬르 언어학이 보여 주는 참신성의 이편에는 서양 형이상학의 구별, 이를테면 감각적인 것과 지성적인 것, 외관과 실재, 베일로서의 진리라는 주제, 미메시스Mimesis의 문제 설정 등으로 다시 귀결된다는 것을 인식할 수 있습니다.

두 번째 전제는 첫 번째 전제와 밀접하게 결합되어 있거니와,

소쉬르의 언어사상에서 작동하는 묵시적 기호철학은, 기호들의 상이한 유형들의 이론이며, 그것은 플라톤의 『크라틸로스』와 스토아학파의 구성주의, 고전주의 시대의 기호학에 이르는 서양 형이상학을 관통하는 역사와 맞물려 있습니다. 이 같은 관점에서 그래픽 기호는 이 같은 기호들의 일반 이론의 요소들의 하나로서 간주되어야 할 것입니다.

언어들의 구술적 발현과 문자적 발현 사이에 있는 관계들의 문제에 대해, 소쉬르의 가르침은 모순적인 것으로 보입니다.[119]

『일반언어학 강의』의 몇 곳에서, 문자는 구술적 발현에 비해 근본적으로 이차적인 것으로 주어집니다. 제6장에서는 "언어학의 대상은 쓰인 낱말과 발음된 낱말의 결합으로 정의되는 것이 아니라, 발음된 단어만으로 이 같은 대상을 성립한다"라고 적고 있습니다. 그 결과 문자는 그 자체로는 내적 시스템과 무관합니다. 문자는 기껏해야 음성 기호의 사진일 뿐입니다.

문자와 구술 사이의 관계들의 이 같은 자리매김에 대해 소쉬르는 다양한 경멸적 표현을 문자에 대해서 사용했습니다. 그 예들 가운데 고유명사 Lefèvre는 문자의 기형성을 보여 주는 대표

---

[119] Arrivé, Michel, *Saussure retrouvé*, Paris: Editions Classiques Garnier, 2016.

적 사례로 제시됩니다. 그것은 불필요한 어원적 철자 b와 더불어 Lefebvre가 되고, 이어서 Lefébure가 되었는데, 그것은 과거에 프랑스인들이 v를 u로 부정확하게 해석한 것의 결과에 기인한 것입니다. 문자에 의해 규정되는 음성적 왜곡의 이 같은 현상들은 소쉬르에 의하면 "병리학적 사실들", "하나의 진정한 괴물성"을 성립합니다.

문어(글말)와 구어(입말) 사이에 존재하는 관계들 속에 함의된 전제는 다음과 같습니다. 그것은 소쉬르의 언어 이론에서 기표를 배타적으로 음성적인 것으로 개념화시키고 있음을 말합니다. 여기서 문제의 핵심은 기호를 형성하는 이원적 쌍couplage인 기표와 기의라는 술어들이 소쉬르의 이론 구축에서 나중에 만들어진 신조어들이라는 점을 상기하는 일입니다. 기표와 기의의 이원적 쌍은 1911년 제3차 강의의 마지막 횟수 차들 가운데 하나에 자리매김하고 있습니다. 소쉬르 성찰 그 이전의 형태들 속에서, 기의는 개념, 기표는 청각 이미지라는 명칭을 지니고 있었습니다. 이런 식으로 사물을 보는 방식에서, 문자의 가시적 차원은 구어의 청취적 차원에 견주어 필연적으로 이차적입니다.[120]

---

[120] Arrivé, Michel, *Saussure retrouvé*, 45쪽.

이 점을 명시적으로 상기시키는 것이 필요하다고 판단하지 않은 채, 소쉬르는 여기서 아리스토텔레스에서 루소Jean-Jacques Rousseau에 이르는 매우 오래된 전통 속에 각인됩니다. 즉, 그가 사용하는 표현들은 거의 액면 그대로, 루소의 표현을 다시 취하고 있습니다. 물론 소쉬르는 루소를 인용하지 않고 있습니다. 여기서 기억할 사실은 데리다는 그의 주저 『그라마톨로지』에서, 이 같은 소쉬르의 입장을 분석했는데, 그것을 자신이 구축한 인식론적 역사에 위치시키고 있다는 것입니다. 그의 분석은 그렇지만, 부분적으로 반박될 수 있는데, 그 이유는 데리다가 오직 1916년 출간된 『일반언어학 강의』의 통속본만을 참조했기 때문입니다. 특히, 소쉬르 성찰의 두 번째 양상에 대해 불충분한 참작을 했기 때문입니다. 데리다는 그 같은 소쉬르 문자 이론의 모순과 양가성의 복잡한 양상을 명료하게 설명하려는 시도는 하지 않았습니다.

소쉬르 성찰의 두 번째 양상을 다루기 전에, 어쨌거나 중요한 것은 소쉬르에게 있어 청각 이미지, 소쉬르의 기호 이론에서 나중에 제시된 기표라는 개념에 선행하는 모델이 무엇인지를 식별하는 일입니다.

이 같은 청각 이미지는 음성적일까요? 물론입니다. 그렇다면 보컬vocal일까요? 그처럼 자명하지는 않습니다. vocal이라는 용어를 통해, 언어주체의 목소리에 의해 생산된 있는 그대로의 소리와, 청자의 귀에 의해 청취되고 해석된 있는 그대로의 소리 사이에 있는 대립이 발현된다는 점을 수긍하는 것은 어렵지 않습니다. 당시 발명된 녹음기에 미리 기록되고, 그 기구에 의해 재생된 소리도 고려 대상이 될 수 있을 것입니다. 소쉬르는 당시 비엔나에서 진행된 최초의 축음기 녹음의 증언자입니다. 그는 그 같은 발명품들에 대해 엄청난 관심을 보여 주었습니다. 한 가지 흥미로운 사실을 지적할 필요가 있습니다. 제네바에서 그의 두 번째 강연의 한 단락에서 그는 "사진을 찍다", "소리를 녹음하다" 등의 어음 유사parnonymie에 대해 언어 놀이를 하고 있습니다.[121]

그는 한 인물, 그 유명한 보구쇼브스키Andrzej Bogusławski의 모습 변화의 경우를 비교하기 위해, 매달 1일과 15일 의례적으로 자신의 모습을 사진을 찍었는데, 이 같은 모습 변화와 한 언어의 변화를 비교하기 위해, 만약, "100년마다 소리를 녹음한다면"이라고 말하며 그 같은 비교를 시사했습니다. 마치 목소리의 녹음에 상응하는 문자의 그 무엇인가가 존재하는 것처럼 말입니다.

---

**121** ELG, 57쪽; 『노트』, 214-215쪽.

요컨대, 청각 이미지가 이미 문자 언어의 그 무엇인가를 갖고 있는 것처럼 말입니다. 심지어 다음과 같은 사실을 전제하는 것 같아 보입니다. 소쉬르의 이론에서 최종적으로 기표 모델로 확립될 용어로서 초기에는 이미지라는 시각적 용어를 선택했는데, 그것은 기표가 먼저 무엇보다 문자 언어의 범주에 속하는 것으로 제시한 것을 시사합니다.

이 같은 예비적 설명 이후에, 구술의 위상에 대한 소쉬르의 입장들 가운데 두 번째 양상을 논의하는 것이 가능할 것입니다. 아울러, 문자 언어와의 관계들에 대한 논의도 가능할 것입니다. 실제로, 『일반언어학 강의』의 다른 곳들에서는 구어와 문어 사이의 관계들에 대한 완전히 상이한 개념화를 관찰할 수 있습니다. 소쉬르에 따르면 음성적 실체와 그것의 청취적 발현에 의해 성립되는 것과는 거리가 멀게, 언어 기표는 물리적·생리적·음성적 속성이 아니며, 따라서 비물질적입니다.

제2차 강의의 필사본 원자료에 의하면, 소쉬르는 '생산 수단의 무관함'의 문제를 명시적으로 제기했습니다.

"언어가 발성 기관에 의해 발음되는 것이 반드시 필요한가? 그렇지 않다. 단어들은 문자 속에서 전이될 수 있다. 도구는 거기서 아무런 것도 하지 않는다. 그 결과, 언어와 다른 기호체계와의 비교는 우리로 하여금 발성 기관이 언어의 정수가 아님을 단언하는 것을 허락한다."[122]

요컨대, 소쉬르에 의하면 발성 기관의 사용은 언어의 특수성을 만드는 본질적 요인이 아닙니다. 여기서 주목할 점은, 소쉬르가 언어를 다른 기호체계와 비교하고 있다는 점입니다. 소쉬르 성찰의 근본적인 혁신들 가운데 하나는 기호학sémiologie를 배치하고 있다는 사실입니다. 기호학이 담당할 기호 시스템들 가운데 문자는 당당히 한 자리를 차지합니다. 그 결과 문자의 단위들 ―알파벳 시스템 속에 있는 글자들― 은 그 대상으로서 언어의 단위들 그 자체를 취합니다. 소리들, 즉 음성 기호들과 동일한 자격을 갖는 것입니다.

이 점은 소쉬르가 네거티브하며 시차적인 성격을 갖고 있는 언어 가치의 핵심적 개념을 설명하기 위해 두 개의 예들을 계속하여 사용한다는 사실을 설명해 줍니다. 그 가운데 하나는 구어의 레지스터에서 차용된 것으로서, 프랑스에서의 r 사운드와 그

---

**122** SM, 193-194쪽; CLG/E, 270쪽.

것에 영향을 미치는 상이한 실현들은 프랑스에서 변별적 가치를 갖는 한에 있어, 의미를 소통시키는 데 있어 별반 문제가 없다는 것입니다. 생리적으로, 음향적으로는 상이한 소리일지라도, 다른 음성들과의 대립에 영향을 미치지 않는 한, 그것의 구별적 가치는 계속됩니다. 이 같은 구술의 사례에 이어, 문자, 특히 동일한 맥락에서 철자 t는 언어기호의 가치 개념을 설명하기 위해 호출됩니다.

"두 번째 특징, 그것은 문자 기호의 순전히 네거티브하며 시차적인 가치이다. … 세 번째, 문자의 이 같은 가치들은 오직 규정된 하나의 시스템 속에서 대립된 단위들로서 작용한다. 거기서 가치들의 숫자에는 한계가 존재한다."[123]

그 결과, 문자의 이차성의 개념, 외재성의 개념은 용해됩니다. 문자는 더 이상 소리에 예속적이고, 순종하거나, 또는 저항하는 것이 아닙니다. 문자는 소리와의 직접적 접촉을 상실하는 데 이르는데, 왜냐하면 문자가 담당하는 기의는 더 이상 소리가 아니

---

[123] CLG/E, 269쪽.

라, 비물질적 기표이기 때문입니다.

　물론 소쉬르에게서 늘 그렇듯이, 『일반언어학 강의』의 텍스트와 필사본 원자료 사이의 차이점들에 대해 경계를 해야 할 것입니다. 1916년 통속본에서는, "철자 t와 그것이 지칭하는 소리 사이에는 아무런 관계가 없다"[124]라는 단락을 읽을 수 있습니다. 이 단락만 놓고 보면, 음성과 표기 사이에 존재하는 관계들을 파악했던 모델로 귀결된 것이라고 생각할 수 있습니다. 그런데, 실제로, 그의 학생들의 노트들에 의하면, 소쉬르는 '문자가 지칭하는 소리'를 언급한 것이 아니라, '지칭해야 할 사물'을 언급하고 있습니다.[125] 여기에서 우리는 그 차이를 볼 수 있습니다. 특정 철자를 기표라고 했을 때, 그 점에 대해 액면 그대로 기록된 학생들 노트의 표현에 의하면, 그것의 기의의 자격을 맡는 것은 음성이 아니라, 하나의 사물입니다.

　요컨대 문자는 기호 시스템의 반열에 당당히 오르고, 그것을 통해 기호학적 대상들에 대한 그것의 소속을 정당화시킵니다. 이 같은 소쉬르의 두 번째 입장에 의하면, 구어에 견주어 문어의

---

**124** CLG/D, 165쪽; 『일강』, 165쪽.
**125** CLG/E, 269쪽.

이차성, 종속성은 더 이상 존재하지 않습니다. 그것들은 동등한 기호학적 자격을 갖고 동일 차원에 위치합니다. 뿐만 아니라, 소쉬르는 당시에 이루어진 언어의 실어증 연구 결과를 참조하여, 실어증의 뇌 담당 영역과 실서증의 뇌 담당 영역의 상관관계에 대해 다음과 같이 논증합니다.

"… 인간에게 자연적인 것은 발화 언어활동langage parlé이 아니라 언어, 즉 구별되는 개념들에 해당되는 구별되는 기호들의 체계를 구성하는 능력이라 할 수 있을 것이다. 브로카Paul Broca는 말하는 능력이 왼쪽 이마 부분의 세 번째 회전부에 위치한다는 것을 발견했다. 사람들은 언어활동에 자연성을 부여하기 위해 역시 이 점을 들고 나왔다. 그러나 이 위치는, 문자체계를 포함해서 언어활동에 관계되는 모든 것과 연관된다고 확인되었다. 이러한 확인은 이들 국소중추의 상해로 인해 생기는 여러 형태의 실어증에 관한 관찰과 더불어 다음과 같은 것을 지적하는 것 같다.

1) 구두 언어활동의 각종 장애는 문장 언어활동의 장애와 매우 복잡다단하게 얽혀 있다.

2) 실어증과 실서증의 모든 경우 손상되는 것은, 어떠어떠한 음을 발음하고 어떠어떠한 기호를 쓰는 능력이 아니라, 어떤 도

구든 써서 정상적 언어활동의 기호들을 연상할 수 있는 능력
이다.

이 모든 것으로 인해, 우리는 여러 기관의 기능을 초월하여 기호
를 제어하는 보다 일반적인 능력이 존재한다고 믿게 되는데, 이
것이야말로 언어 능력 바로 그것이리라."[126]

『언어의 이중적 본질』의 한 단락에서, 소쉬르는 심지어 '문자
의 기호학적·역사적 연구'가 언어 연구에 있어 음성학의 등가가
될 것이라고 설명하고 있습니다. 다시 말해 문자의 본질 파악을
통해 음성학과 거의 동일한 가치의 연구 차원을 성립한다는 점
을 지적하고 있습니다.[127]

소쉬르는 곧이어서 '고문서학paléographie'이 총체적으로 이 같은
목적을 의식하지 못한 것으로 보인다는 점을 아쉽게 생각합니다.
이것은 그의 성찰의 초반부이며, 기호학에 통합된 새로운 고문서
학의 자리매김에 그칠 뿐, 완결된 결론에 이르지는 않습니다.

그 결과, 문자는 소쉬르가 명명하는 데 성공하지 못하나, 기호

---

126 CLG/D, 26-27쪽; 『일강』, 16-17쪽.
127 ELG, 135쪽; 『노트』, 80-81쪽.

학의 연구 대상의 존엄성에 접근합니다. 소쉬르의 망설임이 무엇이건, 우리는 문자의 자율적 참작을 분명하게 볼 수 있습니다. 주지하다시피, 이 같은 두 번째 입장은 옐름슬레우와 울달로 대표되는 언리학glossematics의 두 명의 설립자들에 의해 다시 취해져 체계화됩니다.

두 개의 입장 사이에서 모순은 선명하게 나타납니다. 첫 번째 입장은 언어활동을 목소리와 결부시키는 전통적 통념에 접맥됩니다. 이 같은 전통적 입장은 문자를 두 번째 것 그리고 부차적인 것으로 간주합니다. 다른 두 번째 입장은 구어와 문어를 평등한 자격에 가져다 놓습니다.

# 제3장
## 소쉬르 『일반언어학 강의』의 수용 과정과 현대 인문학에 미친 영향

## 1. 최초의 수용 양상

**문**　소쉬르 『일반언어학 강의』의 수용 양상 전반에 대해 개괄해 주세요.

**답**　소쉬르의 수용 과정을 연구했던 영국의 언어학자 해리스Roy Harris 교수는 소쉬르의 『일반언어학 강의』의 수용 과정이라는 주제에 천착하여 연구서를 출판한 바 있습니다. 그는 20세기 언어학자들과 사상가들에게서 소쉬르의 언어사상이 어떻게 받아들여지고, 채택되고, 재해석되고, 재작업되었는가에 대해 치밀하게 분석했습니다. 미국 구조언어학의 태두인 블룸필드

Leonard Bloomfield, 덴마크의 천재적 언어학자였던 옐름슬레우Louis Hjelmslev, 변형 생성문법의 창시자인 촘스키Noam Chomsky, 이 밖에도 레비스트로스Claude Lévi-Strauss, 바르트Roland Barthes, 라캉Jacques Lacan, 데리다Jacques Derrida 등이 호출되어야 할 것입니다.[1] 이들 모두에게 있어, 언어를 하나의 시스템으로 파악하고, 기호의 복잡한 본질을 꿰뚫어 본 소쉬르의 언어사상은, 언어학, 기호학, 문학 비평, 비판 이론, 문화 분석 등, 광범위하게 영향력을 미쳤습니다.

**문**　　『일반언어학 강의』에 대한 초기 반응은 환영과 비판 등 다양한 반응이 있었던 것으로 알려져 있습니다. 특히, 소쉬르의 이론이 지나치게 일반적이며, 문헌학적 차원에서의 한계, 즉 문자 언어의 연구에 있어서 정밀성이 결여되어 있다는 비판과 더불어, 소쉬르 당대의 언어학 연구를 규정했던 역사적 분석을 소홀히 했다는 비판을 받았습니다. 초기의 비판적 수용 과정에 대해 설명해 주세요.

**답**　　『일반언어학 강의』 텍스트는 당시 언어학계에 큰 반

---

1　Harris, Roy, *Saussure and his Interpreters*.

향을 일으키며 대체로 큰 성공이었다고 말할 수 있습니다. 엄청난 비판을 받기도 했으나, 그 이상의 영향력을 행사했습니다. 무엇보다, 1928년 최초의 일본어 번역을 시작으로, 무려 30여 개국 언어로 번역되며, 현대 언어학의 바이블로 자리 잡았습니다.

『일반언어학 강의』는 한국어로도 이미 1970년대 초, 오원교 교수에 의해 번역되고, 그 이후 1990년대 최승언 교수가 새롭게 번역한 바 있습니다. 정확한 문헌학에 기초한 역사언어학의 연구를 수행해 봐야겠으나, 1959년 출판된 영어 번역본은 영미권의 언어학자들은 물론, 세계적 차원에서도 소쉬르의 『일반언어학 강의』에 대한 새로운 관심을 촉발시켰을 것으로 사료됩니다. 따라서, 소쉬르에 대한 비평과 비판은 1916년 출간 이후, 주로 유럽의 비영어권 학자들로부터 나왔습니다. 또한, 최초 출판부터, 독자들은 소쉬르의 기호학의 보편적 적용 가능성에 대해서도 다양한 견해를 피력했습니다.

**문**　소쉬르의 『일반언어학 강의』의 수용에 있어, 중요한 학파 또는 나라들을 손꼽는다면, 어떻게 되나요?

**답**　『일반언어학 강의』의 수립 과정과 더불어, 상이한 문화권에서 이루어진 수용 과정에 대한 이해도 필요합니다. 이 같은 과정에는 단순한 소개에서부터 시작해, 번역, 재해석, 비판 등, 다양한 스펙트럼을 형성할 것입니다.

소쉬르『일반언어학 강의』의 수용이라는 관점에서 당연히 제네바는 소쉬르 사후에 그의 동료 교수였던 바이와 세슈에 의해 『일강』이라는 텍스트가 정립된 발생지라 할 수 있습니다. 아울러 제네바는 고델Robert Godel, 엥글러 등에 의해『일반언어학 강의』에 대한 세밀한 문헌학 비평의 작업이 계승된 장소이기도 합니다.

한마디로, 그곳은 소쉬르 연구자에게는 평생 최소 한 번은 순례하는 마음을 갖고 방문해야 할 성지라고 말해도 과언이 아닙니다. 제네바 대학의 공공대학도서관의 필사본 수장고에는 일반언어학을 비롯해, 아나그람 연구와 게르만 전설 연구, 작시법 등을 연구하며 소쉬르가 남긴 수만 장의 자필 필사본의 자료가 소장되어 있습니다.

소쉬르『일반언어학 강의』의 두 번째 장소는 파리를 손꼽을 수 있습니다. 파리는 소쉬르의『일반언어학 강의』에 현대 언어학의 미래를 투사하며 다양하고 치열한 재해석을 시도한 장소가 될 것입니다. 한마디로 파리는『일반언어학 강의』의 신진대사metabolism라고 명명할 수 있는 것의 집합 장소입니다. 그 같은 신진대사는 소쉬르로부터 결정적 세례를 받은 당대 최고의 구조언어학자들의 생산물일 수 있고(바그너Léon Wagner, 구겐하임Georges Gugenheim, 기욤Gustave Guillame, 마르티네André Martinet, 뱅베니스트Émile Benveniste), 독창적인 기호학자들의 생산물일 수도 있습니다(그레마스Algirdas Julien Greimas, 바르트Roland Barthes, 프리에토Luis Jorge Prieto).

뿐만 아니라, 파리의 인문학계에서는 다른 어떤 도시에 비해, 소쉬르의 『일반언어학 강의』를 적극적으로 수용하고 때에 따라서는 창조적으로 전유했습니다. 예컨대, 철학자 메를로퐁티가 1950년대 말, 역사철학에 대한 새로운 비전을 추구했던 것은 소쉬르의 저 유명한 이분법, 통시태/공시태, 랑그/파롤의 빛을 받아 이루어진 것입니다. 해체주의자의 창시자인 데리다가 차연différance(차이와 지연의 합성어)이라는 새로운 사상을 구축할 때, 하이데거의 차이 개념과 더불어 대질시킨 것은 소쉬르의 『일반언어학 강의』에서 피력된 차이 개념이었습니다.

1966년 푸코Michel Foucault가 촘스키 언어 이론에서 인간 정신 이론의 부활을 본 것은 소쉬르의 언어 이론을 통해서였습니다. 촘스키의 보편문법의 기획은 최소한 17세기 프랑스의 포르루아얄Port-Royal 시대로 거슬러 올라갑니다. 또한 라캉의 독특한 기표 이론이 귀결되는 것도 소쉬르의 『일반언어학 강의』에서 제시된 기호 개념입니다.

**문**　제일 먼저, 비판적 견해를 피력한 언어학자는 주로 당시 러시아의 학자들이었던 것으로 알고 있습니다. 볼로시노프 Valentin Vološinov, 야콥슨, 바흐친Mikhail Bakhtin 등의 이름이 기억납니다. 이들이 소쉬르의 『일반언어학 강의』에서 피력된 언어 이론에 대해 비판한 논거에 대해 간략하게 설명해 주세요.

**답**　먼저, 두 명의 러시아 언어학자 볼로시노프와 야콥슨은 『일반언어학 강의』가 너무 일반적이고 추상적이며, 개별 기호 시스템과 맥락들 속에 녹아 있는 미묘한 특이성과 뉘앙스를 놓치고 있다고 보았습니다. 볼로시노프와 문학 비평가 바흐친은 1920년대부터, 소쉬르의 형식주의에 대해 격렬한 비난을 퍼부었습니다. 요컨대, 그들의 힐난에 의하면, 소쉬르의 언어 개념, 즉 랑그 개념은 닫힌 시스템 또는 형식적 시스템이기 때문에 인간 창조성에 담긴 결정적 역할, 살아 있는 대화, 그리고 의사소통에서 주체의 행위 능동성 등의 핵심적 양상들을 무시하고 있다는 것입니다.[2]

당시 청년 언어학자였던 러시아의 또 다른 천재 언어학자 야

---

2　Holquist, Michael, *Dialogism: Bakhtin and His World*, London: Routledge, 2002, 42-68쪽.

콥슨은 자신의 언어 이론을 발전시키는 데 도움을 받기 위해 소쉬르의 『일반언어학 강의』를 창조적으로, 비판적으로 자신의 것으로 체화시켰습니다. 하지만 그는 자신의 언어 이론을 언어기호의 자의적 본질과 언어 시스템에 대한 소쉬르의 생각과는 차별화시켰습니다.

먼저, 야콥슨은 랑그와 파롤의 소쉬르 이분법에 동의하지 않았으며 코드(약호)와 메시지(전언)로 구성된 자신의 이원론 모델을 창조했습니다. 코드라는 용어는 발화에 있어 다양한 목적들이 존재한다는 점을 함의합니다. 소쉬르에게, 상이한 언어, 즉 랑그는 다시 말해 단일한 의사소통 목적을 갖고 있는 추상적 시스템인 것과 달리, 보다 세밀하게 구별되어야 할 의사소통의 목적들이 존재한다는 것을 말합니다.

야콥슨은 언어에 대한 일체의 연구는, 언어가 오직 의미를 소통하기 위해서만 존재한다는 소쉬르의 생각을 넘어, 유의미한 규칙들에 도달하기 위해서는 언어의 상이한 사용들을 분류해야 할 필요성을 강조했습니다.

야콥슨은 자신이 수립한 커뮤니케이션 모델에서 언어가 수행하는 6개의 기능을 파악했습니다. 간략하게 지적할 것은, 이 모델은 당시 미국의 수학자이며 공학자였던 섀넌과 위버의 커뮤니케이션 도식에서 결정적 영감을 받은 것입니다.[3] 어쨌거나, 그가 파악한 6개의 언어 기능은, 시적 기능·지시적 기능·정서적 기능·호소적 기능·교감적 기능·메타언어적 기능입니다. 의사소통에서 수행되는 이 6개의 언어 기능은, 언어학과 커뮤니케이션 이론에서 금과옥조처럼 여겨지는 중요한 이론입니다.[4]

호소적 기능은 하나의 행동을 수행하려는 시도를 지시하는 언어 표현을 말합니다. 예컨대, 선거 운동에서, 한 정치인의, "저에게 한 표를 주세요", 또는 광고에서의, "이 제품은 정말 우수합니다. 당장 구입하세요"처럼, 말의 목적은 발화를 청취하는 수신자의 행동에 초점을 두고 있습니다. 교감적 기능은 그 목적이 구체적인 특정 의미를 소통하기보다는 감정적 교류를 통한 사회적 상호작용과 관련된 것입니다. 예컨대, 자녀가 노부모에게 전화 통화로, "요즘 어떠세요?", "봄 날씨가 정말 멋져요"라고 할 때처럼 말입니다. 메타언어적 기능은, 언어 표현 그 자체의 성격에 대해서 언급하는 기능을 말하는데, 예컨대, "'하늘'은 두 글자이

3  Shannon, Claude Elwood & Warren Weaver. *The Mathematical Theory of Communication*, Illinois: University of Illinois Press, 1949.

4  Jakobson, Roman, "Linguistics and Poetics", *Style in Language*, Cambridge: MIT Press, 1960, 350–377쪽.

다"에서 하늘이란 단어는 창공을 가리키는 것이 아니라, 한국어 명사를 지시합니다. 언어학에서 메타언어는, 특정 언어가 하나의 문법에 의해 기술될 때, 그 문법의 기술은 하나의 자연 언어를 기술하는 데 사용되는 메타언어입니다. 풀어 말해, 하나의 자연 언어(또는 대상 언어)의 구조와 기능작동을 기술하는 데 사용된 언어학 담론은 메타언어의 경우라 할 수 있습니다. 이때 언어학 담론은 이 같은 기능을 수행하기 위해 구성된 전문 용어들뿐만 아니라 대상 언어로부터 차용된 용어들을 포함합니다.

**문** 소쉬르는 생존 당시, 무엇보다 역사언어학의 연구 성과로 학문적 명성을 누렸습니다. 그 결과,『일강』의 초기 독자들은,『일강』이 이 같은 소쉬르의 본령을 왜곡하는 것으로 보았습니다. 소쉬르 사후에 한 권의 단행본으로 출판한 후, 편집자들의 태도와 반응은 어떠했나요?

**답** 『일강』은 소쉬르 사후 3년이 경과되어 출판되었습니다. 사실, 두 명의 편집자 바이Bally와 세슈에Albert Sechehaye, 그리고 편집에 협력한 소쉬르의 제자 리들링거는 소쉬르의 〈일반언어학 강의〉를 학생들의 필기 노트에 기초해 편집하여 출판했을 뿐이며, 정작 저자가 아니라는 점에서,『일강』의 책이 출판된 이후,

야기된 논쟁에 대해 직접적으로 반응하거나 참여한 것은 아닙니다. 바이와 리들링거는 자신의 학문적 연구에 집중했으며, 소쉬르의 이론과 입장을 대변하는 역할을 맡는 별도의 수고를 하진 않았습니다.

앞서 언급하신 것처럼, 소쉬르가 자신의 역사언어학에 대한 업적으로 알려져 있다는 점에서, 이 같은 전통과 단절한 인상을 주는 『일강』은 소쉬르의 학문적 아성을 왜곡할 수 있다고 보았습니다.[5] 다만, 세슈에는 1917년 『일강』에 대한 긴 분량의 서평을 발표했습니다.[6] 그는 서평에서, 언어학과 심리학에 새로운 개념들과 학술용어를 제공한 소쉬르의 성과를 높게 평가했습니다.

참고로, 세슈에는 언어학과 더불어 심리학을 연구했던 인물로서, 소쉬르의 언어 이론이 인간 정신과 행동 양식을 연구하는 심리학에도 크게 기여할 것으로 정확히 내다본 명민한 언어학자였습니다. 세슈에의 서평은 특정 비판에 대한 반응이 아니었으며,

---

**5** Puech, Christian, "Saussure and structuralist linguistics in Europe", *The Cambridge Companion to Saussure*, Carol Sanders, ed., Cambridge: Cambridge University Press, 2004, 125쪽.

**6** Sechehaye, Albert, "Les problèmes de la langue à la lumière d'une théorie nouvelle", *Revue Philosophique de la France et de l'Etranger* 84, 1917, 1-30쪽.

소쉬르의 언어 이론을 옹호하고, 소쉬르의 방대하고도 심오한 일반언어학의 기획에 대한 잠재적 저항과 불필요한 곡해를 차단하려는 의도에서 작성된 것입니다.

세슈에가 자신이 직접 편집자의 한 명으로서 출판한 소쉬르의 『일강』을 공인한 것은 소쉬르의 이론적 주장들을 옹호하는 것을 돕기 위한 것뿐만 아니라, 추상적 문제들을 다룰 수 있는 한 명의 철학적 사상가의 반열에 소쉬르를 올려놓으려는 복안이 깔려 있었던 것입니다.[7]

『일강』의 출판 이후 10년 정도가 경과되어, 『일강』은 폭넓은 독자층을 형성했습니다. 먼저 유럽 여러 나라의 언어학자들에게서 읽혔습니다. 특히, 서로 밀접한 언어학자들의 공동체 유대 관계를 맺었던 파리와 프라하가 대표적입니다. 1928년 제1차 세계 언어학자 대회가 헤이그에서 개최되었을 때, 『일반언어학 강의』는 언어학에서 혁신을 가져올 핵심적 출발점으로 간주되었습니다.[8]

---

[7] Sechehaye, Albert, Ibid, 8쪽.

[8] Peuch, Christian, "Saussure and structuralist linguistics in Europe", 126쪽. 당시 학술 대회의 주요 논문을 게재한 문헌은 다음과 같다. Actes du premier Congrès international de linguistes à La Haye, du 10-15 Avril, Leiden: A.W. Sijthof, 1928.

그 이후, 다양한 『일반언어학 강의』의 비평본이 출판되었으며, 독일어·일본어·스페인어·영어 등으로 번역되었습니다. 『일강』은 소쉬르 사후에 세상의 빛을 보았을 뿐만 아니라, 두 명의 편집자인 바이와 세슈에도 이미 1940년대 타계하였습니다. 1940년대 당시에는 영어 번역본을 비롯해 아직도 핵심 번역본들이 출판되지 않았던 시기였습니다. 그런데, 『일강』이라는 텍스트는 그 저자인 소쉬르도, 편집자들도 더 이상 세상에 생존하지 않는 상태에서도, 현대 서구 사상에서 중요한 존재감을 누렸던 것입니다.

**문** 현재 소쉬르의 『일반언어학 강의』에 대한 해석에 있어 다양한 갈등과 수렴이 공존한다고 알고 있습니다. 어떤 상태인가요?

**답** 소쉬르의 『일반언어학 강의』는 그것의 현대적 맥락에서 현대 인문학의 정초를 놓은 하나의 혁명적 텍스트로 광범위하게 받아들여지고 있습니다. 그것은 언어학의 대상과 목적 등에 대한 일반적 정의를 제공하고, 아울러 언어에 대한 새로운 접근법을 제공하며, 일대 혁명을 가져왔다는 것이 중론입니다. 소쉬르는 이제 구조주의의 설립자들 가운데 한 명으로 간주되고 있습니다. 구조주의는, 언어를 하나의 구조로 접근하는 사조로서, 구조의 부분들이 어떻게 상호 연관성을 맺고 있는가를 탐구합니다. 구조주의는 언어를 분석하는 방법으로 출발했으며, 나중에 가서는 문학 작품들과, 문화적 생산의 다른 형식들을 분석하는 데 사용되었습니다.

구조주의의 한복판에 있는 생각은, 언어는 하나의 사회적 사실, 즉 한 사회의 공동체 구성원들이 맺은 규약 체계이며, 자연으로부터 직접적으로 발생하는 것이 아니라는 것입니다. 이것은 소쉬르가 분명히 선언한 바로서, 언어는 하나의 사회적 제도입니다. 야콥슨과 같은 구조주의자들은 언어의 다양한 범주들을 도입함으로써 소쉬르의 주장들을 확대시켜 나갔습니다. 그결과, 소쉬르의 핵심적 생각들은 현대 언어학의 마당에서 토대를 형성하게 됩니다.


**문**　　소쉬르의 문헌학 연구는 현재에도 계속 축적되고 있는 것으로 알고 있습니다. 중요한 쟁점과 몇 개의 중요한 최근의 경향을 언급해 주세요.

**답**　　우리가 읽고 있는 『일강』이 과연 소쉬르의 언어 이론을 충실하게 표상하는 결정적 판본인가의 문제는 남습니다. 심지어, 학생들의 필기 노트의 불완전성과 파편성, 소쉬르의 자필 노트에서 나타나는 언어 이론과의 심오한 차이점을 근거로 제시하며, 어떤 소장 학자는, 과연 『일반언어학 강의』의 저자가 소쉬르가 맞기는 한 것이냐는 급진적 의문을 제기하기도 합니다. 이 같은 비판은 소쉬르의 미간행 필사본들이 계속해서 출판됨에 따라 계속되어 왔습니다.

지난 100년 동안, 수많은 소쉬르 연구자들은 비평본, 새롭게 발견된 학생들의 필기 노트, 소쉬르의 자필 수고 등의 출판을 통해서, 과연 소쉬르의 언어 이론이 기획하고 의미했던 바가 무엇인가라는 물음에 답하고자 노력해 왔습니다.

이 같은 소쉬르 문헌학에 공헌한 학자들 가운데, 고델, 엥글러, 마우로, 그리고 일본인 학자로서, 제1차 강의부터 제3차 강의의 학생들 필사 노트를 모두 출판한 고마쓰 교수, 엥글러 교수와 더불어, 1990년대 새롭게 발견된 소쉬르의 자필 수고를 출판한 부케 교수, 그리고 제3차 강의의 완결된 필사본을 출판한 메히아 퀴하노 교수 등을 언급할 수 있을 것입니다.[9] 그 밖에 『일반언어학 강의』의 영감을 받아 제기할 수 있는 문제들을 첨가할 수

---

**9** 본서 참고문헌 참조, 361-364쪽.

있을 것입니다.

**문**　　　소쉬르의 『일반언어학 강의』에는 하나의 표준 판본이 없고, 문헌학적 연구에 기초한 상이한 판본들이 존재한다는 점에서, 그 수용 과정에서 이른바 『일반언어학 강의』의 진정성 또는 소쉬르 언어사상의 진정한 준거라는 첨예한 문제가 발생했다고 알고 있습니다. 이 점에 대해 어떻게 생각하시나요?

**답**　　　정확히 문제의 핵심을 짚어 내셨습니다. 소쉬르의 〈일반언어학 강의〉와 관련된 이른바 소쉬르의 자료체는 바로 진정성과 관련된 다양한 역설들을 낳습니다. 과연 『일반언어학 강의』의 여러 판본에서 어떤 것이 더 진정한 자료라고 단언할 수 있을까요? 통속본 『일강』은 문헌학적 진정성 차원에서 다소 문제가 없지 않습니다.

아니, 일부 소쉬르 문헌학자들은 우리가 지난 100년 동안 읽어 왔던 『일강』은 소쉬르라는 이름을 사용한 하나의 허구라는 주장까지 내놓습니다. 하지만, 그것은 이미 1세기의 수용을 통해, 이미 진정으로 역사적 차원을 획득했다고 말할 수도 있습니다. 즉, 문헌학적 비진정성이 역사적 진정성을 획득한 역설적 상황이라고 말할 수 있습니다. 그래서, 『일강』의 정당성을 옹호하는 소쉬르 연구자들 가운데서는 필사본들과 노트들의 진정성이 증명하는 것은 과연 무엇인가 하고 되묻습니다.

다시 풀어 말해 보겠습니다. 1세기 동안 전 세계 28개 국어로 번역되어 현대 언어학과 현대 인문학의 바이블의 반열에 오른 『일강』은 그것의 문헌학적 불완전성과 비완결성에도 불구하고, 이미 하나의 역사적 대상이 되었으며, 그 텍스트에는 단지 언어학의 가치뿐만 아니라, 인문학과 사회과학, 심지어 예술을 아우르는 다채로운 문화적 가치들이 스며 있는, 다양하고 때로는 격렬한 논쟁적 독법의 대상이었습니다.

즉, 『일반언어학 강의』는 언어학의 고전 범주를 넘어, 하나의 독보적인 문화적 위상을 획득했습니다. 제가 말하는 『일반언어학 강의』의 역사성은 바로 이 같은 분리될 수 없는 문화적 위상과 학문적 위상을 아우릅니다.

『일반언어학 강의』가 하나의 고유한 역사를 갖고 있다는 사실은 단지 소쉬르 자료들의 문헌학의 눈부신 성과와 『일반언어학 강의』의 발생에만 기인하는 것이 아니라, 그것의 창조적인 재전유 방식에 기인한다고 보는 것이 더 합당할 것입니다. 한마디로, 『일반언어학 강의』의 독보적인 역사성은 19세기와 20세기를 거쳐, 21세기 초반기에 이르는 2세기의 근현대 언어학의 저서들 가운데, 가장 풍요로운 지성사적·문화적 생산성 덕분에 성취된 것입니다.

『일강』은 현대 인문학 지식의 순환 속에서 하나의 준거로서 자리 잡았고, 현대 기호학의 출발점의 하나로 인식되면서, 20세기 독자들에게 소쉬르 언어학의 정수로 자리매김했던 것입니다. 소쉬르의 『일반언어학 강의』라는 텍스트의 운명은 소쉬르 본인을 포함해 그 누구도 제어할 수 없었던 독특한 운명이었으며, 이 점에서 앞서 말한 문헌학적 해석과 창조적인 이론적 재전유의 대립을 넘어서 모두 아우릅니다.

현대 언어학의 역사라는 맥락에서 『일반언어학 강의』의 확산은 보다 더 정확히 말하면 1928년 헤이그에서 개최된 제1차 세계 언어학자 대회부터, 언어학의 학술적 의식의 창발과 더불어 본격화되었습니다. 그러나, 소쉬르의 『일반언어학 강의』를 정통 계승한 학자들, 이른바 합법적 유산과, 다소 급진적으로 해석한 비정통적 해석 사이의 분할 선을 긋는 것은 사실상 어렵습니다.

또한 이른바 『일반언어학 강의』의 통속본만을 읽은 학자들과, 소쉬르의 다른 원본 자료들에 더 가치를 부여하는 문헌학적 엄밀성을 강조하는 학자들 사이의 배타적 경계선을 긋는 것 역시, 제 생각으론 바람직하지 않습니다. 모두 소쉬르 언어학의 영향권 안에 있기 때문입니다. 보다 합리적인 설명은, 소쉬르는 초기에는 특정 지역과 학파에 따라 그 수용 과정을 비교적 쉽게 파악할 수 있으나, 갈수록 『일반언어학 강의』는 그의 사후에, 탈영토화되고, 가장 빈번하게 경쟁적이며 다양한 해석의 시도들을 제공하며 가장 역동적인 논쟁적인 준거가 되었다는 사실입니다.

**문**     그런데 일반 독자가 알고 있는 것과 달리, 소쉬르는 『일반언어학 강의』의 저자이지만은 아니며, 다른 연구 분야들에서도 중요한 성과를 내놓았다는 점에서, 단수의 소쉬르가 아니라 다수의 소쉬르라는 점을 인식할 필요가 있다고 생각합니다. 이른바 낮의 소쉬르와 밤의 소쉬르라는 은유가 생각나는데, 이것이 의미하는 바는 무엇인가요?

**답**     그렇습니다. 소쉬르라는 인물 또는 형상의 복수성이라는 문제를 인식할 필요가 있습니다. 앞서 말한 『일반언어학 강의』의 자필 원고의 소쉬르와 편집자들의 작업을 통해 다소 왜곡된 소쉬르도 이미 동일한 소쉬르는 아닐 것입니다. 복수적 다원적 소쉬르라는 관념 그 자체도 역사를 갖고 있습니다.

그 같은 생각은 1960년대부터 두 명의 소쉬르라는 이미지와 더불어 출현했습니다. 『일반언어학 강의』의 소쉬르와 아나그람의 소쉬르가 그것입니다. 고대 라틴어 시조le Saturnien에서 나타나는 일종의 단어 수수께끼 놀이라고 말할 수 있는 아나그람은 사실은 단순한 흥밋거리가 아니라, 표면의 텍스트 속에 또 다른 심층 텍스트가 존재한다는 가히 혁명적인 발견이었으며, 그 가치를 간파한 스위스의 문학 비평가 장 스타로뱅스키가 일부 자필 수고를 출판했고, 크리스테바는 파라그람paragramme 개념을 통해 그의 독창적인 상호 텍스트 이론을 발전시킬 수 있었습니다, 아나그람 자필 원고의 출판과 더불어 1970년대부터는 낮의 소쉬르와 밤의 소쉬르라는 이원적 초상화가 널리 확산되었습니다.

## 2. 소쉬르의 『일반언어학 강의』와 구조주의

**문** 　　소쉬르 언어사상과 구조주의의 관계는 정확히 어떻게 자리매김할 수 있나요? 소쉬르가 구조주의의 형성에 결정적 영향을 행사했다면 그것은 어떤 이유에서인가요?

**답** 　　인지과학의 급부상으로 인해 프랑스에서도조차 구조주의에 대한 역사적 연구는 빛을 바랜 것 같아 보입니다. 마치 구조주의가 언제 존재라도 한 것인 양 말입니다. 그런데 정작 구조주의의 영감을 받은 다양한 사유는 인간 정신 이론을 구축하려는 분명한 소명을 갖고 있었습니다. 구조주의의 원류인 레비스트로스는 자신의 고유한 이론적 기획을 인간 정신의 보편적 구조를 발견하는 것으로 선언했으며, 야콥슨 역시 인간 정신의 근본적 얼개 속에서 모든 언어의 음운들 심층부에 존재하는 보편적인 변별적 자질들을 추구하였습니다.

특히, 소쉬르의 『일반언어학 강의』로부터 영향을 받아, 사유한다는 것의 의미가 언어적 의미의 문제와 결속되어 있다는 점을 인식하게 되었습니다. 그런데 구조주의는 바로 이 주제에 대해서 독창적 테제에 의해서 특징지어질 수 있습니다. 의미는 들뢰즈Gilles Deleuze의 표현을 빌리자면, "상징적 체계들이라는 매우 특이한 장치들의 기능작동 방식의 효과"입니다. 들뢰즈는 구조주의의 공통점을 이렇게 적고 있습니다. "그 공통점은 본질적이다. 즉 의미는 결코 외관으로서가 아니라 표면의 효과와 위치의 효과로서 간주된다."[10]

그는 특히 레비스트로스가 리쾨르Paul Ricœur의 해석학적 비판에 대해서 제시한 답변을 염두에 두고 있었습니다.

---

10 Deleuze, Gilles, *Différence et Répétition*, Paris: PUF, 1968; Deleuze, Gilles, *Logique du sens*, Paris: Minuit, 1969, 83-91쪽, 90쪽 인용; Deleuze, Gilles, "A quoi reconnaît-on le structuralisme", *Histoire de la philosophie* Tome 8, 1972, 299-335쪽.

"의미는 늘 그것들 자체는 의미가 없는 요소들의 조합으로부터 결과된다. 나의 시각에서, 의미는 결코 일차적 현상이 아니다. 의미는 늘 환원 가능하다. 달리 말해서, 모든 의미의 배후에는 비의미가 존재한다. 그 역은 참이 아니다. 나에게 있어 의미작용은 늘 현상적이다."[11]

구조주의라는 사건은 바로 다음과 같은 생각을 옹호하는 데 있었습니다. 즉, 인간 정신의 형식들과 본질은 무의식적 생산들에 관한 연구를 통하여 보다 더 잘 나타날 것이란 가설이었습니다. 여기서 말하는 무의식적 생산물이란 다양한 언어들, 문화들, 신화들, 문학 작품들이라는 집단적 생산물을 말합니다. 단지 개인들의 정신적 기능들의 기능작동에 대한 연구에 그쳐서는 안 되며, 집단의 차원이 중요합니다. 인간 정신의 생산물로부터 인간 정신의 형식과 본질로 거슬러 올라가는 것은 구조주의 기획의 주된 노선들 가운데 하나였습니다.

그것은 먼저 소쉬르가 최초로 그 척도를 가늠할 수 있었던 부

---

11 Lévi-Strauss, Claude, "Réponses à quelques questions", entretien au 《groupe philoso-phique》 d'Esprit avec Claude Lévi-Strauss, dans *Esprit*, Vol. 11, N. 322, 1963, 637쪽.

정적 사고방식의 발견에 기초합니다. 즉, 우리가 발음하는 말들
은 즉각적으로 있는 그대로 주어진 물질적 현실들이 아닙니다.
소리의 물리적 현실도, 조음 몸짓들의 생리적 현실도 우리가 지
각하는 소리들의 한계를 긋도록 해 주는 기준을 제공하지 않습
니다. 소쉬르의 판단으로는 분석을 위한 엄밀한 기준을 설정하
는 것이 결정적으로 불가능했습니다. 즉 언어적 수행의 분석과
동일성(정체성identité) 파악을 파악을 위한 기준을 말합니다.

**문**　　　소쉬르의 『일반언어학 강의』로부터 영향을 받은 구조
주의의 특징에 대해서 보다 자세히 설명해 주세요.

**답**　　　학자들은 구조주의의 통일성을 상이한 인문과학으로
부터 추출된 하나의 방법에서 찾으려 했습니다. 또는 실존주의
를 대체하려는 철학적 교리로 간주하는 사람도 있었으나 이것은
그릇된 시각입니다. 구조주의에는 수많은 방법이 병존하며, 구
조주의 사유에는 서로 양립할 수 없는 사고방식과 저술들이 얽
히고설켜 있습니다.

구조주의는 하나의 방법도, 독트린도 아니며, 하나의 문제적
장으로서, 그것의 통일성을 찾아야 할 곳은 다양한 이론적 시도
들이 발견되는 방식입니다. 실증적 기획들과 철학적 사변들의

만남, 이론적 수순의 한복판에서 부과되는 일종의 사변적 과잉은 구조주의를 운동, 또는 사건으로서 위치시키는 것을 가능케 합니다.

수년 전부터 소쉬르를 재발견하려는 시도가 이루어져 왔습니다. 그의 이름은 구조주의 역사의 모든 구석구석에 밀접하게 결속되어 동반되거나 호출되었습니다. 새로운 과학적 방법의 천부적 설립자로서, 음운론의 발견자, 기호학의 창시자, 한마디로 소쉬르는 인문과학에서 '모더니티'의 초상화로 통했습니다. 그리고 아나그람에 대한 연구에서, 소쉬르는 기호의 끊임 없는 표류를 누구보다 더 먼저 직감했습니다. 그런 이유에서 소쉬르의 아나그람 연구의 발견을 통해 일부 학자들은 소쉬르에 대해 이성의 승리로부터 단절된 광기의 이미지를 투사시켰던 것입니다.

소쉬르라는 이름은 구조주의의 팽창을 작동시킨 원류이면서, 동시에 그가 현재 생존한다면, 누구보다 구조주의의 비판자였을 것입니다.

그의 노트와 자필 수고에서 소쉬르는 구조주의의 동력을 이루는 문제를 제기했습니다. 이로부터 소쉬르 기획의 심오한 통일성을 발견하는 것이 가능합니다. 그는 구조주의의 선구자가 분명합니다. 소쉬르가 출판을 하지 않은 것은 그의 개인적 특이질에 기인하는 것이 아니라, 다소 과장된 의미이기는 하나, 회의, 초조, 신비 등이 그의 사유의 내면을 횡단하고 있었기 때문입니다.

그는 언어의 제반 문제들에 대한 극도의 감수성을 갖고 있었습니다. 이 문제들은 그에게 매우 강렬하게 나타났습니다. 그만큼 그는 그 문제들의 철학적 성격을 선명하게 의식하고 있었습니다. 이 같은 관점에서, 소쉬르의 수순은 촘스키의 것과 대립됩니다. 확실성과 단호함으로 보편문법의 원리를 설명하는 촘스키의 언어는, 언어의 신비와 역설을 제기하는 소쉬르의 스타일과 너무나 선명하게 대비를 이룹니다.

한쪽이 도그마주의로 무장한 강력한 언어를 구사한다면, 다른 한 사람은 자신의 불확실성으로 초조해하나, 궁극적으로는 자신이 던진 근원적 물음들의 적합성에 대해서만큼은 확신합니다. 소쉬르는 결코 책을 쓰지 않았으며, 오직 사고의 편린과 흔적들만 남아 있습니다. 아마도 이 같은 비완수성을 통해 그는 진리의 불가능성을 증언하고 싶었을지도 모르겠습니다.

**문**　　소쉬르의 『일반언어학 강의』는 구조주의와 포스트구조주의의 형성에도 결정적 영향을 미친 것으로 알려져 있습니다. 소쉬르의 『일반언어학 강의』는 구조주의의 이론적 기초를 제공한 것으로 알고 있습니다. 구조주의는 20세기에 생산된, 인문사회과학에서의 가장 중요한 학문적 성취이며 지성사적 사조입니다. 나중에 가서, 포스트구조주의와 같은 사상적 흐름으로 발전하는데, 특히 언어와 문화의 객관적 설명 가능성을 문제시하는 문화적 분석에 대한 접근법이라고 볼 수 있습니다. 소쉬르의 『일반언어학 강의』 텍스트로부터 정확히 어떤 영감을 받은 것인가요?

**답**　　　구조주의는 새로운 의미 이론 또는 의미작용 이론으로서 창발했으며, 이것은 자율적인 기호학적 시스템에 주안점을 두고, 의미를 만들어 내는 주체의 자리를 이동시키는 이론이라고 말할 수 있습니다. 구조주의는 기호들 사이의 규칙 지배, 대립적, 조합적 관계들을 중시하는 이론을 구축했습니다. 그 같은 기호 시스템의 이론만이 의미작용을 성립하고 설명할 수 있다고 본 것입니다. 구조주의는 유럽 상아탑을 휩쓸아친 20세기의 새로운 패러다임을 체현했다고 말할 수 있을 것입니다. 구조주의는 인간 현상들의 연구를, 그것들이 의미하는 요소들 사이의 지배적 관계들에 기초하여 가능케 했습니다.

구조주의의 핵심은 모두 소쉬르의 『일반언어학 강의』에서 영감을 받은 것들로서, 기표와 기의의 대립적 쌍, 랑그와 파롤, 공시태와 통시태의 대립에 기초합니다. 인간 현실의 수많은 양상의 지도를 그리려는 노력의 부분으로서의 위계적이고 이분법적인 용어들에 기초하여, 사회적 구조와 네트워크, 정신 징후들, 문학 장르 등은 구조주의적 활동의 핵심을 형성합니다.

구조주의라는 용어는 수많은 다양한 지식 영토를 아우릅니다. 서양 철학에서 하나의 시스템 안에서 구조적 요소들의 조합 차원에서 대상들을 특징짓기 위한 많은 시도에서 구조주의적 사유의 흔적들을 찾아볼 수 있습니다.[12] 그렇지만, 구조주의를 그 용어의 고유한 의미에서 소쉬르의 언어학, 특히 1916년 『일강』으로부터의 직접적 노선을 채택한 지적인 사조로서 정의하는 것이 표준 해석입니다. 따라서 유럽에서 구조언어학의 설립자는 소쉬르였다는 것이 일반적 견해입니다. 평생 구조주의의 역사에 천착했던 프랑스의 연구자 도스는 구조주의의 중심적 핵, 그것의 통일적 중심은 현대 언어학의 모델이고, 그것의 설립자는 소

---

12 Culler, Jonathan, *Structuralist Poetics: Structuralism*, *Linguistics*, *and the Study of Literature*, London: Routledge & Kegan Paul; Ithaca: Cornell University Press, 1975. Revised edition: Routledge Classics, 2002.

쉬르라는 인물이라고 설파한 바 있습니다.[13] 구조주의가 소쉬르로 다시 돌아간 것은 마르크스와 프로이트와 같은, 근현대 인문학사상을 정초한 회의의 대가들maître du soupçon 또는 사유의 대가들maître à penser로 '다시 돌아가기'라는 1960년대 당시에 팽배했던 지적 분위기와 맥을 같이 합니다. 요컨대, 선명하게 부각되는 지적 운동으로서의 구조주의의 정체성은 소쉬르가 남긴 위대한 저서 『일반언어학 강의』에서 마련된 인식론적·방법론적 정초와 더불어 밀접하게 결합되어 있습니다.

그런데 그 같은 소쉬르 수용에 있어, 액면적 의미에서, 구조주의의 기묘한 역설이 놓여 있습니다. 구조주의는 하나의 자율적 기호학적 시스템을 그것의 독트린의 한 부분으로서 특권시 여기나, 우발적·역사적 주체와 작품의 골격을 그 자신의 적법성의 근원으로서 주창하기도 합니다. 이 같은 패러독스를 해독하는 한 가지 방식은 서양 형이상학의 역사 안에서 구조주의의 심층부에 배태된 얽힘, 착종을 노출시키는 작업이라 할 수 있습니다.

---

13 Dosse, François, *Histoire du Structuralisme* Tome I: *le champ du signe, 1945–1966*, Paris: La découverte, 1991(réimpr. 2012), 550쪽; Dosse, François, *Histoire du Structuralisme* Tome II: *le chant du cygne, 1967 à nos jours*, Paris: La découverte, 1992(réimpr. 2012).

예컨대, 데리다는 구조주의 속에 함의된 구조는 안정된 중심을 축으로 삼아 조직화되고 있다는 점을 강조했습니다. 즉, 구조 역시 실체, 주체, 의식, 신, 인간 등과 마찬가지로, 중심을 차지한 것입니다. 그것은 불변하는 현전의 거점을 차지하는 것으로 가정되었습니다. 역설적으로 중심은 구조화된 시스템의 없어서는 안 될 조건이 된 것입니다. 하지만 중심 그 자체는 구조의 본질적 속성, 즉 구조성에 대해 면역됩니다. 즉, 중심부는 구조라는 놀이의 장으로부터 배제됩니다. 구조의 원리는 시스템 안에서 모든 요소에 적용되어야 하는데, 정작 중심부는 맹점으로 남는 역설을 말합니다. 데리다에 의하면, 구조의 구조성은 따라서 오직 탈중심화된 운동을 통해 창발할 수 있습니다.

소쉬르의 주석가들이 제시한 고유한 의미에서의 구조주의 정의에 의하면, 구조주의는 하나의 고정된, 아울러 소외될 수 없는 중심을 회전축으로 공전합니다. 그 중심은 『일반언어학 강의』의 저자 소쉬르입니다. 데리다의 이 같은 설명은 지점, 고정된 기원을 참조하는 것으로서의 중심을 부여하는 과정을 정확히 포착한다고 말할 수 있습니다.

**문**      포스트구조주의와 소쉬르의 관계는 어떻게 설명될 수 있나요?

**답**　　　포스트구조주의는 인간 언어 또는 문학이 닫힌 시스템 또는 닫힌 구조로서 연구될 수 있다는 생각에 비판적 시각을 갖고 있었습니다. 구조주의의 닫힌 구조 개념 대신, 포스트구조주의는 문화, 역사, 그리고 독자 자신의 고유한 주체성 등, 구조의 외부에 존재하는 요인들이 언어와 문학 텍스트를 축조하는 데 있어 결정적 역할을 맡는다는 점을 강조했습니다.

소쉬르의 언어 이론과 기호학에 대한 포스트구조주의자들의 비판들은 그보다 30년 전에 러시아의 비평가 바흐친이 소쉬르에 대해 가했던 거센 비난과 몇 가지 닮은 점들이 있습니다. 그는 소쉬르의 언어 분석 방법이 개인의 창조성 또는 문화적 힘들을 완전히 무시했다고 힐난했습니다. 야콥슨과 더불어 구조주의의 원류인 프랑스의 인류학자 레비스트로스와 이탈리아의 문학 이론가이며 기호학자인 에코Umberto Eco는 구체적이고도 특수한 맥락들 속에서 상징들이 어떻게 작동되는가를 연구하기 위해 기호학적 접근법들을 문화 연구, 철학, 인류학에 적용했습니다. 이 두 분은 야콥슨, 그레마스, 바르트, 크리스테바 등과 더불어 1969년 만들어진 세계 기호학회의 창립 회원들이며, 특히 에코는 초대 총무를 맡았고, 프랑스 언어학계의 태두인, 뱅베니스트가 초대 회장을 역임했습니다.

그들은 친족 관계와, 의례 또는 신화들과 같은 문화적 전통들이 특정 사회들의 다양한 가치들, 두려움들, 믿음들을 보여 주는 복잡한 상징 시스템들이라는 점을 소쉬르의 기호학적 분석 방법을 활용하여 입증했습니다. 『일반언어학 강의』의 최종판의 서론에서, 편집자들은 이렇게 주장하고 있습니다. "소쉬르의 독창적 창안의 철학적 파급 효과는 그것이 단지 프로그램의 성격을 갖고 있는 것 이상으로 보다 간접적이고 심오하다."

바르트, 푸코, 데리다, 라캉은 바로 이 같은 편집자들의 예언적 단언의 가장 확실한 사례들이며, 이 같은 소쉬르 기호학 방법을 적용한 대표적인 포스트구조주의자들이라고 말할 수 있습니다. 바르트는 기호학을 사용하여 소쉬르의 언어 시스템의 장을 확장시켜, 이미지·이데올로기·의례·음식·연극 등을 분석하는 데 성공했습니다. 바르트와 푸코 양자 모두 권력의 문제에 관심을 가졌고, 권력이 의사소통과 지식 등의 시스템들을 어떻게 축조하는가에 초점을 두었습니다.

데리다는, 포스트구조주의 철학자의 대표적 인물로서 두 개의 사물 사이의 명료한 구조적 관계성들이 가능하다는 생각에 비판을 가했습니다. 그는 언어가 보다 근원적으로는 불안정한 방식으로 의미를 생산한다고 주장했습니다. 특히 정신분석학자 라캉의 작업은 상징들과 관련하여, 정신분석학의 창시자인 프로이트Sigmund Freud의 작업에서 파생된 생각들과 소쉬르의 기호학을 접목시켜, 그 두 개의 사상의 관계를 탐구함으로써 자신의 고유한 정신분석학 이론을 구축하는 데 있어 결정적 영감을 받았습니다.

**문** 　　일부 소쉬르 전문가들은 소쉬르가 언어학의 철학이란 표현을 사용한 최초의 언어학자라는 점에서, 철학과 밀접한 연관성을 맺고 있다고 주장하기도 합니다. 소쉬르 언어학과 철학의 관계를 어떻게 파악할 수 있을까요?

**답** 　　언어학이라는 학문을 실천함에 있어 소쉬르가 19세기 당대의 역사비교언어학자들에 견주어 보여 준 극명하게 상이한 태도는 다름 아닌 언어의 본질과 언어학의 대상에 대한 심오한 철학적 성찰을 보여 주고 있다는 점입니다.

실제로 소쉬르는 그의 자필 수고본에서 철학이라는 용어를 빈번하게 사용했을 뿐만 아니라, 데카르트, 파스칼 등의 철학자의 이름을 호명하고 있으며, 『일강』에서는 찾아볼 수 없는, 매우 철학적이며 심지어 형이상학적인 스타일과 어휘를 빈번하게 사용하고 있습니다. 보다 구체적으로 자신의 제자와 나눈 여러 대담에서 앞으로 개설할 과목 가운데 하나로서 '언어학의 철학 philosophie de la linguistique'을 언급한 바 있습니다.

소쉬르의 언어학 담론에 대한 철학적 독법의 역사는 몇 년 전에 타계한 필자의 스승 노르망 교수와 그의 제자들을 비롯하여 독일 학자 예거를 중심으로 이미 1970년대부터 줄기차게 시도되어 왔으며, 현재 프랑스 언어학계를 대표하는 라스티에, 벨기에의 언어철학자 파레트Herman Parret와 그의 제자 바디르Sémir Badir, 그리고 최근에는 프랑스의 소장 철학자 마닐리에Patrice Maniglier 등이 이 같은 소쉬르의 철학적 독법을 시도하며 의미 있는 성과를 내놓았습니다.

그렇다면 소쉬르의 일반언어학으로 국한시켜 그의 언어학 담론을 철학사라는 관점에서 어떻게 읽어 낼 것이며, 소쉬르가 철학에 대해서 취한 입장은 무엇인지에 대한 답변을 마련해야 할 것입니다. 『일반언어학 강의』의 여러 문헌을 보면 소쉬르의 철학적 관점은 그의 자필 원고 이곳저곳에 산재해 있습니다. 그가 철학적 성찰을 할 수밖에 없었던 이유는 무엇보다 '랑그'라는 새로운 연구 대상의 과학을 정초하기 위한 고민에 기인합니다. 소쉬르는 철학의 외부자로서 그리고 동시에 철학의 내부에서 언어학의 철학적 토대에 대한 성찰을 진행했습니다.

즉 비철학자의 관점인 외부적 관점은 자신이 구축하려는 일반 언어학 담론의 진리를 철학이라는 반석 위에 올려놓기 위한 전략으로 풀이할 수 있습니다. 물론 소쉬르는 언어과학의 이름으로 언어의 본질에 대한 전통 철학자들의 태도와 철학 그 자체의 입장들을 비판하기도 합니다. 이를 테면, 체계로서의 언어와 언어활동에 대한 철학적 인식의 문제점을 비판합니다. 다른 한편 내부적 관점에서 소쉬르는 스스로 철학자의 입장을 취하면서 언어에 대한 철학적 관념을 제시하면서 과학적 방법의 재정의와 언어에 대한 보편적 진리를 추구하는 모습을 보여 줍니다.

이 대목에서 잠시 언급할 학자는 미국인 언어학자 휘트니 William Dwight Whitney(1827-1894)로서, 소쉬르는 당대의 역사비교언어학자들이 노출한 철학적 빈곤과 대조적으로 언어라는 대상에 대한 일반적·철학적 성찰을 개진한 유일한 인물로 휘트니를 흠모하고 있습니다. 어쨌거나 소쉬르는 이 같은 철학적 비판을 통하여 언어라는 대상을 정초하기 위해서 언어학의 이론적 토대(방법론, 인식론, 존재론)들을 자연과학도 역사과학도 아닌 또 다른 자율적 학문인 기호학과 더불어 수립할 것을 착상하였습니다. 소쉬르가 왜, 언어학의 근본적 토대를 수립하기 위해서 철학에 의탁했는지는 한 노트 파편에 나오는 그의 다음과 같은 진술에서 고스란히 드러납니다.

"언어학을 건강하게 다루기 위해서는 그것을 밖에서 접근해야 한다.… 오직 언어학자의 틀에 머무르는 언어학자는, 내 생각으론 제 사실들을 분류할 수 있도록 해 줄 길을 찾을 수 없는 불가능성에 놓이고 만다."

따라서 일반언어학의 목적은 모든 언어의 관찰과 기술의 원칙들을 수립하는 데 있으며, 〈일반언어학 강의〉에서 사용된 형용사 générale일반적은 방법 원칙들의 선험적 일반성을 지칭하며 이미 획득된 결과들의 일반화를 지칭하지 않는다는 점을 주목할 필요가 있습니다.

**문**     흔히, 소쉬르의 언어 이론으로부터 구조주의는 내재주의 또는 내재성immanentisme의 원리를 물려받았다는 설명을 듣게 됩니다. 구조언어학에서 말하는 내재성은 무엇을 의미하나요?

**답**     내재주의는 사물의 본질을 포착하려는 시도를 할 때

취하는 하나의 지적 입장이라 말할 수 있습니다. 그것은 종교, 과학, 사상 등에서 외부에서 진리의 근원을 추구하면서 취했던 초월성 또는 초월주의transcendentalisme의 원리와 상반되는 원리입니다. 내재성은 한마디로 새로운 것을 발명하는 방법과 패러다임이며, 특정 영역의 내부에서 원인을 모색하는 태도라고 할 수 있습니다. 이와 달리, 초월주의는 외부의 지배력에 기초하여 세계에 대한 설명을 시도하려는 방식입니다.

예컨대, 언어 연구에 있어 언어와 사물의 관계를 파악하기보다는, 언어의 내적 구조 자체를 연구하는 관점을 내재주의의 원리라 할 수 있습니다. 내재적 관계의 첫 번째 범주는 언어의 요소들 사이의 종속과 위계의 관계입니다. 내재주의는 언어의 구조에 대한 설명에 있어, 언어 외부에 존재하는 사회·종교·정치·경제·이데올로기 등의 외부 조건에 의탁하여 언어를 설명하는 기존의 언어관을 비판합니다. 그 대신, 언어의 내적 요소들의 상호 의존성에 초점을 둡니다.

소쉬르가 이 같은 내재주의의 원칙을 수립한 동기는, 언어학의 대상에 대한 명확하고도 자율적인 정의를 내리는 작업에 매진했기 때문입니다. 그 같은 맥락에서 소쉬르는 언어학과 다른 학문의 관계를 검토합니다. 예컨대, 생리학은 언어학에게 중요한 정보의 원천을 제공하나, 언어학은 생리학을 위해 제공할 수 있는 것이 없습니다. 반면, 언어학과 심리학의 관계는 보다 미묘하고 복잡하여 소쉬르는 확답을 제시하지는 않습니다.

언어는 사회적 제도이며, 동시에 모든 화자의 뇌 속에 언어 메커니즘이 내장되어 있다는 점에서, 소쉬르는 사회학과 심리학의 공통분모인 사회심리학과의 관계를 모색합니다. 새로운 과학으로서의 언어학을 확립하기 위해 소쉬르는 언어학의 자율성을 내재주의의 원리에 따라 정초했다고 볼 수 있습니다.

소쉬르가 취한 내재성의 원칙에서 본다면, 언어를 하나의 유기체로 파악하여 언어를 특정 환경에서 생존하고 사멸하는 과정을 파악하는 생물학적 관점은 언어의 원인을 외부에서 찾으려는 초월주의의 원리를 적용한 것이라고 말할 수 있습니다. 또한 내재성은 추상적 범주이며 새로운 부류의 발명을 가리키기도 합니다.

그 같은 맥락에서 소쉬르는 언어(랑그)는 하나의 총체이며 그 자체가 하나의 분류 원칙이라는 말을 했던 것입니다. 내재주의는 언어의 물질적 실질이 아닌, 내적 시스템에 초점을 두는 것이며, 무수히 많고 이질적이며 다양한 언어적 사건들로부터 탈피해, 추상적인 내적 관계를 포착하는 작업이라 할 수 있습니다.

참고로, 이 같은 내재주의의 원리를 가장 극명하게 이론화한 사람은 덴마크 언어학자 옐름슬레우입니다. 그는 언어학은 언어 현상을 다루는 다른 학문에 도움을 주는 단순한 보조과학이 아니며, 언어에 대한 일체의 비언어학적 사실들, 즉 물리적·생리적·심리적·논리적·사회적 사실들로부터 탈피해, 언어적 사실을 자족적이며 자율적인 하나의 총체성으로서 인식할 필요성을 역설했습니다. 옐름슬레우는 언어를 하나의 총체적 시스템으로 파악하고, 그 내부에서 원인과 결과, 그리고 전체와 부분의 관계, 의존성의 방식 등을 탐구합니다. 그는 언어 이론의 내재주의 원칙과 더불어, 언어 이론의 형성에 있어 단순성과 경험성의 원칙을 수립한 현대 언어학 및 기호학 분야에서 최고의 언어 이론가로 손꼽히고 있습니다.

## 3. 『일반언어학 강의』가 현대 기호학과 문화 이론에 미친 영향

**문**　　소쉬르의 『일반언어학 강의』 텍스트는 현대 언어학과 문화 연구에 대한 새로운 시각과 연구 영역을 수립함으로써 엄청난 영향력을 미쳤습니다. 그것은 다름 아닌 기호학입니다. 현대 기호학에 미친 소쉬르의 영향에 대해서 말씀해 주세요.

**답** 　　기호학에 대한 소쉬르의 새로운 생각들은 언어의 본질, 구조, 기능에 대한 기존의 이해 방식에 일대 혁신을 가져왔습니다. 무엇보다, 언어를 문법과 어휘들의 역사적 발달의 산물로 간주하기보다는 의사소통과 의미작용의 시스템으로 보는 것을 가능케 했습니다. 비록, 『일반언어학 강의』에서 소쉬르가 기호학 자체에 할애한 분량은 몇 쪽에 불과하나, 그가 제시한 새로운 개념들과 문제들은, 당시에 역사비교언어학과 전통적 언어철학에서 파편적인 상태로 있었던, 기호학이라는 학술 분야에 대해 전반적인 이론적 틀을 수립하면서 언어학의 장에 일대 혁명을 가져왔습니다.

소쉬르는 언어학자들이 언어 연구에 반드시 적용해야 할 새로운 개념들과 방법적 절차, 새로운 학술용어 등의 전반적인 이론적 체계를 수립하면서, 구조언어학의 발전에 영감을 주었을 뿐만 아니라, 특히 그가 기호론sémiologie이라고 명명한 새로운 학문의 잉태에서부터 괄목할 만한 비약적 발전을 가능케 한 원천이었습니다.

구조주의와 기호학은 따라서 소쉬르의 기호 이론, 특히, 기표와 기의의 이원적 모델과 기호의 자의성과 시차성과 가치 이론 등으로 압축되는 소쉬르의 새로운 이론을 인문학과 사회과학 등의 다양한 장들로 적용하면서, 20세기에 있어 중요한 사조가 되었습니다. 물론, 일부 소쉬르 연구자들은, 구조주의와 포스트구조주의가 구축한 소쉬르 『일반언어학 강의』의 독법의 문헌학적 오류와 왜곡된 해석을 끊임없이 지적하면서, 그 정당성을 문제시했으며, 이른바 소쉬르 사상의 진정성 차원에서 소쉬르 언어 이론의 엄밀한 해석을 주창했습니다. 또한 보다 근원적인 문제를 제기하는 일부의 정통 소쉬르 연구자들은 우리가 읽고 있는 『일강』의 저자가 과연 소쉬르가 맞는가 하는 물음을 던지며, 소쉬르가 생존했다면 결코 현재 텍스트의 출판을 허락하지 않았을 것이라고 확신합니다.

그렇다면, 우리는 『일강』의 최초의 편집자들에게 이 같은 소쉬르가 원치 않았던 출판을 감행한 것에 대해 책임을 물어야 할까요? 아니면, 소쉬르의 언어사상을 왜곡시킨 구조주의와 포스트구조주의의 이론가들에게 책임을 전가시켜야 하는 것일까요? 그 물음에 대한 답은 결코 간단할 수 없을 것입니다. 과연, 100년 전 제네바 대학의 한 강의실에서 이루어진 소쉬르의 강의 내용과 편집자들의 해석을 칼로 두부 자르듯이 구별할 수 있을까요? 설사 소쉬르 언어 이론의 해석자들에게 오독이 있다 하더라도, 그것 역시 소쉬르 독법의 역사의 한 부분을 형성한다고 말할 수는 없을까요?

소쉬르 읽기의 역사에서, 또 하나 언급할 것은, 모든 언어와 연관성을 갖는 보편적 언어체계의 부분으로서, 소쉬르의 기호 이론이 갖는 참신성은 아쉽게도, 『일반언어학 강의』의 후반부에 있는 통시언어학, 즉 역사언어학과 지리언어학 부분에 대해서는 독자들로 하여금 상대적으로 관심을 소홀히 하게 만들었습니다. 사실, 『일반언어학 강의』를 읽었던 대부분의 독자들은 물론 심지어, 구조주의의 석학들조차, 책의 중간 부분에서 독서를 멈추고 마는 경향이 있습니다. 이른바 소쉬르학, 즉 소쉬르 연구사에서 축적된 수백 권의 단행본과 수만 편의 논문들에 대한 검토를 해 본다면, 거의 90% 이상은 사실상 『일반언어학 강의』의 제1부, 즉 소쉬르의 일반기호 이론 부분과 공시언어학을 다루고 있으며, 그 책의 후반부에 실린 주옥같은 4개의 장을 연구하는 경우는 별로 없습니다.

소쉬르의 『일반언어학 강의』는, 특히 언어와 문화의 표상 또는 재현의 본질과 문화와 사회가 하나의 기호체계에 의해서 제어되고 통치받는 방식들에 대한 논쟁을 촉발시키며, 언어학 연구에서 광범위하고도 지속적인 영향력을 미쳤습니다. 구조주의의 부상은 소쉬르의 『일반언어학 강의』에 결정적 신세를 지고 있습니다.

구조주의란 언어는 그 부분들이 전체와의 관계 속에서만 의미를 갖는 하나의 시스템이라는 이론을 말합니다. 소쉬르 타계 이후, 야콥슨과 트루베츠코이Nikolai Trubetskoy 등의 언어학자들은 구조주의를 언어학과 문학 연구 분야에서 중요한 접근법으로 도입하는 데 결정적 기여를 했습니다. 하지만 1960년대와 1970년대에 창발한 포스트구조주의의 발전은 소쉬르로부터 영감을 받은 구조주의 사상에 대한 도전을 제기했습니다.

**문**　　소쉬르의 『일반언어학 강의』는 언어학 또는 기호학에 관심을 갖고 있는 독자라면 반드시 읽어야 할 필독 고전이군요.

**답**　　한마디로 소쉬르는 현대 언어학과 기호학에 토를 달 수 없는 영향을 미쳤으며, 그 이름은 포스트소쉬르 시대라고 정의될 수 있는 현대 시대와 더불어 하나의 대표 명사가 되었습니다.[14] 소쉬르에 대한 다양한 비평들과 상관없이, 기호들과 사회 사이에 존재하는 관계를 연구하는 것이 필요하다는 그의 독창적

---

14　소쉬르주의와 포스트소쉬르주의에 관한 보다 상세한 설명은 Belsey, Catherine, *Critical Practice*, London: Routledge, 2002 참조.

생각은 그가 남긴 가장 중요한 사상적 유산이며 아성이라고 말할 수 있을 것입니다.

**문**　　소쉬르는 자신이 탐구하고 발견한 언어기호들의 시스템(체계)은 모든 커뮤니케이션 시스템(의사소통체계)에 적용될 수 있다는 가능성을 시사했습니다. 하지만 일부 학자들은 몇몇 분야는, 예컨대 자연 언어는, 다른 커뮤니케이션 시스템 분야에 비해 기호 시스템에 더 적합하다는 사실을 발견했습니다. 이 같은 시각에서, 바르트와 푸코는 소쉬르의 언어 이론을 자신들의 비판 담론에 수용한 것으로 알려져 있습니다.

**답**　　최근에 출판된 소쉬르의 『일반언어학 글모음』을 찬찬히 읽어 보면 소쉬르가 실상은 그의 언어 이론에서 공시태(현재 시스템으로서의 언어에 초점을 둔 연구)와 통시태(언어의 역사적 발전을 통해 연구되는 언어)의 균형 잡힌 시각을 갖고 있었음을 보여 주고 있습니다. 『일강』에서 언어가 사회에서 기호들이 어떻게 작동되는가에 대한 연구에서 중심부를 차지한다고 본 것과는 다소 대비를 이룹니다. 소쉬르는 언어가 기호체계들 가운데 가장 중요한 시스템이라고 믿었습니다. 그 이유는, 언어는 다른 기호 시스템들에 견주어 의사소통의 필수적 형식이기 때문입니다.

소쉬르가 그의 일반언어학 이론을 통해 윤곽을 잡은 기호 시스템의 연구는 다양한 연구 영역들로 확대되었습니다. 이 점은 심리학·철학·문학·역사학·신화학·인류학 등의 분야에서 제기된 기호의 기능과 의미에 대한 다양한 연구에서 확인됩니다. 이들 분야에 대한 소쉬르 이론들의 작용은 인간 문화와 사회를 이해하는 새로운 방식들을 창조했습니다. 예컨대, 프랑스의 기호학자 바르트의 현대 신화, 즉 평범한 일상생활 속에 녹아 있는 규약과 관습, 소비 방식, 가치관, 이데올로기 등에 대한 분석은 소쉬르의 기호 이론으로부터 결정적 영감을 받아 이루어진 것입니다.

소쉬르가 언어를 자의적 기호들로 구성된 인간이 만든 시스템으로서 간주한 것과 마찬가지로, 바르트는 현대의 신화들, 즉 사회적 규범들과 가치체계를 자연법칙의 산물이 아닌 인간의 발명들로서 파악했습니다. 다시 한번 강조하나, 기호의 자의성에 의하면, 언어는 상호 의존적인 상징들의 네트워크로서, 상징들의 개별적 의미들은 차이와 대립에 의해서 추출될 수 있습니다. 바르트는 마치 이 같은 신화들이 영원하며 불변하는 진리인 것처럼 믿게 만드는 사회의 경향을 비판하는 데 주안점을 두었습니다.

푸코 역시 소쉬르의 기호 분석을 사회 구조들을 비판하는 데 사용했습니다. 그의 작업은 현대 사회 속에 존재하는 규범들과 제도들이 어떻게 폭력적이고 억압적인 효과들을 생산하는가를 계시하는 데 있습니다. 바르트와 푸코는 현대 비판 담론과 이론에서 중추적인 인물들이며, 문학 이론, 철학, 인류학, 그 이외의 다른 연구 분야에서도 여전히 엄청난 영향력을 행사하고 있습니다. 그들의 작업을 통해, 소쉬르 사상의 한 버전이 파악될 수 있습니다. 예컨대, 20세기와 21세기 초 현재에 이르기까지, 정부, 불공정한 사회 제도들과, 자본주의의 사회적·경제적 파급 효과들에 대한 급진적 비판을 말합니다.

**문**　　한마디로 소쉬르의 기호학이 현대 기호학의 발전에 미친 영향력은 토를 달 수 없을 정도로 명확하다는 말씀이신가요?

**답**　　소쉬르의 이론과 사상에 대해서는 여전히 격론이 있습니다만, 소쉬르는 각각의 개별 언어는 상호 관련성을 맺는 하나의 기호체계라는 점을 설파하면서 근본적으로 언어학의 장을 변화시켰습니다. 『일반언어학 강의』는 언어학과 기호학 분야에서는 한 획을 그은 근본적 텍스트입니다. 그것의 지속적 호소력은 부분적으로는 그 책의 영향력의 광범위함과 일반성의 결과입니다. 『일반언어학 강의』는 모든 시간과 공간에서 인간 언어들을 논의하려는 시도를 했습니다. 아울러 소쉬르가 수립한 기호들의 과학, 기호학이라는 개념을 통해 언어학의 테두리를 넘어, 많은 분야에서 응용되었습니다.

소쉬르의 이론은 헤아리기 어려울 정도의 연구 영역과 주제들에 적용되었습니다. 『일반언어학 강의』라는 텍스트는 소쉬르의 사후에 그의 동료 교수들과 제자들의 노트에 기초하여 편집되고 출판되었습니다. 그 결과, 수많은 다양한 해석에 개방되어 있습니다. 어떤 연구자들은 그 책을 언어학에 대한 비역사적 접근법으로서 읽었으며, 다른 언어학자들은 텍스트를 특별한 개별 역사적 맥락들에 적용될 수 있는 일반 이론으로서 이해했습니다.

예컨대, 프랑스 출신의 캐나다 원로 기호학자인 뷔삭 교수는, 대부분의 혁신적 사상가들에게서는, 그의 가르침의 영향력과, 그들의 저술의 영향 모두는 동일한 근원에서 그리고 통상적으로 동시발생적으로 탄생한 것이기 때문에, 그 둘 사이를 구별할 필요가 거의 없으나, 소쉬르의 경우는 상황이 훨씬 복잡하다고 말한 바 있습니다.[15] 기호학은 소쉬르가 먼저 설립한 언어학적 이론 틀을 넘어, 더 넓은 분야에 이르렀고, 바르트, 푸코, 라캉과 같은 프랑스 이론가들에 의해 사용되었습니다. 기호학에 대한 명확한 정의를 제시하는 것은 어려운데, 그 이유는 기호학의 의미가 다양하게 사용될 뿐만 아니라, 그 영역이 어마어마하게 방대하기 때문입니다.

그것의 가장 일반적 의미에서 기호학은 소쉬르가 설판한 대로, 기호들의 삶을 연구하는 학문이며, 의미와 소통이 어떻게 작동되는가에 대한 연구라고 말할 수 있습니다. 독일의 기호학자로서 세계 기호학계에서 가장 많이 읽히는 『기호학 핸드북』의 저자인 뇌트Winfried Nöth는 기호학은 사회 자체가 진화하면서 계속될 것이라고 내다보았습니다.[16]

기호학은 소쉬르의 시대에는 심지어 존재조차 하지 않았던 수많은 학술 분야들에 적용되어 왔습니다. 예컨대, 가장 최근에는 기호학은 인공지능과 뇌과학과 접맥되고 있습니다. 문학·시각예술·건축·패션·음식·연극·도시 공간 등, 기호학의 하위 분야들은 계속해서 늘어나고 있습니다. 뇌트는, 인간의 기호 시스

---

15 Bouissac, Paul, *Saussure: A Guide for the Perplexed*.

16 Nöth, Winfried, *Handbook of Semiotics*, Bloomington: Indiana University Press, 1990, 4-5쪽.

템은 늘 변화하고, 발전하기 때문에, 아울러 기호학이라는 학문은 상대적으로 신생 학문이기 때문에, 기호학의 본질에 대한 명확한 정의는 여전히 모호한 채로 남아 있다고 말합니다. 소쉬르의 작업에 대한 다양한 해석의 방향들은 항시적으로 진화하고 있으며, 사회에서 의사소통에 대한 핵심 방법으로서, 기호 시스템에 대한 그의 개념에 대한 계속된 관심이 존재해 왔습니다.

**문**　　　소쉬르의 언어사상은 서양 근대 사상사와 현대 인문학사의 맥락에서도 살펴볼 필요가 있다는 생각이 듭니다.

**답**　　　예컨대, 철학자 가스파로프는 2013년에 출판한 책에서, 소쉬르의 인식론은 독일 낭만주의와 관념주의로부터 영향을 받았다는 주장을 펼친 바 있습니다. 낭만주의는, 18세기부터 발흥한 하나의 문화적 사조이며, 19세기에 최고 정점에 이르렀고, 인간의 감정과 개인성을 우선시하며, 개인의 감성과 상상력을 옹호하는 주관적 미학에 토대를 두었습니다. '관념주의'는 실재는 그것 자체로서 존재하기보다는 인간 사고의 생산물로서 존재한다는 견해를 피력하는 철학적 사조를 말합니다.

　그의 연구는 소쉬르를 독일 계몽주의 사유의 전통에 위치시키고, 소쉬르의 사상을 대륙 철학과의 관련 속에서 연구하기 위한 새로운 가능성을 열어 놓고 있습니다.[17] 계몽주의는 프랑스에서 시작된 18세기의 유럽의 문화 사조이며 합리성과 자유를 신봉하는 사조로서, 전통 특히 종교의 권위로부터 벗어나려는 운동이었습니다. 소쉬르의 이론들은 또한 사회과학을 넘어 사용되고 있습니다. 일부 학자들은 소쉬르의 이론을 수학, 생물학을 포함한 자연과학 분야들에 적용하려는 시도를 해 왔습니다.[18]

『일반언어학 강의』의 최근 영어 비평본의 서문에서, 일부 전문가들은 다수의 상아탑 학술 분야들의 목적과 방법에 기초하는 소쉬르의 『일반언어학 강의』에 대한 접근법을 강조하기도 했습니다. 이를테면 소쉬르에 대한 지속적 관심은 소쉬르의 해결책이 사상사에서 일련의 친숙하고도 해결되기 어렵다고 추정된 문제들에 대한 해결책으로서 얼마나 정밀한 것인가를 암시하고 있습니다.[19]

여기서 말하는 문제들은 수많은 상이한 학술 분야들에 적용될

**17** Gasparov, Boris, *Beyond Pure Reason: Ferdinand de Saussure's Philosophy of Language and Its Early Romantic Antecedents*, New York: Columbia University Press, 2013.

**18** Bertrand, Denis & Bruno Canque, "Sémiotique et biologie. Le 《vivant》 sur l'horizon du langage", *Signata* 2, 2011, 195-220쪽; Petitot-Cocorda, Jean, "Formes sémiotiques", *Morphogenèse du sens* I, Paris: PUF, 1985.

**19** Meisel, Perry & Haun Saussy, "Saussure and His Contexts", xx쪽.

수 있습니다. 이것은 곧 비록 소쉬르의 이론이 해석에 개방되었다 해도, 그것의 명료성에 힘입어 여전히 매력적이라는 것을 함의합니다. 정확한 문헌 연구 조사를 해 봐야겠으나, 대략 반세기 동안 축적된 소쉬르 관련 연구 검토는 예술과 사회과학 분야에 미친 『일반언어학 강의』의 영향력 역시 엄청난 것이었음을 확인시켜 줄 것입니다. 예컨대, 기호의 물질적 속성 및 본질과 관련하여 언어학, 문화 이론, 철학 등의 분야에서 계속되어 온 논쟁의 윤곽을 그려 보는 작업을 할 수 있을 것입니다.

예컨대, 기호를 추상적이거나 개념적인 대상으로 간주하는 것이 타당한가? 또는 기호의 질료를 성립하는 음성 혹은 이미지 차원에서의 물질적 성질을 반드시 고려해야 하는가? 등의 논쟁이 있어 왔습니다.


**문** 소쉬르가 기호학의 목적과 필요성을 천명한 것은 사실이나, 그것은 하나의 프로그램의 시험적 상태에 머무르고 있다고 봐야 할 것 같습니다. 왜, 보다 상세한 기호학 체계를 마련할 수 없었던 것인가요?

**답** 소쉬르는 언어학이 일반기호학의 한 부분을 형성한다고 생각했습니다. 이 같은 생각은 사실 1890년대부터 그 착상이

잉태되어 서서히 무르익었다고 봐야 할 것입니다. 다만, 기호학의 필요성과 그 개념을 정의하는 데 머무르고, 상세한 기호학 이론체계를 수립하는 데 도달했다고 보기는 어려운 것이 사실입니다. 비록, 그가 기호학의 연구 영역으로 명시한 사례들이 극히 한정되어 있기는 하나, 언어기호의 범주가 아닌, 다른 사회적 제도들의 기호체계들을 연구 대상으로 구상한 그의 직관은 상찬받아야 마땅합니다.

그의 직관에 힘입어 기호학자들은 현대 사회생활에서, 인간 언어를 벗어나 보다 광범위한 기호체계가 존재한다는 명확한 사실을 인식할 수 있었습니다. 이 같은 소쉬르의 기호학적 통찰을 가장 먼저 이해했던 바르트는 그의 저서 『기호학 요강』에서 패션, 음식 등의 문화적 영역에 소쉬르의 기호학 이론을 적용한 바 있습니다.

**문**  소쉬르의 기호학은 요즘 부상하는 이른바 초학제성의 방법론적 모델로 사용될 수 있다는 생각이 듭니다. 그런 구체적 사례가 있나요?

**답**  소쉬르에 대한 연구는 다양하며, 단일한 이론 틀 또는 목소리에 의해 획일화되거나 통일될 수 없습니다. 그 점에 있어,

제 개인적 경험으로는 학제적 또는 초학제적 연구를 수행하면서 소쉬르의 기호학은 물론 그의 인식론을 매우 유용하게 사용할 수 있었습니다. 보다 구체적으로 체계 이론에서 소쉬르의 기호학을 수용한 사례를 제시할 수 있을 것입니다.

상이한 학문들의 통일이라는 관점에서, 베커Dirk Baecker와 루만Niklas Luhmann은 사회학과 수학을 결합시키기 위해 기호 이론을 사용했는데, 그러면서 그들은 현대에 있어 기호과학의 유효성을 강조했습니다. 루만은 자신이 제안한 지시 작용의 이원적 시스템과, 소쉬르가 제안한 기호·기표·기의로 이루어진 기호 모델에 토대를 둔 의미의 삼원적 시스템을 화해시키려는 시도를 했습니다. 여기서 루만이 말한 이원적 시스템은, 시스템의 수학적 연구에 기초를 둔 연구장으로서, 시스템 이론에서 공통적인 모델을 가리킵니다.[20]

루만은 모든 사회 시스템들은 커뮤니케이션 시스템이라는 견

---

**20** Baecker, Dirk, ed., *Problems of Form*, Michael Irmscher & Leah Edwards, trans., Stanford: Stanford University Press, 1999; Luhmann, Niklas, "'Sign as Form' A Comment", *Cybernetics & Human Knowing* 6, N.3, 1999, 39−46쪽; Zeige, Lars Erik, "From Saussure to sociology and back to linguistics: Niklas Luhmann's reception of *signifiant/signifié* and *langue/parole* as the basis for a model of language change", *Semiotica* 207, 2015, 327−368쪽..

해를 피력합니다. 인간 사회는 이들 시스템 가운데 가장 광범위한 시스템으로 파악됩니다. 사회 시스템에 대한 그의 분석은 겉으로는 닫힌 것으로 보이는 다양한 시스템들이 어떻게 상호작용하며 영향을 행사하는가에 대한 고찰이라고 할 수 있는데, 그것은 언어를 하나의 시스템으로 파악한 소쉬르의 최초 기술을 뛰어넘는 생각이라 말할 수 있습니다.[21]

**문**　　소쉬르의 기호 이론과 퍼스의 기호 이론은 어떻게 상호작용할 수 있을까요?

**답**　　소쉬르는 의식적으로, 그리고 그만큼 비장한 심정으로, 당대는 물론 서양 전체의 언어 연구의 전통과 단절하고 있다는 점을 다시 한번 기억할 필요가 있습니다. 소쉬르의 언어 기호 모델은 분명 미국의 철학자이며 과학자인 퍼스Charles Sanders Peirce와 비교될 수 있고, 그 같은 대화 시도는 분명 의미가 있습니다.

1969년 창립된 세계 기호학회 초대 회장을 역임한 프랑스의 언어학자 뱅베니스트는 『세미오티카』 1호에 게재된 논문, 「언어

---

21　루만, 니클라스, 『사회적 체계들』, 이철·박여성 역, 노진철 감수, 한길사, 2020.

의 기호학」에서, 퍼스와 소쉬르를 가리켜 기호과학의 두 명의 설립자로서 특징지으면서 논의를 시작하고 있습니다.[22] 최근에 출판된 그의 마지막 강의록에서, 그는 그 두 명의 고독하고도 특이한 위대한 정신은 공통점들과 동시에 철저하게 대립되는 양상들을 갖고 있다고 묘사하고 있습니다.[23]

20세기 프랑스가 배출한 최고의 언어학자인 뱅베니스트에 의하면, 그 두 명의 천재들은 공통적으로, 존 로크가 기획했던 기획, 즉 기호들의 과학을 다시 수립하려는 시도를 했으며, 각자 기호와 의미작용에 대해 독자적인 성찰을 수행했습니다. 그들의 학문 분야, 방법, 연구 대상은 처음부터 끝까지 완전히 상이했으나, 절묘한 시간적 우연이긴 하나, 거의 동시기에 기호학이라는 학문을 수립하려는 기획에서는 일치했습니다.

퍼스가 무엇보다 미국의 프래그머티즘철학자이자 논리학자였다면, 소쉬르는 두 개의 전혀 다른 특징을 갖습니다. 그는 유럽인이었고 언어학자였습니다. 그는 당시의 지적 시대정신인

**22** Benveniste, Émile, *Problèmes de linguistique générale II*, Paris: Gallimard, 1974, 43-66쪽.

**23** Benveniste, Émile, *Dernières leçons. Collège de France 1968 et 1969*, édition établie par Jean-Claude Coquet et Iréne Feneglio, Paris: EHESS & Gallimard & Seuil, 2012, 61-62쪽.

역사주의를 전유했고, 그에 따라 자연과학에서 지배적이었던 진화론에 따른 인간 지식, 즉 인간적 사실들을 그것들의 진화에 따라 설명하려는 태도와, 기존의 형이상학과 단절하여, 인간 문제에 있어, 심리학과 사회학의 도래와 더불어 실증주의를 수용했습니다.

소쉬르는, 이렇게 말한 바 있습니다.

"언어를 연구하면 할수록, 우리는 언어 속에 존재하는 모든 것이 역사, 즉, 추상적 분석의 대상이 아닌 역사적 분석의 대상이라는 사실, 다시 말해, 언어는 법칙들이 아닌 사실들로 구성된다는 사실을 꿰뚫어 보게 된다."[24]

이 같은 의미에서 소쉬르의 기호학은 인간 과학이며, 그 같은 입장은 기호학을 논리과학으로 본 퍼스의 시각과 극명한 대비를 이룹니다. 레비스트로스는 이 점에서, 언어학을 기호학의 일부분으로서 제시하며, 사회생활 한복판에서 기호들의 삶을 연구하

---

[24] 제네바 대학 언어학 정교수 취임 강연 일부. 마우로 교수가 인용함. CLG/D, note 41, 416쪽.

는 것으로 규정했던 소쉬르를 가리켜, 사회인류학의 목적을 그 누구보다도 명료하게 규정한 인물이라고 말한 바 있습니다.[25]

소쉬르의 기호 이론과 퍼스의 기호 모델은 약간 겹쳐지는 부분도 있으나 상이한 면이 더 많습니다. 소쉬르는 의미를, 기호·기표·기의 등의 세 부분으로 이루어진 연쇄로 간주했다는 점을 앞서 살펴보았습니다. 이때 기호와 기표는 서로 불가분의 관계로 결합되어 있습니다. 반면, 퍼스에게 있어 모든 것은 기호입니다. 인간의 모든 생각도 기호이고, 심지어 인간 자신이 하나의 기호입니다. 퍼스는 기호를 세계에 존재하는 정신 밖에 있는 그 무엇으로 간주하는 대신, 기호들은 인간 사고라는 건축물을 세우는 데 사용되는 건물의 기둥이며 벽돌들이라고 믿었습니다.

퍼스는 또한 기호를 분석하기 위해 삼분법적 과정을 발전시켰습니다. 그의 시스템은 그가 표상체representatum라고 부른 하나의 기호, 대상체object 또는 지시체referent, 그리고 해석체interpretant로 구성됩니다. 퍼스가 말하는 기호 또는 표상체는 소쉬르의 기표와 흡사합니다. 그것은, 특정 사물 또는 관념을 지시하는 단어, 음성, 또는 상징입니다. 대상체는 기호에 의해서 재현되는 모든

---

25  Lévi-Strauss, Claude, *Anthropologie structurale deux*, Paris: Plon, 1973, 18쪽.

것을 아우릅니다. 대상체는 물질적 세계는 물론 관념적 세계, 심지어 허구의 세계도 모두 아우릅니다. 끝으로 해석체는 해당 대상체에 대해 표상체에 의해 수반되는 의미입니다. 그것은 단 한 번에 고정된 개념이 아니라, 역동적 기호 작용을 통해 계속해 변화하고 성장합니다. 퍼스는 그 같은 기호 작용의 최종 단계를 일러, 궁극적 해석체라고 부르기도 했습니다. 퍼스는 이 같은 이 세 부분 사이에서 생성되는 관계를 세미오시스semiosis라고 불렀습니다.[26]

퍼스의 기호학은 러시아 언어학자 야콥슨과 이탈리아 기호학자 에코의 작업 그리고 소쉬르의 비판가들에게도 영감을 주었습니다. 야콥슨은 언어기호의 자의적 본질에 맞서 논증을 펼치면서, 소쉬르가 기호와 기의 사이의 관계를 충분히 설명하는 데 실패했다는 것을 보여 주기 위해 퍼스를 인용하면서, 소쉬르에 대한 비판을 한 바 있습니다.[27]

---

**26** 퍼스, 찰스 샌더스, 『퍼스의 기호사상』, 김성도 편역, 민음사, 2006; 리슈카, 제임스 야쿱, 『퍼스 기호학의 이해』, 이윤희 역, 한국외국어대학교 출판부, 2019.

**27** Jakobson, Roman, "Sign and System of Language: A Reassessment of Saussure's Doctrine", *Verbal Art, Verbal Sign, Verbal Time*, Krystyna Pomorska & Stephen Rudy, eds., Minneapolis: Minnesota University Press, 1985,

**문**　　　언어학을 벗어나 소쉬르의 『일반언어학 강의』를 수용한 사상가들 가운데 인류학 분야에서는 누구를 손꼽을 수 있나요?

**답**　　　가장 먼저 언급되어야 할 영향력 높은 사상가는 프랑스의 인류학자 레비스트로스입니다. 문화인류학의 영역에 구조주의를 적용함으로써 그는 인류학을 새롭게 갱신시켰고, 원주민 문화를 비롯해 고유한 문화들을 연구하기 위한 새로운 방법과 모델을 창조했습니다. 그의 논증에 의하면, 문명화된 정신은 야생적 정신과 동일한 구조를 갖고 있다는 것입니다. 그는 친족 관계를, 구조적 방법들과 더불어 분석될 수 있는 하나의 시스템으로 접근했습니다. 그의 구조주의적 접근법은 유럽과 미국의 문화인류학, 사회인류학 등, 인류학 전반에 엄청난 영향을 미쳤고, 현재에도 그가 미친 영향력은 여전합니다.

　1988년, 미국의 문화 비평가 게이츠Henry Louis Gates Jr.는 매우 의미 있는 논문, 「의미하는 원숭이: 아프리카-미국 문학 비평 이론」을 발표한 바 있는데, 문화 이론을 다루는 이 중요한 논문에서 그는 아프리카·미국 문학과 토박이말을 분석하기 위해 소쉬르의 기표와 기호 범주들을 사용한 바 있습니다. 그것은 소쉬르의 구조주의가 오늘날까지도 문학 이론에 영감을 주는 이론적 원천 가운데 하나라는 사실을 일러 줍니다. 사회에 의해 구축된 시스템으로서의 인종을 분석하는 작업에 첨가하여, 구조주의는 젠더 문제에 대한 사유에서도 사용되어 왔습니다. 페미니즘 이론가들 가운데 가장 큰 영향력을 미친 현대 사상가인 미국의 버틀러Judith Butler는 젠더, 성, 권력 등에 대한 그녀의 분석을 위한 발판 도약대로 구조주의와 포스트구조주의를 사용하고 있습니다. 그녀는 그 이후의 저술에서는 해체주의 방법을 사용하기도 했습니다.[28] 페미니즘은 성평등을 위한 투쟁과 관련된 수많은 지적·정치적 경향들을 아우릅니다.

**문**　　구조서사기호학의 설립자인 그레마스는 소쉬르로부터 결정적 영향을 받은 것으로 알려져 있습니다. 그레마스가 수행한 『일반언어학 강의』의 독법에 대해서 간략히 설명해 주세요.

**답**　　그레마스는 소쉬르의 언어 이론을 언어학자와 기호학자라는 두 개의 자격으로 새롭게 그 가치를 발굴한 구조서사기호학의 창립자입니다. 일찌감치 소쉬르의 언어 이론에 관심을

---

28　Butler, Judith, *Gender Trouble*, London: Routledge, 2011.

갖고 있었던 그레마스는 1956년에 발표한 명논문 「소쉬르주의의 현재성」에서, 구조언어학의 주요 이론적 성과와 소쉬르 사상의 외연을 주목하고, 특히, 음악을 하나의 언어로서 파악하는 음악학으로 확장될 수 있다는 점에 주목했습니다. 그레마스는 소쉬르가 그 필요성을 예감하고 그 설립을 희망했던 일반기호학을 통해 인문학과 사회과학의 고유한 영역에 내재하는 복잡한 문제들에 대해 보다 심층적인 이해를 할 수 있다고 주장했습니다.[29]

그레마스는, 『일반언어학 강의』에 배치된 이론적 기구의 핵심적 요소들을 명료하게 기술하고 있습니다. 특히 그는 『일반언어학 강의』가 당시의 인문과학의 여러 부문에 미친 영향을 분석하고 있습니다. 그는 소쉬르 사상의 파급과 효력은 언어학의 범위를 넘어서면서, 인간 과학의 일반인식론에 의해 시의적절하게 다시 해석되고 사용된다는 점을 강조했습니다. 그는 이 같은 소쉬르가 그 길을 튼, 기호학의 프로그램에 맞추어, 인문과학 전반

---

29 Greimas, Algirdas Julien, "L'actualité du saussurisme (à l'occasion du 40$^{ème}$ anniversaire de la publication du Cours de linguistique générale)", *Le Français moderne* XXIV, N.3, 1956-2000, 191-203쪽. In *La mode en 1830*, Paris: PUF(publication des deux thèses de Greimas, voir la note 1), 2000, 371-382쪽.

으로 소쉬르의 다양한 관점들이 확대될 수 있음을 비교적 낙관적으로 전망했습니다. 그는 메를로퐁티의 철학, 인류학자 레비스트로스, 미술사, 역사학, 음악학 등을 언급하고 있으며, 문학도 언급합니다. 한마디로 그레마스는 소쉬르 언어사상의 심화를 통해 일반기호학을 지향하고 있었습니다. 아쉽다면, 그가 탐탁지 않게 여겼던 정신분석학을 누락하고 있다는 점입니다.

하지만, 그의 주저인 『구조의미론』을 집필하던 1960년대 초반부터, 그레마스는 소쉬르와 거리 두기를 시작합니다. 그는 소쉬르의 기호 개념뿐만 아니라, 기호들의 시스템이라는 소쉬르의 개념에 비판적 태도를 취합니다. 그에 따르면, 언어는 기호들의 체계가 아니라, 아상블라주assemblage이며, 그것의 경제économie는 의미작용의 구조들로서, 이것을 정의하는 작업을 구조의미론의 과제로 삼았습니다. 또한, 기호의 자의성 원칙을 문제시함과 동시에 소쉬르가 제거한 언어의 기원의 문제를 조심스럽게다시 상기시킵니다. 그레마스는 원형의미론과 의성어의 도상성 등, 언어의 기원에 대해서도 연구할 필요성을 느꼈기 때문입니다.[30]

---

**30** Greimas, Algirdas Julien, *Sémantique structurale*, Paris: Larousse & PUF, 1966-1986.

그레마스는 자신이 수행한 소쉬르 독법에서 필수 불가결한 중개자는 옐름슬레우라는 점을 천명하고, 청년 소쉬르의 근본적 직관들을 꿰뚫어 보면서, 소쉬르 언어 이론의 유일한 합법적 계승자라는 점을 강조합니다.[31]

---

**31** 김성도, 『구조에서 감성으로』(전면개정증보판), 고려대학교 출판문화원, 2020.

# 참고문헌

\* 본서에서 인용된 소쉬르 일반언어학 관련 문헌의 정확한 서지와 약어 표시
는 다음과 같습니다.

## I. 일반언어학 관련 문헌

1. CLG: Saussure, Ferdinand de, *Cours de linguistique générale*, publié par
   Charles Bally et Albert Sechehaye, avec la collaboration d'Albert Riedlinger,
   Lausanne & Paris: Payot, 1916[Paris: Payot, 1922]. 페이지 표시는 초판과 동
   일. 1916년 초판, 1922년 제2판, 1931년 제3판에 이어 계속하여 재인쇄되
   어 왔음.

2. CLG/D: Saussure, Ferdinand de, *Cours de linguistique générale*, publié par
   Charles Bally et Albert Sechehaye, avec la collaboration d'Albert Riedlinger,
   éd., critique préparée par Tullio De Mauro, postface de Louis-Jean Calvet,
   Lausanne & Paris: Payot, 1972. 1922년 제2판의 페이지 표시 사용. 1995년
   판형을 달리하여 파요출판사의 그랑드 컬렉션으로 재출판, (1re éd. 1916),
   XVIII-520쪽. 1972년 판본에서 마우로 교수는 자신의 1967년판 『일강』의
   이탈리아어로 작성된 서론과 주석을 프랑스어로 번역하여 출판, 통상 이

책은 『일강의 비평본』으로 부름. 이 책에는 서론과 소쉬르의 전기를 비롯해 300여 개가 넘는 각주를 싣고 있음.

3. SM: Godel, Robert, *Les sources manuscrites du Cours de linguistique générale de F. de Saussure*, Genève: Droz, 1957. 고델의 『소쉬르 일반언어학 강의』 필사 원고에 대한 문헌학적 분석.

4. Godel, Robert, "Nouveaux documents saussuriens: les cahiers E. Constantin", *Cahiers Ferdinand de Saussure* 16, 1958-1959, 23-32쪽. 콩스탕탱의 필기 노트 자료.

5. Godel, Robert dir., "Introduction au deuxième cours de linguistique générale de Ferdinand de Saussure", *Cahiers Ferdinand de Saussure* 15, 1957, 3-103쪽. 제2차 〈일반언어학 강의〉의 서론.

6. CLG/E: Saussure, Ferdinand de, *Cours de linguistique générale*, édition critique par Rudolf Engler, Vol. 2, Wiesbaden: Harrassowitz, 1968-1974(réimpr. 1989-1990). 엥글러 교수의 『일반언어학 강의』 비평 결정본, 총 2권.

7. CLG I : Saussure, Ferdinand de, *Premier cours de linguistique générale (1907) d'après les cahiers d'Albert Riedlinger/Saussure's First Course of Lectures on General Linguistics (1907) from the Notebooks of Albert Riedlinger*, édité par Eisuke Komatsu et traduit par George Wolf, Oxford: Pergamon Press, 1996. 고마쓰 교수가 출판한 제1차 〈일반언어학 강의〉의 학생들 필기 노트.

8. Saussure, Ferdinand de, *El primer curso. Lingüística general de Ferdinand de Saussure, Louis Caille y Albert Riedlinger*, Édition bilingue par Claudia Mejía Quijano, Daniel Jaramillo et Alexander Pérez, Medellín: Editorial Semsa,

2019. 제1차 강의는 작년 2019년 프랑스어와 스페인어 2개 국어로 새로운 문헌학적 고증을 거쳐 출판된 바 있다.

9. CLG II: Saussure, Ferdinand de, *Deuxième cours de linguistique générale (1908-1909) d'après les cahiers d'Albert Riedlinger et Charles Patois/Saussure's Second Course of Lectures on General Linguistics (1908-1909) from the Notebooks of Albert Riedlinger and Charles Patois*, édité par Eisuke Komatsu et traduit par George Wolf, Oxford: Pergamon Press, 1997. 고마쓰 교수가 출판한 제2차 〈일반언어학 강의〉의 학생들 필기 노트.

10. CLG III: Saussure, Ferdinand de, *Troisième cours de linguistique générale (1910-1911) d'après les cahiers d'Émile Constantin/Saussure's Third Course of Lectures on General Linguistics (1910-1911) from the Notebooks of Emile Constantin*, édité par Eisuke Komatsu et traduit par Roy Harris, Oxford: Pergamon Press, 1993. 고마쓰 교수가 출판한 제3차 〈일반언어학 강의〉의 학생들 필기 노트.

11. ELG: Saussure, Ferdinand de, *Écrits de linguistique générale*, établis et édités par Simon Bouquet et Rudolf Engler (avec la collaboration d'Antoinette Weil), Paris: Gallimard, 2002. 1996년에 새롭게 발견된 소쉬르의 일반언어학 관련 자필 원고 및 기존에 출판된 자필 원고를 종합한 판본. 본서에서는 『일반언어학 글모음』으로 표기.

12. Constantin: "Émile Constantin. Cours de linguistique générale de Mr le professeur Ferdinand de Saussure. 1910-1911", ÉDITION INTÉGRALE DE BGE Ms.fr.3972-1 (cahiers 1910-1911) par Claudia Mejía Quijano, avec la collaboration de Claude Sandoz, *CFS* 58. 소쉬르의 제3차 〈일반언어학 강의〉

를 필사한 콩스탕탱의 필기 노트.

13. Saussure, Ferdinand de, "Notes préparatoires pour le cours de Linguistique générale 1910-1911", Daniele Gambarara, éd., *Cahiers Ferdinand de Saussure* 58, 2005, 81-290쪽. 제3차 〈일반언어학 강의〉 준비를 위해 소쉬르가 준비한 자필 원고.

14. Saussure, Ferdinand de, *Sciences du langage: De la double essence du langage et autres documents du ms*, BGE Arch. de Saussure 372, édité par Amacker, René, Genève: Droz, 2011. 언어의 이중 본질을 다룬 소쉬르의 자필 노트.

## II. 소쉬르의 석사 논문과 박사 논문

1. Mémoire: Saussure, Ferdinand de, Auteur du texte, *Mémoire sur le système primitif des voyelles dans les langues indo-européennes: par Ferdinand de Saussure*, Leipzig: B.G. Teubner, 1879. 인도유럽어족에서의 모음들의 원시 모음 체계를 다룬 소쉬르의 석사 논문.

2. Saussure, Ferdinand de, *De l'emploi du génitif absolu en sanskrit, Thèse pour le doctorat*, présentée à la Faculté de Philosophie de l'Universitéde Leipzig & Genève: Imprimerie Jules-Guillaume, Fick, 1881. 산스크리트에서의 절대 속격 용법을 다룬 소쉬르의 박사 논문.

III. 생존 시 출판된 논문들을 모아 편집한 연구물 모음집 문헌 및 아나그람과 게르만 전설 연구 필사본을 편집한 문헌, 그 외 소쉬르가 생존 시 작성한 자전적 성격의 에세이와 서간문 모음 문헌.

1. Recueil: Saussure, Ferdinand de, *Recueil des Publications scientifiques de Ferdinand de Saussure*, Charles Bally & Léopold Gautier eds., Un vol. in-8, Genève: éditions Sonor, 1922, 641쪽. 소쉬르가 생존 시 발표한 논문들의 모음집.

2. Starobinski, Jean, *Les mots sous les mots: Les anagrammes de Ferdinand de Saussure*, Paris: Galimard, 1971. 소쉬르의 아나그람 자필 원고 및 이에 대한 스타로뱅스키의 해설과 분석.

3. Saussure, Ferdinand de, "Essai pour réduire les mots du grec, du latin et de l'allemand à un petit nombre de racines", *Cahiers Ferdinand de Saussure*, 32, 1978 (1874), 77-101쪽. 1874년 소쉬르가 15세 때 작성한 소논문.

4. Saussure, Ferdiand de, *Le leggende Germaniche*, édité par Anna Marinetti & Marcello Melli, Este: Zielo, 1986. 게르만 전설 및 신화의 서사 분석을 다룬 소쉬르의 자필 원고.

5. Mss Harvard: Parret, Herman, éd., "Les manuscrits de Harvard", *Cahiers Ferdinand de Saussure* 47, 1993, 179-234쪽. 인도의 신지법과 불교, 음성학 관련 소쉬르의 자필 원고.

6. Saussure, Ferdinand de, *Anagrammes homériques*, Pierre-Yves Testenoire éd., Limoges: Lambert Lucas, 2013. 호메로스의 시들에서 나타나는 아나그람을 분석한 소쉬르의 자필 원고.

7. Souvenir: Godel, Robert, "Souvenirs de F. de Saussure concernant sa jeunesse et ses études", *Cahiers Ferdinand de Saussure* 25, 1960, 115-131쪽. 소쉬르가 생존시 작성한 자신의 청년기와 연구에 대해 기록한 자전적 추억.

8. Saussure, Ferdinand de, *Une vie en lettres 1866-1913*, Diachronie dressée par Claudia Mejía Quijano, Nantes: Cécile Defaut, 2014. 소쉬르가 평생 주고받은 서간문들을 편집한 책.

# [ 세창명저산책 ]

**세창명저산책**은 현대 지성과 사상을 형성한 명저를 우리 지식인들의 손으로 풀어 쓴 해설서입니다.

001 들뢰즈의 『니체와 철학』 읽기 · 박찬국

002 칸트의 『판단력비판』 읽기 · 김광명

003 칸트의 『순수이성비판』 읽기 · 서정욱

004 에리히 프롬의 『소유냐 존재냐』 읽기 · 박찬국

005 랑시에르의 『무지한 스승』 읽기 · 주형일

006 『한비자』 읽기 · 황준연

007 칼 바르트의 『교회 교의학』 읽기 · 최종호

008 『논어』 읽기 · 박삼수

009 이오네스코의 『대머리 여가수』 읽기 · 김찬자

010 『만엽집』 읽기 · 강용자

011 미셸 푸코의 『안전, 영토, 인구』 읽기 · 강미라

012 애덤 스미스의 『국부론』 읽기 · 이근식

013 하이데거의 『존재와 시간』 읽기 · 박찬국

014 정약용의 『목민심서』 읽기 · 김봉남

015 이율곡의 『격몽요결』 읽기 · 이동인

016 『맹자』 읽기 · 김세환

017 쇼펜하우어의
    『의지와 표상으로서의 세계』 읽기 · 김 진

018 『묵자』 읽기 · 박문현

019 토마스 아퀴나스의 『신학대전』 읽기 · 양명수

020 하이데거의
    『형이상학이란 무엇인가』 읽기 · 김종엽

021 원효의 『금강삼매경론』 읽기 · 박태원

022 칸트의 『도덕형이상학 정초』 읽기 · 박찬구

023 왕양명의 『전습록』 읽기 · 김세정

024 『금강경』 · 『반야심경』 읽기 · 최기표

025 아우구스티누스의 『고백록』 읽기 · 문시영

026 네그리 · 하트의 『제국』 · 『다중』 · 『공통체』
    읽기 · 윤수종

027 루쉰의 『아큐정전』 읽기 · 고점복

028 칼 포퍼의
    『열린사회와 그 적들』 읽기 · 이한구

029 헤르만 헤세의 『유리알 유희』 읽기 · 김선형

030 칼 융의 『심리학과 종교』 읽기 · 김성민

031 존 롤즈의 『정의론』 읽기 · 홍성우

032 아우구스티누스의
    『삼위일체론』 읽기 · 문시영

033 『베다』 읽기 · 이정호

034 제임스 조이스의
    『젊은 예술가의 초상』 읽기 · 박윤기

035 사르트르의 『구토』 읽기 · 장근상

036 자크 라캉의 『세미나』 읽기 · 강응섭

037 칼 야스퍼스의
    『위대한 철학자들』 읽기 · 정영도

038 바움가르텐의 『미학』 읽기 · 박민수

039 마르쿠제의 『일차원적 인간』 읽기 · 임채광

040 메를로-퐁티의 『지각현상학』 읽기 · 류의근

041 루소의 『에밀』 읽기 · 이기범

042 하버마스의
『공론장의 구조변동』 읽기 · 하상복

043 미셸 푸코의 『지식의 고고학』 읽기 · 허 경

044 칼 야스퍼스의 『니체와 기독교』 읽기 · 정영도

045 니체의 『도덕의 계보』 읽기 · 강용수

046 사르트르의
『문학이란 무엇인가』 읽기 · 변광배

047 『대학』 읽기 · 정해왕

048 『중용』 읽기 · 정해왕

049 하이데거의
「"신은 죽었다"는 니체의 말」 읽기 · 박찬국

050 스피노자의 『신학정치론』 읽기 · 최형익

051 폴 리쾨르의 『해석의 갈등』 읽기 · 양명수

052 『삼국사기』 읽기 · 이강래

053 『주역』 읽기 · 임형석

054 키르케고르의
『이것이냐 저것이냐』 읽기 · 이명곤

055 레비나스의 『존재와 다르게―본질의 저편』
읽기 · 김연숙

056 헤겔의 『정신현상학』 읽기 · 정미라

057 피터 싱어의 『실천윤리학』 읽기 · 김성동

058 칼뱅의 『기독교 강요』 읽기 · 박찬호

059 박경리의 『토지』 읽기 · 최유찬

060 미셸 푸코의 『광기의 역사』 읽기 · 허 경

061 보드리야르의 『소비의 사회』 읽기 · 배영달

062 셰익스피어의 『햄릿』 읽기 · 백승진

063 앨빈 토플러의 『제3의 물결』 읽기 · 조희원

064 질 들뢰즈의 『감각의 논리』 읽기 · 최영송

065 데리다의 『마르크스의 유령들』 읽기 · 김보현

066 테야르 드 샤르댕의 『인간현상』 읽기 · 김성동

067 스피노자의 『윤리학』 읽기 · 서정욱

068 마르크스의 『자본론』 읽기 · 최형익

069 가르시아 마르께스의
『백년의 고독』 읽기 · 조구호

070 프로이트의
『정신분석 입문 강의』 읽기 · 배학수

071 프로이트의 『꿈의 해석』 읽기 · 이경희

072 토머스 쿤의 『과학혁명의 구조』 읽기 · 곽영직

073 토마스 만의 『마법의 산』 읽기 · 윤순식

074 진수의 『삼국지』 나관중의 『삼국연의』
읽기 · 정지호

075 에리히 프롬의 『건전한 사회』 읽기 · 최흥순

076 아리스토텔레스의 『정치학』 읽기 · 주광순

077 이순신의 『난중일기』 읽기 · 김경수

078 질 들뢰즈의 『마조히즘』 읽기 · 조현수

079 『열국지』 읽기 · 최용철

080 소쉬르의 『일반언어학 강의』 읽기 · 김성도

· 세창명저산책은 계속 이어집니다.